改正労働
基準法

の基本と実務

石嵜信憲［編著］

佐々木晴彦・豊岡啓人・橘 大樹・渡辺 絢・髙安美保［著］

中央経済社

はしがき

　本書は、平成30年6月29日に成立した働き方改革関連法の「長時間労働の是正、多様で柔軟な働き方の実現等」に関する労働基準法、労働安全衛生法および労働時間等設定改善法の改正について説明するものです。

　筆者は、平成27年4月3日に「労働基準法等の一部を改正する法律案」(時間外労働の上限規制を含まず、裁量労働制を含む)が国会に提出された時点で本書の初稿を書き上げ、改正法の成立を待っておりました。しかし、同法案は平成29年9月28日の衆議院解散により廃案となり、その後平成30年4月6日に、時間外労働の上限規制が追加され、裁量労働制が削除されたうえ、「日本版同一労働同一賃金」を定めたパート法、派遣法の改正法との一括法案である働き方改革関連法案として国会に提出され、同年6月29日に可決成立、7月6日に公布されました。この働き方改革関連法について、労働政策審議会における検討を経た62の省令、そして厚労省の解釈通達(高度プロフェッショナル制度を含まない)等について、筆者を中心に事務所の勉強会などで議論を重ね、その結果をまとめたものが本書です。

　なお、筆者には、本書をどうしても改正労基法の施行日より前に出版したいという強い思いがありました。そのため、第5章(高度プロフェッショナル制度)については、同制度に関する省令や指針、通達等が公表されていない段階で執筆したので、同章については、省令案要綱や、指針案等に基づいた記述となっております。

　本書の執筆担当者は、当初の平成27年改正法案の段階では、橘大樹弁護士が中心となって進めてくれました。廃案後の新改正法案については、当初は渡辺絢弁護士が全体のとりまとめをした後に(第1章第2節「労働基準法の改正」の内容については、石嵜裕美子弁護士が執筆し、平成30年7月から12月にかけて『労働新聞』に連載された原稿を参考にしまし

た），佐々木晴彦弁護士が①年休の時季指定義務，②高度プロフェッショナル制度について，豊岡啓人弁護士が③時間外労働の上限規制，④産業医・産業保健機能の強化等について，省令や通達を踏まえてさらに検討を加え，最終的に髙安美保司法書士がとりまとめて完成させました。また，法令等の正確性のチェックについては，松井健祐弁護士，藤森貴大弁護士，山崎佑輔弁護士，石嵜大介行政書士に大きな助力をいただいております。

もちろん，本書の全体にわたり筆者の考え方を基本に構成してあります。

筆者は，今回の改正は，企業にとっては規制を受けて新たな負担が増えるばかりであって，特に，人手不足も含めて厳しい経営環境下におかれている中小企業にとっては命取りになるといっても過言ではないのではないかと危惧しております。したがって，法令は遵守するけれども，企業として生き残るために，考え得る施策は積極的にとるべきであると考えております（日本版同一労働同一賃金についても，この視点から，施行日までに必ずパート法，派遣法の著作を完成させるつもりでおります）。本書が，改正法対応に悩む実務の現場において，少しでも手助けとなれば，望外の喜びです。

平成31年3月

弁護士　石嵜　信憲

目次

第1章 総論

第1節 労働基準法の構造 ─────────────────── 2
1 労働法とは ………………………………………………………… 2
  (1) 労働法と労働契約の関係／2
  (2) 法を遵守させるための装置／2
2 労働基準法とは …………………………………………………… 3
  (1) 労基法の目的／3
  (2) 刑罰，行政指導による実効性確保／4
  (3) 行政指導の具体的定義／4
  (4) 例外としての直律効（13条）／12
3 労基法第4章の労働時間規制 …………………………………… 13
  (1) 労働時間規制の目的／13
  (2) 労基法という法律の根拠（憲法27条2項）／14
  (3) 国民の健康保障の理念（憲法25条1項）／15
  (4) 健康確保措置としての労基法／16
  (5) 労働時間規制による健康確保の仕組み／17
  (6) 割増賃金支払いによる間接強制システム（37条）／19
4 労基法第4章の規制緩和とその問題点 ………………………… 21
  (1) 規制緩和に伴う代替の健康確保システム／21
  (2) 過重労働防止に向けた政策／22
  (3) 労働の質（成果）に応じた処遇へ／23

第2節　労働基準法の改正 ──────────── 25

1　働き方改革とは ·· 25
　(1)　日本型雇用システム／25
　(2)　課題の顕在化／26
　(3)　働き方改革の全体像／29
　(4)　雇用システムの展望／33
2　働き方改革関連法 ·· 34
　(1)　働き方改革関連法とは／34
　(2)　労働施策総合推進法（旧雇用対策法）の制定／34
　(3)　長時間労働の是正，多様で柔軟な働き方の実現等／36
　(4)　雇用形態にかかわらない公正な待遇の確保／36
3　働き方改革関連法成立までの経緯 ······································· 37
　(1)　成長戦略としての働き方改革／37
　(2)　働き方改革関連の法改正案（平成28年〜）／38
　(3)　労基法改正案と上限規制の一本化／39
4　改正法の概要 ·· 42
5　改正法における中小事業主とは ··· 44
6　改正法に見られる健康問題 ·· 45
　(1)　労働者の健康確保に向けた改正（①④⑤）／45
　(2)　代替の健康確保措置は十分機能するものか（②③）／46

第2章　時間外労働上限規制

序　上限規制導入の目的 ──────────────── 50

第1節　現行労基法36条の概要 ── 52
1 時間外労働と休日労働の概念 ── 52
2 現行労基法36条1項 ── 53
3 現行労基法36条2項～4項 ── 58

第2節　改正労基法36条の概要 ── 63
1 改正労基法36条1項 ── 63
2 改正労基法36条2項 ── 64
　(1) 時間外労働等をさせることができる労働者の範囲（2項1号）／65
　(2) 対象期間（2項2号）／66
　(3) 時間外労働または休日労働させることができる場合（2項3号）／67
　(4) 対象期間における時間外労働時間数および休日労働日数（2項4号）／68
　(5) 厚労省令で定める事項（2項5号）／71
3 改正労基法36条3項・4項 ── 74
4 改正労基法36条5項 ── 75
　(1) 特別条項の上限時間数／76
　(2) 特別条項が使用できる場合／76
　(3) 今後の方向性／78
5 改正労基法36条6項 ── 79
　(1) 有害業務規制／79
　(2) 実労働時間の上限規制（出口規制）／80
6 改正労基法36条7項～10項（労働者の健康への配慮） ── 85
　(1) 改正内容／85
　(2) 趣旨／86
7 上限規制の適用除外・適用猶予 ── 87
　(1) 上限規制の適用除外（改正労基法36条11項）／87

⑵　適用猶予について（改正労基法139条〜142条）／89
　⑶　健康確保措置について／90
　⑷　全面適用業務との間の業務転換・出向について／91
8　法定休日の利用 ･･ 92
　⑴　特別条項利用の限界／92
　⑵　法定休日の利用の仕方／93
　⑶　健康への配慮は別途必要／96
9　過半数代表者の選出 ･･･ 97
　⑴　過半数代表者の選出方法／97
　⑵　改正条文／97

参考資料／99

第3章　中小事業主に対する月60時間超の割増率

1　改正の内容 ･･ 106
2　中小事業主の事業への適用が猶予されていた趣旨 ･･･････････････････ 107
　⑴　中小事業主の定義／107
　⑵　適用猶予の趣旨／107
3　適用猶予廃止と労働者の健康確保 ････････････････････････････････････ 109
4　37条1項但書自体への疑問 ･･･ 111

第4章　フレックスタイム制の改正

第1節　フレックスタイム制と健康確保措置 ── 114

1　フレックスタイム制とは ── 114
(1) 制度の内容／114
(2) 現行フレックスタイム制における割増賃金の計算方法／115
(3) 健康確保措置は用意されているか／117

2　変形労働時間制における健康確保措置 ── 118
(1) 1か月単位の変形労働時間制（労基法32条の2）／118
(2) 1年単位の変形労働時間制（労基法32条の4）／118
(3) 1週間単位の非定型的変形労働時間制（労基法32条の5）／119

3　裁量労働制における健康確保措置（労基法38条の3，38条の4） ── 119

4　フレックスタイム制と健康問題 ── 119
(1) 現行労基法の問題点／119
(2) 改正労基法の問題点／121

第2節　清算期間の上限を3か月に延長 ── 125

1　清算期間の上限延長 ── 125

2　1か月ごとの枠設定（1週平均50時間） ── 126
(1) 清算期間1か月超の場合について1か月ごとの枠を設定／126
(2) 1か月ごとの枠を設定した趣旨（従業員の健康問題）／127

3　労使協定の届出 ── 127
(1) 清算期間1か月超の場合は届出が必要に／128
(2) 違反時の効果／128

4 総枠超えと1か月枠超えの重複をどう処理するか ……………………… 129
  (1) 問題点／129
  (2) 重複部分は除外する／129
5 3か月フレックス制における計算方法 ……………………………………… 130
  (1) 事例その1（総枠のみ超過）／130
  (2) 事例その2（1か月枠のみ超過）／131
  (3) 事例その3（総枠超えから1か月枠超過分を除外）／132
  (4) 事例その4（双方の枠超過が発生）／133
  (5) 割増賃金の支払時期／133
6 月60時間超の特別割増率の適用の仕方 ……………………………………… 134
  (1) 1か月超のフレックスタイム制における特別割増率／134
  (2) 具体的計算方法／134
  (3) 事例その5／135
  (4) 事例その6／137
  (5) 今後の実務対応／138
7 清算期間3か月以外のフレックス ……………………………………………… 139
  (1) 1か月枠と総枠の計算方法／139
  (2) 清算期間2か月の場合／139
  (3) 清算期間1か月15日の場合／139
8 完全週休2日制における3か月フレックス ……………………………… 140
  (1) 問題点／140
  (2) 変わるのは清算期間の総枠のみ／140
  (3) 総枠縮小の問題／140

第3節 完全週休2日制における総枠の計算 ─────── 142
1 労使協定による総枠の拡張 …………………………………………………… 142
  (1) 従来見られた不都合（曜日のめぐりによる総枠超過）／142

(2) 要　件／143
　　(3) 効　果／144
　　(4) 事例検討その1（清算期間1か月）／144
　　(5) 事例検討その2（清算期間15日）／145
　2　総枠が縮小する場合もあるか………………………………………… 146

第4節　改正に伴う実務上の問題 ── 148
　1　清算期間途中の採用者・退職者…………………………………… 148
　　(1) 趣　旨／148
　　(2) 途中退職・入社時の総枠計算／148
　　(3) 途中退職・入社時の1か月枠超えはどう計算するのか／149
　2　各月の労働時間数の実績通知………………………………………… 149
　3　早出・居残り命令……………………………………………………… 149
　　(1) 平成27年建議の内容／149
　　(2) フレックスタイム制のもとで早出・居残りを命じられるか／150
　4　フレックス対象者の健康確保問題…………………………………… 150
　　(1) フレックスタイム制の問題点／150
　　(2) フレックス対象者の長時間労働を避けるための措置／151

参考資料／153

第5章　特定高度専門業務・成果型労働制（高度プロフェッショナル制度）

第1節　高度プロフェッショナル制度の概要 ── 156
　1　高度プロフェッショナル制度とは…………………………………… 156
　2　制度導入の手続・要件………………………………………………… 158

3　制度導入の効果 160
　4　健康確保措置 161

第2節　労使委員会の設置 —— 162

第3節　労使委員会による決議事項 —— 165
　1　対象業務（1号） 165
　　(1)　対象業務／165
　　(2)　当該業務に従事する時間に関し使用者から具体的な指示を受けて行うものではないこと（(1)①）／166
　　(3)　労基則34条の2第3項各号に掲げる業務のいずれかに該当するものであること（(1)②）／167
　2　対象労働者の範囲（2号） 172
　　(1)　概　要／172
　　(2)　合意により職務が明確に定められていること（2号イ）／173
　　(3)　年収要件を満たしていること（2号ロ）／174
　3　健康管理時間の把握（3号） 175
　　(1)　健康管理時間とは／175
　　(2)　健康管理時間を把握する措置／176
　　(3)　健康管理時間を把握する措置を講じていない場合の法効果／178
　4　休日の確保（4号） 179
　　(1)　概　要／179
　　(2)　決議に関する事項／179
　　(3)　「休日の確保」の措置を講じていない場合の法効果／180
　5　選択的健康確保措置（5号） 180
　　(1)　概　要／181

(2) 選択的措置の具体的内容／181
　(3) 選択的措置を講じていない場合の法効果／183
6 健康・福祉確保措置（6号）……………………………… 183
　(1) 概　要／183
　(2) 健康・福祉確保措置を講じていない場合の法効果／184
7 同意の撤回（7号）………………………………………… 185
8 苦情処理措置（8号）……………………………………… 186
　(1) 苦情処理措置の具体的内容／186
　(2) 既設置の苦情処理制度の利用／187
　(3) 苦情処理措置を講じていない場合の法効果／187
9 不利益取扱いの禁止（9号）……………………………… 188
10 その他厚生労働省令で定める事項（10号）……………… 188
11 その他1項の決議に関する事項………………………… 189

第4節　決議の届出と労働者の同意 ──── 191
1 決議の届出（1項本文）…………………………………… 191
2 対象労働者の書面等による同意（1項本文）…………… 192
　(1) 同意の取得方法／192
　(2) 本人同意に係る手続／192

第5節　制度導入後の対応 ──── 195
1 実施状況の報告（2項）…………………………………… 195
2 医師による面接指導（労安衛法66条の8の4，66条の9）…… 195

第6節　高度プロフェッショナル制度導入の留意点 ──── 196

第6章　年次有給休暇の時季指定義務

第1節　年次有給休暇の基本的骨格 ── 198
1　一定の勤続・勤務に対する報償 ── 198
(1)　年次有給休暇の発生要件／198
(2)　週休2日制への移行と勤務日数8割以上の要件／199
2　労働者の個人的権利 ── 200
(1)　労働者による時季指定／200
(2)　時季変更権・計画年休制度／200
(3)　平成30年改正によるさらなる例外／201
3　一労働日単位の取得 ── 201
(1)　1日単位の取得の原則／201
(2)　半日単位年休／201
(3)　時間単位年休／202
(4)　各年休と時季指定義務／203

第2節　労基法39条7項・8項の改正 ── 204
1　使用者の時季指定義務（39条7項） ── 204
(1)　内　容／204
(2)　趣　旨／205
(3)　対象労働者（付与日数が年10日以上）／205
(4)　基準日／207
(5)　就業規則への規定／212
(6)　違反時の効果／213

2　労働者の時季指定，計画的付与は除外（39条8項） ……………… 214
3　年次有給休暇の時季指定義務への対応手法 …………………………… 215
　(1)　会社独自の特別休暇の一部を年次有給休暇に変更する方法／215
　(2)　所定休日の一部を労働日にして年次有給休暇を計画的に取得させる方法
　　　／216

┃第3節　改正に伴う実務上の問題 ──────────── 218
1　労働者の意見聴取など ………………………………………………………… 218
　(1)　労働者の意見聴取と意思の尊重／218
　(2)　年次有給休暇の事前調整／219
2　年次有給休暇管理簿 …………………………………………………………… 223
　(1)　年次有給休暇管理簿の作成とその保存／223
　(2)　年次有給休暇管理簿の体裁／224

参考資料／225

第7章　電子的手法による労働条件明示

　(1)　従来の労働条件明示の要請／230
　(2)　新しい労働条件明示の方法／230

参考資料／232

第8章 労働安全衛生法の改正

第1節 労安衛法改正の構図 ― 236
1 労安衛法の概要 ― 236
2 労安衛法改正の概要 ― 236

第2節 産業医の権限強化 ― 238
1 産業医選任義務のある事業場について ― 238
2 産業医選任義務のない事業場について ― 242
　(1) 改正労安衛法第13条の2／242
　(2) 今後の方向性と問題点／243

第3節 面接指導規定の整備 ― 245
1 労安衛法66条の構図 ― 245
　(1) 定期健康診断の実施／245
　(2) 健康診断結果の保存および通知／245
　(3) 事後措置（意見聴取・就業上の措置・保健指導）／246
　(4) 面接指導の規定との対比／247
2 面接指導規定の改正内容 ― 247
　(1) 通常の面接指導（改正労安衛法66条の8）／247
　(2) 研究開発業務従事者に対する面接指導（改正労安衛法66条の8の2）／250
3 労働時間状況把握義務の新設 ― 252
　(1) 面接指導実施のための労働時間状況の把握／252
　(2) 時間外労働概念およびその把握義務の比較／254

4　健康管理時間に基づく面接指導……………………………………………… 261
　　(1)　高度プロフェッショナル適用者に対する面接指導（改正労安衛法66条の8の4）／261
　　(2)　高度プロフェッショナル制度における把握義務と方法／262
　5　各面接指導のまとめ………………………………………………………… 263

第4節　その他の規定 ── 265
　1　法令等の周知………………………………………………………………… 265
　2　情報の取扱い………………………………………………………………… 266

第5節　改正概要（事業主の義務）の一覧とポイント ── 268
　1　労安衛法の改正概要（事業主の義務）一覧……………………………… 268
　2　本改正の最重要点…………………………………………………………… 269

参考資料／273

第9章　労働時間等設定改善法の改正

第1節　労働時間等設定改善法改正の構図 ── 282
　1　労働時間等設定改善法の概要……………………………………………… 282
　2　労働時間等設定改善法の改正概要………………………………………… 282

第2節　勤務間インターバル概念の追加 ── 283
　1　改正条文……………………………………………………………………… 283
　2　問題点と今後の方向性……………………………………………………… 285

第3節 労働時間等設定改善企業委員会の活用 ──── 288
1 労働時間等設定改善企業委員会の決議に係る特例 ……………… 288
2 衛生委員会のみなし規定の廃止………………………………………… 290
3 今後の方向性……………………………………………………………… 291

巻末資料

1 (1) 様式第9号（時間外労働・休日労働に関する協定届）／294
 (2) 様式第9号の記載例／298
 (3) 様式第9号の2（時間外労働・休日労働に関する協定届）／300
 (4) 様式第9号の2の記載例／304
2 労働基準法第36条第1項の協定で定める労働時間の延長及び休日の労働について留意すべき事項等に関する指針（平30.9.7厚生労働省告示第323号）／306
3 (1) 様式第3号の3（清算期間が1箇月を超えるフレックスタイム制に関する協定届）／310
 (2) 様式第3号の3の記載例／312
4 補足解説（本書123頁）／314
5 (1) 改正労働基準法と改正労働基準法施行規則の対照表／316
 (2) 改正労働安全衛生法と改正労働安全衛生規則の対照表／323
 (3) 働き方改革関連法と働き方改革関連法により新たに委任された省令の対照表（別表）／330
6 働き方改革関連法附則3条4項の「配慮」の意味について／348

凡　例

　本書で使用した法令・通達等の略称は，下記のとおりです。
　なお，平成30年6月29日に成立した働き方改革関連法により新設または修正された条項については特に「改正〇〇」等と表記し，逆に法改正前の内容については「現行〇〇」と表記しています。法改正による変更がない部分については，特にこれらの表記をしておりません。

〈法令〉

正式名称	略称
日本国憲法	憲法
労働基準法	労基法
労働基準法施行規則	労基則
最低賃金法	最賃法
労働安全衛生法	労安衛法
労働安全衛生規則	労安衛則
労働契約法	労契法
短時間労働者の雇用管理の改善等に関する法律	パート法
労働者派遣事業の適正な運営の確保及び派遣労働者の保護等に関する法律	派遣法
労働時間等の設定の改善に関する特別措置法	労働時間等設定改善法
労働施策の総合的な推進並びに労働者の雇用の安定及び職業生活の充実等に関する法律	労働施策総合推進法
働き方改革を推進するための関係法律の整備に関する法律	働き方改革関連法

〈告示,通達,その他〉

正式名称	略称
労働基準法第三十六条第一項の協定で定める労働時間の延長の限度等に関する基準〔平成10年労働省告示第154号〕	限度基準（※平成31年3月31日廃止）
労働基準法第36条第1項の協定で定める労働時間の延長及び休日の労働について留意すべき事項等に関する指針〔平成30年厚生労働省告示第323号〕	平成30年9月7日指針
労働基準法施行規則及び労働安全衛生規則の一部を改正する省令案要綱〔平成30年12月14日厚労省発基1214第7号〕	平成30年12月省令案
労働基準法第41条の2第1項の規定により同項第1号の業務に従事する労働者の適正な労働条件の確保を図るための指針案〔平成30年12月14日厚労省発基1214第8号〕	高プロ指針案
今後の労働時間法制等の在り方について（建議）〔平成27年2月13日労審発第777号〕	平成27年建議
時間外労働の上限規制等について（建議）〔平成29年6月25日労審発第921号〕	平成29年建議
脳血管疾患及び虚血性心疾患等（負傷に起因するものを除く。）の認定基準〔平成13年12月12日基発第1063号〕	脳・心臓疾患の労災認定基準
心理的負荷による精神障害の認定基準〔平成23年12月26日基発1226第1号〕	精神障害の労災認定基準
厚生労働省	厚労省
労働基準監督署	労基署

第1章 総論

第1節　労働基準法の構造

1　労働法とは

(1) 労働法と労働契約の関係

　労働法とは，基本的には国と使用者の関係を定めるものです。一方，労働契約とは使用者と労働者の関係であり，両者の約束です。雇用社会は使用者と労働者の約束によって展開されていきますが，この約束（労働契約）にとっての行為規範は，市民法たる民法であって労働法ではありません。
　しかし過去，労働契約に市民法の原理が適用されることで，劣悪な労働条件のもとでの酷使，中間搾取や強制労働などの問題が生じました。そうした問題を解消するため，労働法は，労働者保護の観点から使用者に法の規制内容を遵守するよう求めるシステムとして生まれました。
　労働法は，国が使用者に規制を遵守させることを通じて，労働契約を規整する仕組みであるといえます。

(2) 法を遵守させるための装置

　次に，労働法規制の実効性を確保するためには，使用者に法の内容を遵守させるための装置を用意しなければなりません。労働法はこうした装置を間接強制システムという形で備えています。
　間接強制システムとは，違反者に対して一定の不利益を課すことを通じて，義務の履行を強制する方法をいいます。
　労働法では，その主な装置が，

① 刑罰
② 行政処分（改善命令，停止命令，許可取消しなど）
③ 行政指導（助言，指導，勧告など）
④ 企業名公表
⑤ 助成金の不支給・支給の取消し

の5本柱で構成されています（パート法に規定される過料も間接強制システムの1つといえます）。

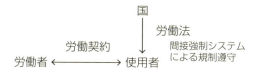

2 労働基準法とは

(1) 労基法の目的

労基法は，その冒頭で「労働条件の原則」と題し，
① 労働条件は，労働者が人たるに値する生活を営むための必要を充たすべきものでなければならない（1条1項）
② この法律で定める労働条件の基準は最低のものであるから，労働関係の当事者は，この基準を理由として労働条件を低下させてはならないことはもとより，その向上を図るように努めなければならない（1条2項）

という基本理念を明らかにしています。

この法律は，憲法27条2項に基づく勤労条件基準の法定の要請を受け，労働契約に関する立法の中心として，戦後，昭和22年9月1日に施行されたものです。最低労働条件を設定することで労働者の国民としての生活を保護しようとするその目的は，憲法25条1項の生存権保障の理念に基づいています。

(2) 刑罰，行政指導による実効性確保

　労基法もまた，使用者に規制を遵守させるための装置として間接強制システムを備えています[1]。

　その中心となるのが刑罰です。労基法は第13章に「罰則」の章を設けており，違反者に対しては，違反した条文に応じて懲役または罰金という刑罰が科されます（117条～121条）。

　このように，労基法の実効性確保は基本的には刑罰で行い，行政の事業主に対する助言・指導，勧告は本来予定されていません。しかし，刑事手続だけではすべての案件処理は困難であったこと，使用者が自主的に法違反を是正することが望ましいことから，行政の事業主に対する助言・指導，勧告が行われています。

　後に触れますが，労基法第4章の労働時間規制においては，割増賃金の支払いも間接強制システムの役割を果たしています。

(3) 行政指導の具体的定義

　労基法の実効性確保に用いられる行政指導には上記のとおり助言，指導，勧告の3種がありますが，実際にこの3種のうちどれが行われるかを予測するには，それぞれの具体的定義と運用を把握する必要があります。

ア　行政指導の種類

　まず，行政指導には，パート法18条1項のように，個別法の明文規定に基づいて行われる行政指導があります。

1　労基法上，行政処分の性質を有する規定として，①任意的貯蓄金管理の中止命令（18条6項），②災害等臨時の必要に基づく時間外・休日労働をさせた場合の休憩・休日付与命令（33条2項）があります。

> **パート法第 18 条 1 項**
> 　厚生労働大臣は，短時間労働者の雇用管理の改善等を図るため必要があると認めるときは，短時間労働者を雇用する事業主に対して，報告を求め，又は助言，指導若しくは勧告をすることができる。

　これとは別に，行政指導には，一般法に基づいて行われるものがあります。行政指導一般について定めた行政手続法 32 条 1 項は「当該行政機関の任務又は所掌事務の範囲を逸脱してはならない」と定めていますが，ここから任務または職掌事務の範囲を定めた行政組織法を根拠として行政指導が一般に行えると考えられています。厚労省が行う行政指導については，厚労省の任務または職掌事務の範囲を定めた厚労省設置法 4 条 1 項 41 号に基づき，一般的に行政指導が行えることとなります。

イ　一般法に基づく行政指導の具体的定義・運用

　上記のとおり，厚労省は，特に個別法に根拠規定がなくとも，行政組織法たる厚労省設置法 4 条 1 項 41 号に基づき行政指導をすることができます。この点は，昭和 60 年 5 月 31 日および平成 22 年 11 月 9 日に内閣総理大臣が質問趣意書に対し以下のとおり答弁していることからも明らかです。

> **昭和 60 年 5 月 31 日内閣衆質 102 第 31 号　内閣総理大臣中曽根康弘「内閣総理大臣及び各省大臣の職務権限に関する質問に対する答弁書」**
> 　いわゆる行政指導は，相手方の任意の協力を得て行うものであって，国民の権利を制限し，又は国民に対して義務を課するような法律上の強制力を有するものではないから，個別に法律の根拠を必要とするものではなく，行政機関がそれぞれの設置の根拠である法律によって与えられた所掌事務の範囲内において行うことができるものである。行政機関が特定の事項につき行政指導を行うことができるかどうかについては，このような見地から判断されるべきものであると考える。

> 平成22年11月9日内閣衆質176第103号　内閣総理大臣菅直人　「労働基準監督機関の役割に関する質問に対する答弁書」
> 　労働基準監督官は，臨検等の結果，労働基準法に違反して賃金が支払われていないことが確認された場合や，労働時間数等の全部又は一部について賃金が支払われていない事実がある旨の労働者からの申告があることなど，同法に違反して賃金が支払われていない疑いがあるため，使用者に対し当該労働時間数等を自主的に確認するよう指導を行った結果，同法に違反することが確認された場合には，当該違反を的確に是正させるため，使用者に対しその不払賃金の支払をするよう勧告を行うものである。これらの勧告や指導は，厚生労働省設置法第4条第1項第41号に掲げる厚生労働省の所掌事務に関する行政指導として行うものである。

　この厚労省設置法4条1項41号に基づく行政指導の具体的定義および運用について厚労省労働基準局監督課に問い合わせたところ，以下の回答が得られました。

> 　助言，指導，勧告についての定義はない。
> 　運用としては，助言・指導は，法違反状況はないが改善が望ましい場合に行うが，これら2つを区別してはいない。他方，勧告は，法違反状況がある場合に行い，助言・指導とは異なるものとして取り扱っている。

　また，厚労省に限らず，国による行政指導一般について定義した行政手続法2条6号における「指導，勧告，助言」の具体的定義・運用について総務省行政管理局行政手続室に問い合わせたところ，以下の回答が得られました。

> 　「助言，指導，勧告」に関する定義はない。条解行政手続法[2]33頁の記載は，個別の法律で使われてきたものを例示したに過ぎない。

> この例示の部分よりも，その前の文言である「行政機関がその任務又は所掌事務の範囲内において一定の行政目的を実現するため特定の者に一定の作為又は不作為を求める」という部分が重要で，行政指導としてこれにあたるかが重要である。

　このように，「助言，指導，勧告」について具体的な定義があるものではなく，実際に３種のうちどれが用いられるかは個別の法律の運用に任せられているということがわかります。そうすると，運用については，「助言・指導は法違反状況はないが改善が望ましい場合，勧告は法違反状況がある場合に行う」という厚労省の基準に則るということになります。

ウ　個別法に基づく行政指導の具体的定義・運用
　㈦　労基法
　改正労基法36条9項にあたる現行労基法36条4項には，三六協定の内容について助言・指導ができるとの行政指導の明文規定があります。ここでいう「助言・指導」の具体的定義・運用について，東京労働局労働基準部監督課から以下の回答を得ました。

> 　「助言・指導」の具体的定義は特にない。また，この「助言・指導」という文言は，勧告を含む趣旨ではない。
> 　一般的に，法違反状況はないが改善が望ましいものに対して助言・指導は行い，法違反状況があるものに対しては勧告を行う。
> 　ただし，指導書，勧告書とあるように，助言はあまり労基法では想定していない。

　この東京労働局の回答に関して，詳しくは第2章第1節にて述べるよう

2　髙木光・常岡孝好・須田守『条解行政手続法〈第2版〉』(2017年，弘文堂)

に，厚労省は現行労基法36条4項の「助言・指導」には勧告を含むとしており，見解の相違があるといえます。もっとも，厚労省も，現行労基法36条4項についての勧告のみ一般法を根拠とするとしており，明らかに助言・指導とは別のものとして扱っていますから，解釈としては東京労働局の回答の方が自然であるといえます。

もっとも，「助言・指導・勧告」の具体的意義については，厚労省の一般法に基づく行政指導と同様であることがわかります。

(イ) 労安衛法

労安衛法には，同法違反の是正や改善等を図るための行政指導について，明文で規定する条文はありません。したがって，これに関する行政指導は厚労省の一般法に基づいているということになりますが，労安衛法違反・改善等に関する行政指導の具体的定義・運用について厚労省労働安全衛生課監督係から以下の回答が得られています。

> 上記行政指導については，特に具体的定義はない。
> 運用としては，法違反や法違反が疑わしい場合に是正勧告を行う。重大な違反がある場合には，送検するために捜査へと移行する。
> 他方，法違反はないが改善が望ましい場合には指導を行う。助言・指導については，特に区別が明確にあるわけではないが，助言はアドバイスといったものを想定している。

ここでも，具体的定義はないものの，助言・指導は法違反がないもの，勧告は法違反がある（または疑わしい）ものという棲み分けが運用上なされていることがわかります。

(ウ) パート法

パート法については，前述のとおり18条1項に行政指導の明文規定が

あります。この規定の具体的定義については，通達（平26.7.24基発2号）において以下の解釈が示されています。

平成26年7月24日基発0724第2号
ア　助言
　法の規定（指針に規定された事項を含む。）に違反する状況を解消するために事業主に対して口頭又は文書により行うものであること。
イ　指導
　助言の対象となった事案のうち是正のためには強い要請が必要であると認められるものについて，事業主に対して文書の手交又は郵送の方法により行うものであること。
ウ　勧告
　指導の対象となった事案のうち是正のためには更に強い要請が特に必要であると認められるものについては，事業主に対して文書の手交又は郵送の方法により行うものであること。
　また，勧告を行う場合であって，事業主が当該勧告に係る必要な是正措置を講じるまでに一定の期間を要すると認められるときは，必要に応じて，当該事業主に対し，当該勧告において是正措置の実施に至るまでのスケジュール等を明記した措置計画の作成を求めるものであること。
　なお，指導の「是正のためには強い要請が必要であると認められるもの」とは，具体的には助言を行っても事業主に是正措置を講ずる移行が確認できないものを，勧告の「是正のためには更に強い要請が特に必要であると認められるもの」とは，指導を行っても事業主に是正措置を講じる意向が確認できないものをいうこと。

　このように，パート法では，上記のように具体的な定義がなされているほか，まず助言を行い，それに従わなければ指導を，さらに従わなければ勧告を行うという形で段階を踏む運用となっています。これは，法違反がある（または疑われる）のであれば助言，指導ではなく一気に勧告を行うという一般法や労基法，労安衛法の運用とは明らかに異なります。

このように運用が異なる理由について，先の労安衛法の質問において回答した厚労省労働安全衛生課監督係は，以下のとおり述べています。また，同省雇用環境均等局有期短時間法規係にもこの点を確認したところ，同趣旨の回答が得られています。

> パート法と労基法や労安衛法とで行政指導の定義が異なる理由については，以下のように考えられる。
>
> すなわち，前者は民事的要素を含むものであるため，基本的には当事者間に解決を任せ，法や指針に反するである場合については行政指導を行うが，この場合も助言，指導，勧告と段階的に介入を強めるという方法をとっている。
>
> これに対して，後者は刑罰法規である以上違法に関しては積極的に（すでに違法であるものに限らず，違法になるおそれがあるという段階から）労働行政が関わるべきものであるという違いがある。

他の理由としては，「パート法では行政指導と並列して企業名公表規定が存在するところ，影響の大きい企業名公表についてはできるだけ慎重に行うべきことから，度重なる行政指導にもかかわらずその是正を行わない企業のみに限定した」というものが考えられます。

(エ) 育児介護休業法

育児介護休業法には56条に行政指導の明文規定があります。これについて，通達（平28.8.2職発0802第1号）は以下のとおり定めています。

> 平28年8月2日職発0802第1号
> 2 報告の徴収並びに助言，指導及び勧告（法第56条）
> (1) 本法の目的を達成するための行政機関固有の権限として，厚生労働大臣又は都道府県労働局長は，法の施行に関し必要があると認めるときは，

事業主に対して，報告を求め，又は助言，指導若しくは勧告をすることができることとしたものであること。
(2)　本条の厚生労働大臣の権限は，労働者からの申立て，第三者からの情報，職権等その端緒を問わず，必要に応じて行使し得るものであること。
(3)　「この法律の施行に関し必要があると認めるとき」とは，法の規定により具体的に事業主の責務とされている事項について，当該責務が十分に遂行されていないと考えられる場合において，当該責務の遂行を促すことが法の目的に照らし必要であると認められるとき等をいうものであること。
(4)　法を施行するために，とり得る措置として，報告の徴収並びに助言，指導及び勧告を規定したものであり，これらは，事業主がこれに従うことを法的に強制するものではないこと。

　これだけでは具体的な定義や運用は明らかになりませんが，東京労働局雇用環境・均等部の雇用均等・両立支援担当からは以下のとおり回答が得られています。

　通達では，明確に定義を定めていない。
　通達(3)の「当該責務が十分に遂行されていないと考えられる場合」とは，平たくいえば，法違反があるときを指す。
　育児介護休業法では，助言・指導・勧告を行うに当たり，法違反があることを前提としている。助言は口頭で，指導は指導書の交付で，勧告は勧告書の交付で対応している。
　また，助言の前に「報告の徴収」があり，ここで違反の有無を確認する。「報告の徴収」は，会社へ出向いて規定を見せてもらい，違法な部分があれば直してもらうようなことを想定している。報告の徴収⇒助言⇒指導⇒勧告という流れで対応する。

　ここでは逆に助言・指導でも法違反が前提となっています。なお，同じ担当者によれば雇用機会均等法についても同様の取扱いとのことです。

エ　まとめ

　このように，個別法によっては定義が異なることもありますが，本書で重点的に扱う労基法・労安衛法における行政指導については「法違反はないが改善が望ましいものに助言・指導が行われ，法違反がある（または疑わしい）ときは勧告が行われる」という運用で一致していますから，「法違反があれば直接勧告が行われる（助言・指導を受ければ訂正するという対応は危険である）」，「法違反がなくても助言・指導はなされ得る（努力義務に過ぎない場合等でも行政指導はされる）」といったところは特に留意しておくべきといえます。

(4)　例外としての直律効（13条）

　労基法は，前述の目的を達成するため，刑罰，行政指導といった手段からさらに進んで，

　①　この法律で定める基準に達しない労働条件を定める労働契約は，その部分については無効とする

　②　この場合において，無効となった部分は，この法律で定める基準による

と定めています（13条）。

　使用者と労働者の約束である労働契約のうち，労基法が定める最低基準に達しない部分を無効とし（強行的効力），かつ，無効となった部分をその最低基準が直接規律する（直律効）という規定です。たとえば，1日の所定労働時間を10時間とする労働契約の定めは，労基法32条2項の定める1日8時間の最低基準より不利なものとして無効であり，かつ，法の定める1日8時間が契約内容になるのです。

　法の定めが契約内容に入り込んでいく直律効の仕組みは，労働法全体から見れば例外的な存在であり，労基法13条が特別に認めているものです。労基法は基本的に行政刑罰法規として公法的性格を持つ法律ですが，この点では例外として私法的性格をも有しているといえます[3,4]。

◆労働法の実効性確保
　　　原　則――間接強制（刑罰，行政指導など）
　　　例　外――直律効（労基法13条）

3　労基法第4章の労働時間規制

(1)　労働時間規制の目的

　働き方改革関連法による今回の労基法改正は，労基法第4章「労働時間，休憩，休日及び年次有給休暇」に定められる労働時間規制を一部改正しようとするものです。

　そもそも労基法第4章が労働時間規制を定めている目的の1つはライフ・ワークバランスの実現にあります[5]。人は働いてばかりでは生きていけません。したがって，働く時間に一定の規制を設け，その分労働者の私生活（ライフ）を確保しようというのが労働時間規制の目的といえます。

　たとえば，1週40時間・1日8時間の法定労働時間を定める32条は働く時間に原則的上限を設けようとするものですし，35条の法定休日，39条の年次有給休暇などはまさに労働者がライフにあてる時間を確保しよう

3　最賃法にも労基法13条と同様の規定が定められています（4条2項）。最賃法もまた私法的性格を有する法律ということができます。最低賃金に関する規定はもともと労基法28条～31条に定められていたことから，最賃法4条2項の定めは確認的な規定と見るべきものです。

4　労安衛法については，その公法的性格，労基法13条のような定めがないことから，直律効を否定する見解もあります。しかし，労安衛法もかつては労基法の一部であり，労基法42条と労安衛法1条との関係からすれば，労安衛法の中でも一義的な最低基準を定めている規定に関しては，直律効によって労働契約の内容になると解されます。労安衛法1条は，①職場における労働者の安全・健康の確保，②快適な職場環境形成の促進という2つの目的を掲げていますが，そのうち①の目的に基づく規定が最低基準を定立するものであり，これに該当するかは，当該規定に違反したときに刑罰が予定されているかを基準に判断されます。実際，たとえば②の目的に基づく労安衛法第7章の2については刑罰規定がありません。

5　筆者は，ワーク・ライフバランスという言葉は間違いだと考えています。人生はその人の生活こそが中心だからです。したがって，仕事ではなく生活が先に来るライフ・ワークバランスと呼ぶべきです。

という規定です。

　そして，もう1つ忘れてはならない目的が労働者の健康確保です。長時間に及ぶ労働は労働者の心身の健康を蝕むおそれがあります。長時間労働を抑制し，労働者の健康を過重労働から保護することは，労働時間規制の重要な目的であり，労基法改正のキーワードでもあります[6]。

◆労働時間規制の目的
　　ライフ・ワークバランス（生活と仕事の調和）
　　労働者の健康確保

(2) 労基法という法律の根拠（憲法27条2項）

　労基法は，憲法27条2項に根拠を持つ法律です。憲法27条2項は「賃金，就業時間，休息その他の勤労条件に関する基準は，法律でこれを定める」として勤労条件基準の法定を宣言していますが，ここにいう「法律」の代表的な存在が労基法といえます。労基法第4章には，まさに就業時間その他の基準が定められています。

　憲法27条2項それ自体の名宛人は立法者＝国ですが，これに基づいて制定される法律の名宛人は使用者であるのが原則です。たとえば，労基法32条の文言が「使用者は…労働させてはならない」という作りになっていることからもわかります。

　憲法上，国が使用者を名宛人として労働条件の最低基準を定めるので，使用者はそれを遵守しなければならない，という仕組みが要請されているのです。

---

[6] この過重労働からの労働者の健康の保護について，厚労省は「健康障害防止」や「健康障害予防」という表現を用いることがありますが（「過重労働による健康障害防止対策の手引き」等），最近では「健康確保措置」という用語を用いることが多くなっているようです（「今後の労働時間法制等の在り方について（報告）」等）。これに倣い，本書では「健康確保措置」との表現を選択しています。

(3) 国民の健康保障の理念（憲法25条1項）

　勤労条件基準の法定を宣言した憲法27条2項は，憲法25条1項を総則とする生存権保障の一種だと理解されています。

　憲法25条1項は，「すべて国民は，健康で文化的な最低限度の生活を営む権利を有する」と定めていますが，憲法27条2項はこのような理念に基づく規定であり，それが労基法という法律の中にも流れています。

　資本主義社会のもとでは，民法上の原理である契約自由の原則[7]が社会経済の基礎になっています。しかし，雇用社会の現実においては，使用者と労働者の間に事実上の交渉力格差があり，労働者が契約自由の名のもとに低賃金・長時間労働といった厳しい労働条件を強いられ，人間らしい生活を送ることができなかったという歴史が見られます。

　憲法25条，27条2項に根拠を持つ労基法は，こうした悪しき現象を排し，労働者に「健康で文化的な最低限度の生活」を保障するための法律であるということができます。

　そして，憲法25条1項の「健康で文化的な最低限度の生活」とは，雇用社会において，①雇用，②賃金，③安全，④健康の4つが守られることを意味します。

　まず国は，「文化的な最低限度の生活」を保障するため，国民が人間らしい生活を送るための賃金＝最低賃金を定め，国民が賃金を得られるよう雇用を守らなければなりません。

　さらに，憲法25条1項に関して忘れてはならないのが「文化的な最低限度の生活」の前に「健康で」と書かれている点です。これは，労働現場で身体的に負傷しないという「安全」，精神疾患などの病気にかからないという「健康」の2つに分けられます。憲法25条1項は，国が国民の安全と健康を守ることをも要請しているのです。

---

[7] 契約自由の原則とは，契約の締結・内容決定・解消をどうするかを当事者の自由に委ねることを意味します。

これらのうち，労働時間規制との関係で近時特に議論されているのが，過重労働による従業員の「健康」をめぐる問題といえます。

　　　　　　憲法 25 条 1 項（生存権保障）
　　　　　　「健康」
　　　　　　　↓　憲法 27 条 2 項（勤労条件基準の法定）
　　　　　　労基法第 4 章
　　　　　　「労働時間，休暇，休日及び年次有給休暇」

(4) 健康確保措置としての労基法

　ここまで見てきてわかるのは，労基法という法律は，勤労条件基準を法律で定めるとした憲法 27 条 2 項を通じ，憲法 25 条 1 項の「健康」を守るための規定として作られているということです。そして，労基法第 4 章の労働時間規制はその中心を担っています。

　労働時間規制のこのような性格は，最高裁判例である電通事件判決（最判平 12.3.24 労判 779-13）に明快に表われています。この事件は，異常な長時間労働を強いられたことで従業員がうつ病に罹患し，その結果自殺に追い込まれたとして，遺族が会社に損害賠償を請求した事案です（民法 415 条の債務不履行または民法 709 条の不法行為）。その中で最高裁は次のような判断を示しています。

> 　労働者が労働日に長時間にわたり業務に従事する状況が継続するなどして，疲労や心理的負荷等が過度に蓄積すると，労働者の心身の健康を損なう危険のあることは，周知のところである。労働基準法は，労働時間に関する制限を定め，労働安全衛生法 65 条の 3 は，作業の内容等を特に限定することなく，同法所定の事業者は労働者の健康に配慮して労働者の従事する作業を適切に管理するように努めるべき旨を定めているが，それは，右のような危険が発生するのを防止することをも目的とするものと解される。

ここで最高裁は，長時間労働により労働者の心身の健康が損なわれる危険を防止すること，つまり労働者の健康を守ることも労基法第4章の労働時間規制の目的なのだと明言しています。労基法はもともと，憲法25条1項，27条2項に基づく健康確保措置としての性格を内包しており，そのような性格が最高裁の判示につながったものと理解できます。

(5) 労働時間規制による健康確保の仕組み

ア　法定労働時間（32条）

労基法32条は，休憩時間を除いて，1週40時間・1日8時間を超えて働かせてはならないと定めています。これを超えて労働させるには後述する三六協定の締結・届出が必要になります。

労働者が健康を損なうことのない労働時間の原則的上限を設けたものといえます。

イ　途中休憩の徹底（34条）

労基法34条1項は，労働時間が6時間を超える場合は少なくとも45分，8時間を超える場合は少なくとも1時間の休憩を，労働時間の途中に与えなければならないと定めています。

使用者の指揮監督下の労働を長時間継続すれば，心身の疲労が重なるおそれがあるため，その就労の途中で使用者の指揮監督から解放することによって，そのような弊害を防止しようとするものです。

ウ　法定休日（35条）

労基法35条1項は，労働者に対して，毎週少なくとも1回の休日を与えなければならないと定めています。

休日を一定の間隔で取ることによって疲労を回復させる目的を持った規定といえます。また，1か月当たりの健康時間外労働時間数（後記カ参照）や健康管理時間数（改正労基法41条の2）も休日を取った分減少するため，時間面でもプラスに働きます。

エ　三六協定（36条）

労基法36条1項は，労使協定の締結・届出をすれば，法定労働時間を超えて，または法定休日に労働させることができると定めています。

もっとも，三六協定には時間外労働の限度時間数を記載しなければなりません。そして，今回の法改正により，従前告示で定められていた限度時間が法律本体に格上げされました。すなわち，時間外労働について，原則として1か月で45時間，1年で360時間という制限が法律に規定され，違反すれば刑罰を科せられることになりました。健康確保をイメージして労働時間を一定の時間数に制限していく発想がここにも見られます。

オ　年次有給休暇（39条）

年次有給休暇を取得すれば，疲労回復につながるうえ，健康時間外労働時間数も休暇を取った分減少するため，健康確保措置としての機能を発揮します。

カ　健康時間外労働時間数

休日や年次有給休暇を取得すれば健康時間外労働時間数が減少すると述べましたが，労安衛法上，健康管理上の時間外労働時間数は以下の式によって計算されます（平18.2.24基発0224003号。以下，本書において「健康時間外労働時間数」といいます)[8]。割増賃金を算出する場合の時間外労働には休日労働は含まれませんが，健康管理を考える際には，休日労働も含めた1か月の総労働時間がその月の法定労働時間をどの程度上回っていたかが問題となります。また，割増賃金を算出する場合には，1日8時間超の労働をすればその時点で法定時間外労働が生じますが，健康時間外労働時間数の計算においては，その月に年次有給休暇を1日取得して実際に働いていない8時間があればその分はマイナスされます。休暇を取得することで疲労が回復するのを表したものといえます。

$$\underset{\text{(労働時間数＋延長時間数＋休日労働時間数)}}{1\text{か月の総労働時間}} - \frac{(\text{計算期間〔1か月間〕の総暦日数})}{7} \times 40$$

なお，後に詳述するように，今回の法改正で導入された高度プロフェッ

ショナル制度（改正労基法41条の2）においても，同制度適用者が無制限に働いてしまうことを防止するため，種々の健康確保措置が新設されています。この健康確保措置において，同制度適用者の健康を管理するための時間概念が「健康管理時間」です。この「健康管理時間」は，同条1項3号によれば，基本的に「当該対象労働者が事業場内にいた時間…と事業場外において労働した時間との合計の時間」を指すと定義されています。特に，前者は「事業場内にいた時間」であって労働を前提としておらず，労働を前提とする時間外労働概念や健康時間外労働概念とは全く異なることがわかります。このような新概念も追加されたことに留意してください。

(6) 割増賃金支払いによる間接強制システム（37条）

以上に加え，割増賃金支払いが労働者の健康確保の機能を果たしている点も見落とせません。労基法37条は，時間外・休日・深夜労働をさせた

---

8 他方，労災認定上は，労安衛法上の計算方法とは異なり，「脳・心臓疾患の労災認定実務要領」（平成15年3月厚労省労働基準局労災補償部補償課職業病認定対策室）に従った計算方法が示されています。

労安衛法上の健康時間外労働時間数は1か月単位で計算しますが，労災認定上は1週間単位で40時間を超えた部分が時間外労働と見られます。たとえば，月曜〜木曜に1日2時間の時間外労働を行い，金曜に1日休暇を取得した場合，休暇を取得した8時間分がマイナスされ，1週間単位では時間外労働が生じないため，この点では休暇の取得が疲労回復の評価に生かされます。これに対し，月曜〜木曜に8時間ずつ労働して時間外労働は行わず，金曜に1日休暇を取得するような場合，月曜〜木曜の計32時間の労働から8時間の休暇取得分はマイナスされません。しかし，この8時間分は1か月単位で計算したときには本来マイナスされるべきものです。その意味では，疲労回復として評価されるべき「マイナス8」が労災認定上の計算では捨象されてしまうこともあります。

なお，精神障害の労災認定については，別途，恒常的長時間労働（心理的負荷のある具体的出来事と関連して評価される，1週間当たり40時間を超える労働時間が月当たり100時間程度となる労働）の有無が判断されることになりますが，労働時間数の算定方法については，上記の労災認定に関する時間外労働のそれと共通です。労働時間数の起算日が発症日ではなく，具体的出来事と関連して変動するという点で違いがあります。

以上の点で，労安衛法と労災認定とでは，年次有給休暇による疲労回復の評価が変わってきます。しかし，労安衛法上の計算の方が労災認定上のものより後に作られており，疲労回復の評価もより正確に反映されることから，筆者は，健康問題を考える場合の時間外労働時間数は労安衛法上の計算方法によるべきであると考えています。

場合には所定の割増率による割増賃金を支払わなければならないと定めています。

　この定めは，通常賃金より高い率の賃金（割増賃金）を支払うよう法律上使用者に強制することを通じて，時間外・休日・深夜労働の間接的な抑制を目指す，という目的を持っています[9]。

　ここで重要となるのが割増率の設定です。平成20年労基法改正（平成22年4月1日施行）により，1か月60時間を超える時間外労働について，50％以上という特別の割増率が新設されましたが，これは1か月60時間超という長い時間外労働を特に抑制しようという趣旨によるものです。割増率を法律上いかに設定するかということが使用者に対する長時間労働抑制のメッセージになっているともいえます。

　午後10時〜午前5時の深夜労働に25％以上の割増率が加算されるのも，深夜に働かせればそれだけ多くのコストが掛かるため（時間外かつ深夜の割増率は合わせて50％以上），それによって深夜に多く働かせないようにという意図に基づいています[10]。

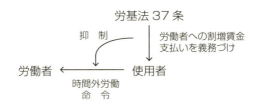

9　医療法人社団Y事件＝最判平成29.7.7労経速2326-3
　　同判決では，「労働基準法37条が時間外労働等について割増賃金を支払うべきことを使用者に義務付けているのは，使用者に割増賃金を支払わせることによって，時間外労働等を抑制し，もって労働時間に関する同法の規定を遵守させるとともに，労働者への補償を行おうとする趣旨によるものであると解される」と判示されており，割増賃金の支払は労働時間の抑制を目的としていることを確認しています。
10　「脳血管疾患及び虚血性心疾患等（負傷に起因するものを除く）の認定基準」（平13.12.12.基発1063号。以下「脳・心臓疾患の労災認定基準」といいます）においても，深夜勤務が業務の過重性を評価するための具体的負荷要因として挙げられています。また，第9章で後述する労働時間等設定改善法の改正においては，「労働時間等の設定」の定義に「深夜業の回数…を定めること」という文言が追加されています。

	通常労働時間又は労働日の賃金の計算額の
時間外労働	25％以上
1か月60時間を超える時間外労働	50％以上
休日労働	35％以上
深夜労働	25％以上

4 労基法第4章の規制緩和とその問題点

(1) 規制緩和に伴う代替の健康確保システム

　改正労基法では，フレックスタイム制の清算期間上限の延長，特定高度専門業務・成果型労働制（高度プロフェッショナル制度）の創設など，従来の規制を緩和しようとする部分が見られます。

　しかし，憲法25条1項，27条2項に基づいて労働者の「健康」を守るための労働時間規制が緩和されるとすれば，憲法上要請される健康確保のシステムが機能しなくなり，そのままの状態では，改正後の法律が憲法違反になる可能性すら存在します。

　したがって，改正法を考える上では，既存の法の健康確保措置を緩和する以上，それに代わる新たな健康確保措置が導入されているか，ということが非常に重要な視点になります。

　たとえば，今回創設される特定高度専門業務・成果型労働制（高度プロフェッショナル制度）は，制度適用者について労働時間，休憩，休日，深夜割増の規制自体を外すという仕組みです。そのため，改正法は，制度適用者を対象とする健康確保措置を新たに設けていますが，既存の法の健康確保措置を「10」外すならば，それに代わる措置が「10」入っている，代替の健康確保措置として十分であるといえなければ，その法改正には問題があるといわれても仕方がないと筆者は考えています。

(2) 過重労働防止に向けた政策

いま,雇用社会のあり方は過重労働防止の一点にあるといえます。平成26年11月1日には過労死等防止対策推進法が施行され,国と地方公共団体に対して過労死等の防止に向けた措置を講じる責務を定めています。平成26年11月には厚労省により「過重労働解消キャンペーン」の1つとして重点監督が実施され,平成27年1月にその結果が公表されています。さらに,平成27年4月1日には,厚労省の過重労働撲滅特別対策班(通称「かとく」)が東京労働局と大阪労働局に発足しています。これは,過重労働に関わる悪質事案等に対応するため専従の労働基準監督官を東京に7名,大阪に6名配置し,大企業を中心にそうした事案に対しての監督指導や検査を,違反があれば送検も辞さないという厳しい姿勢で行っていくというものです[11]。

続いて,平成27年7月24日には「過労死等の防止のための対策に関する大綱」が策定され,過労死等の防止の責任が役員にあることが明記され,労働行政による長時間労働防止対策に新たな視点が盛り込まれました。そして,全国の労働局において,「働き方・休み方改善コンサルタント」という名称で社会保険労務士等の専門家を事業場に個別訪問させ,労務管理のアドバイスを行う取組みがなされるようになりました。

その後,平成27年12月25日に起こった電通女性新入社員の過労自殺事件を契機に,政府は,これまでの労働行政による対応から,労基法に時間外労働の上限規制を規定することによって,その違反について刑罰を科す方針を打ち出し,平成29年3月17日には時間外労働規制について政労使合意が成立するに至りました。そして,平成30年4月6日に時間外労

---

11 さらに,平成28年4月からは,月残業100時間超から月80時間に監督対象を拡大し,併せて,企業本社への監督指導や労働局の行う広域捜査活動を迅速かつ的確に実施できるよう,都道府県労働局に必要な指導を実施することを目的として,厚労省の労働基準局に「過重労働撲滅特別対策班」(通称「本省かとく」)を設置するとともに,従来の「かとく」を全国展開する形で,「過重労働特別監督監理官」(労働局において長時間労働に関する監督指導等を専門とする担当官(労基官)のこと)を各都道府県労働局に配置しました。

働規制を含む働き方改革関連法の法案が国会に提出され，同年6月29日に同法が可決，成立に至りますが，その詳しい経緯については第2節で説明します。

改正労基法は，改正事項のほぼすべてが従業員の健康問題と関連しており，こうした過重労働防止に向けた雇用社会全体の流れの中で理解されるべきものです。

◆過重労働防止に関する最近の動向

① 過労死等防止対策推進法の施行（平成26年11月1日）
② 過重労働解消キャンペーンの重点監督（平成26年11月）
③ 東京・大阪労働局に過重労働撲滅特別対策班が発足（平成27年4月1日）
④ 「過労死等の防止のための対策に関する大綱」の策定（平成27年7月24日）
⑤ 全国の労働局で「働き方・休み方改善コンサルタント」による個別訪問
⑥ 労基法に時間外労働の上限規制を規定し，その違反について刑事罰を科す方針を発表
⑦ 時間外労働規制について政労使合意の成立（平成29年3月17日）
⑧ 働き方改革関連法案が閣議決定後，同日第196回国会に提出（平成30年4月6日）
⑨ 与党などの賛成多数で可決，成立（平成30年6月29日）

(3) 労働の質（成果）に応じた処遇へ

また，今回の改正で特定高度専門業務・成果型労働制（高度プロフェッショナル制度）が創設されますが，この制度は，「時間ではなく成果で評価される働き方」を実現するものだと一般にいわれています。その意味するところは第5章に譲りたいと思いますが，労働の量（時間数）ではなく質（成果）に応じた処遇を行うという方針は，従来の労働時間規制の改正の流れにも見られたものです。

労基法37条は，時間外・休日・深夜労働をした場合にはその時間数に応じて割増賃金を支払うことを使用者に義務づけています。労基法上の割増賃金は労働時間数，つまり労働の量に応じて支払われるものとなっています。このような規制は，労働者の労働量に応じて生産量が増加し，収入増にもつながる第二次産業の業態になじむものでした。

　しかし，近年の技術革新や経済のサービス化・情報化の進展の中，自らの主体的な裁量に基づき業務を遂行する労働者が増加しました。これらの労働者には，労働の量に比例して割増賃金を支払う画一的な賃金システムが必ずしも適さず，労働の質に応じた賃金システムによって処遇したいという要望が高まっていました。

　昭和62年改正により創設された裁量労働制はこのような要望に対応する形で誕生したものです。その後，裁量労働制は対象業務の拡大，平成10年改正による企画業務型裁量労働制の新設などを経て，今回の法改正でも，結局は断念されたものの，企画業務型裁量労働制の対象業務の拡大が議論されていました。

　今回の特定高度専門業務・成果型労働制（高度プロフェッショナル制度）により「時間ではなく成果で評価される働き方」といわれているのも，こうした従来の流れに沿ったものと位置づけることが可能です。

第2節　労働基準法の改正

1　働き方改革とは

　働き方改革関連法は「働き方改革」を推進するための法です。同法を的確に理解するには，同法が推進しようとする「働き方改革」への理解が必要です。以下では，政府が推進する「働き方改革」とは何かを解説していきます。

　「働き方改革」は，企業の文化・風土を含む日本の働き方の抜本的改革を目指すものです。まず，改革の対象となる日本の働き方を振り返り，現状における課題を確認していくことにします。

(1)　日本型雇用システム

　日本の働き方は，終身雇用・年功賃金を特徴とする雇用システムの下で形成されてきました。

　終身雇用の発祥は，20世紀初頭の八幡製鉄所ともいわれています。そこでは，近代的な生産システムの下で多数の熟練工が必要とされたため，学校を卒業した若者を一斉に採用して育成しました。その育成した熟練工を囲い込むため，企業は雇用を保障するとともに，長く勤めれば高い給与が貰える年功賃金制を採用しました。このシステムが，多くの労働力を必要とした高度経済成長期に普及・確立しました。当時の日本の人口構造はピラミッド型であったため，年功賃金制は，団塊の世代の若者を一斉に安い賃金で雇用する利点もありました。

　終身雇用制の下，企業は不景気で生産量が減少しても容易に従業員を解

雇せず、社内で空きがある仕事に余剰人員を配転させて雇用調整を行いました。この調整を行いやすくするため、正社員は職種や職務・勤務地を特定されずに雇用されました。

こうして日本企業は、終身雇用・年功賃金制の下で企業内で若年時から人材育成を行い、配転を経て長期的に活用する「内部労働市場」の雇用システム（以下「日本型雇用システム」といいます）を作り上げました。

さらに、企業は不況時の雇用調整に備え、仕事量に対して従業員を少なめに雇い、恒常的な時間外・休日労働で人員不足を補うようになります。当時産業の中心であった製造業は労働時間と生産量が比例関係にあったこともあり、長時間労働や有給休暇の不取得は美徳とされ、この意識がさらに長時間労働に拍車をかけることになりました。

もっとも、このような日本型雇用システムの働き方は、男性正社員という限られた範囲を対象とした働き方の仕組みでした。当時は性別役割分業の意識の下、女性は結婚すると家庭に入り、夫の頻繁な配転や時間外・休日労働を伴う働き方をサポートしました。そのため、新卒の女性社員に対しては、終身雇用を前提とした男性正社員とは別の就職コースが設けられ、補助的な業務しか与えられませんでした。1985年には雇用機会均等法ができましたが、「一般職」「総合職」という区分で従前の男女別コースが事実上温存されました。

また、正社員が雇用を保障される陰で、非正規雇用者が景気変動のバッファーとして雇用され、雇用調整機能を果たし、また低廉な労働力として雇用されました。非正規雇用の賃金は職務内容や地域の市場相場等により定まるため、年功賃金で昇給する正社員との賃金格差は年齢とともに広がる傾向にありました。

(2) 課題の顕在化

以上のように、日本型雇用システムは、高度経済成長期のピラミッド型人口構造の日本で確立され、男性正社員が転勤や時間外労働の拘束を受忍

し，家庭の負担を女性が引き受け，非正規雇用者が雇用調整機能を担うことで維持されてきました。しかし，その時代背景は時を経て変容し，それに伴い日本型雇用システムは以下の課題を指摘されるようになります。

ア　男性正社員以外の就労環境

人口減少を背景に労働力が不足する中では，女性や非正規雇用者，定年退職者等，旧来の日本型雇用システムの対象者（男性正社員）以外の層の潜在的労働力を活用する必要があります。

しかるに，日本型雇用システムの転勤や時間外労働の負担がある働き方は，仕事と家庭生活の両立を困難にしており，女性の活躍の妨げとなりました。

◆不本意非正規の状況

（単位：万人）

	パート	アルバイト	派遣	契約社員	嘱託	その他	総数	割合
全体	80 (29.3%)	43 (15.8%)	45 (16.5%)	79 (28.9%)	18 (6.6%)	8 (2.9%)	273	14.3%
15〜24歳	5	8	3	5	0	0	21	9.3%
25〜34歳	13	12	11	18	2	1	57	22.4%
35〜44歳	12	6	12	17	2	1	51	14.5%
45〜54歳	19	5	13	18	3	2	60	15.4%
55〜64歳	20	6	5	17	8	2	58	14.8%
65歳以上	11	5	2	5	2	1	27	9.2%

（注1）雇用形態の区分は，勤め先での「呼称」によるもの。
（注2）非正規雇用労働者：勤め先での呼称が「パート」「アルバイト」「労働者派遣事業所の派遣社員」「契約社員」「嘱託」「その他」である者。
（注3）不本意非正規：現職の雇用形態（非正規雇用）について主な理由が「正規の職員・従業員の仕事がないから」と回答した者。
　　　割合は，非正規雇用労働者のうち，現職の雇用形態について主な理由に関する質問に対して，回答をした者の分母として算出。
（注4）全体の（）の数値は，不本意非正規労働者におけるそれぞれの雇用形態が占める割合。
［出典］総務省「労働力調査」（特殊系列：詳細集計 第Ⅱ－16表）

また、バブル景気崩壊後、非正規雇用者は全労働者の約37％を占めるまで増加しますが、正社員との格差に不満を持つ非正規雇用者が、働く意欲を持てず、その能力を十分に発揮できない状況が生じるようになりました。

特に、このうち正社員としての働く機会がないために非正規雇用者となった者（いわゆる「不本意非正規」）については、このような状況にあることが強く推測されます。不本意非正規の割合は、非正規雇用労働者全体の14.3％（平成29年平均）となっています。

イ　成果・イノベーション創出とのミスマッチ

産業構造の中心が製造業からサービス業や知識集約型産業へシフトする中で、年功賃金や労働時間と生産量の比例関係は崩れており、成果やイノベーションの創出を促進する新たな賃金制度や評価制度が求められるようになりました。また、日本型雇用システムの「就社」意識が能力や個性に応じた主体的な働き方を遠ざけ、イノベーションの創出を妨げるという点が指摘されるようになりました。

ウ　恒常的時間外労働と生産性の低さ

日本型雇用システムに伴う恒常的時間外・休日労働は、健康上の問題やアの女性の活躍・仕事と生活の両立の観点からの問題がありました。加えて、成果よりも労働時間の長さを励賛する意識が、単位時間当たりの労働生産性の低さを生み出すようになりました。

エ　賃金デフレの招来

不況時にも雇用を維持する日本型雇用システムは、不況時の人件費調整の方法が賃金の昇給抑制・引下げに向かいやすく、賃金デフレを招き、消費の低迷に繋がるようになりました。

オ　外部労働市場の硬直化

内部労働市場型で新卒一括採用の慣行がある日本では、外部労働市場を通じた企業間の雇用調整は硬直化しており、転職は不利になります。そのため、労働者は転職という対抗手段を企業に対して持ち得ず、企業に不満

があっても我慢せざるを得ない事態が生じます。また，技術革新が飛躍的なスピードで進む現代においては，外部労働市場が硬直化すると成長産業に労働力が円滑に移動せず，成熟産業が余剰労働力を抱え込み，国全体の経済成長を阻害するとともに，将来訪れる産業構造の転換期に多くの失業者を出す恐れがあります。

　カ　グローバルスタンダードからの逸脱

　欧米における雇用システムは，採用に際して職務を特定し，職務内容と職務に必要なスキルを評価する賃金制度と，雇用調整や人材育成を企業外で行う外部労働市場が基本となります。市場がグローバル化する中で，年功賃金で職務内容が曖昧で，企業外での雇用調整（解雇）が難しい日本型雇用システムは，海外企業や海外の高度専門人材から敬遠されかねません。

　以上の課題を抱える日本型雇用システムは，日本経済の成長を阻害する構造的要因として捉えられるようになり，改革の対象となりました。

(3)　働き方改革の全体像

　平成初期のバブル崩壊以降，日本経済は長く続く低迷期にあります。その背景には，デフレの長期化に伴う革新的技術への投資不足，イノベーションの欠如による生産性の低迷があります。また，人口減少に伴う労働力不足という構造的問題も存在します。

　そこで第二次安倍政権は，「働き方改革」と称して旧来の働き方を改革し，以下をその要旨とする「成長と分配の好循環」の構築を目指しました。

---

① 女性や高齢者等の潜在的労働力を活用して労働参加率を向上させる。
② 就労する人の意欲を引き出し，または革新的技術への投資やイノベーションの促進を通じて，付加価値生産性の向上を図ることで，日本経済全体の成長を引き起こす。
③ その成長を賃金で還元し，消費と需要の拡大を通じてさらに企業が成長する。

働き方改革関連法の総論規定と位置づけられた労働施策総合推進法（旧雇用対策法）も，その目的に「労働者の多様な事情に応じた雇用の安定と職業生活の充実」（＝労働参加率の向上）と，「労働生産性の向上」とを促進することを掲げます（同法1条参照）。

　この「働き方改革」の基本的考えと今後の進め方は，平成29年3月に公表された「働き方改革実行計画」（右頁図参照）にて示されていました。働き方改革は，同計画が示す今後10年間のロードマップに基づき，長期的かつ継続的に推進されます。推進に関する基本方針は，閣議決定のうえ平成30年12月28日に労働施策基本方針として公表されました[12]（同法10条）。

12　同方針では，労働施策に関する基本的事項の1つとして，職場のハラスメント対策および多様性を受け入れる環境整備を挙げています。ハラスメント対策の法制化に関して野党は労安衛法に盛り込むべきとしていましたが，政府方針では労働施策総合推進法を改正して盛り込むとしているとのこと（平成30年12月15日付朝日新聞）で，これを受けて同方針でもハラスメント対策が基本的事項としてピックアップされているものと考えられます。

第 2 節　労働基準法の改正

働き方改革実行計画の内容

① 非正規の待遇改善
- 同一労働同一賃金 → パート法・労契法・派遣法改正【関連法】
- 生産性要件による優遇助成、助成金の創設　等

② 賃金引き上げと労働生産性向上

③ 長時間労働の是正
- 罰則付き時間外労働の上限規制導入等 → 労基法改正【関連法】
- 勤務時間インターバル制度の促進 → 労働時間等設定改善法改正【関連法】
- 平成27年労基法改正案の早期成立【関連法】

④ 柔軟な働き方がしやすい環境整備
- メンタルヘルス・パワハラ防止の取組強化、企業本社への監督指導等の強化
- 産業医・産業保健機能の強化 → 労安衛法改正【関連法】　等
- 雇用型・非雇用型テレワークのガイドライン刷新 → H30.2 公表
- 副業・兼業の推進に向けたガイドライン・モデル就業規則策定 → H30.1 公表
- 病気の治療、育児・介護等と仕事の両立、障害者就労の促進
- 会社の意識改革を受け入れ能勢の整備、トライアングル型支援などの推進　等

⑥ 外国人材の受入れ
- 高度外国人人材を対象にする

⑦ 女性・若者が活躍しやすい環境整備
- リカレント教育、配偶者控除の収入制限引き上げ、子育て離職者の復職支援　等

⑧ 雇用吸収力の高い産業への転職、再就職支援
- 転職者の受入企業支援や転職者採用の拡大のための指針策定 → H30.3 公表
- 企業の職業能力・職業情報の見える化 → H30.9 末　職場情報サイト公開予定　等

⑨ 高齢者の就業促進
- 継続雇用延長に向けた環境整備、高齢者のマッチング支援　等

働き方改革の目的

付加価値生産性の向上

労働参加率の向上

成長と分配の好循環

成長 → 収益増 → 分配 → 消費・需要の増加 → 成長

まず，労働参加率向上に繋げる取組みとして，長時間労働の是正（図③），テレワークの普及（図④），病気の治療や育児・介護と仕事の両立支援策（図⑤）等により，仕事と生活の両立が可能な環境を作ります。また，女性や就職氷河期世代の若者が活躍できる環境を整備し（図⑦），高齢者の就業を促進します（図⑨）。さらに，転職しやすい環境を作り，多様なライフスタイルやライフステージに合った働き方を選択しやすくすると同時に，第四次産業革命と評される急速な産業構造転換で「失業なき労働移動」を目指します（図⑧）。

また，生産性向上に繋げる取組みとして，非正規雇用者の待遇改善で就労意欲を引き出し（図①），長時間労働を是正して単位時間当たりの生産性を向上させます（図③）。また，イノベーションの創出をもたらす働き方として，高プロ・テレワーク等の自由度が高い働き方（図③・④）や副業・兼業（図④），多様な人材活用（図⑤・⑥・⑦・⑨）を促進します。さらに，労働生産性向上のための助成金等の支援制度を導入します（図②）。加えて，雇用吸収力の高い産業への転職・再就職支援等を行う（図⑧）ことで，成長産業に労働力を流動させ，日本全体の生産性向上を図ります。

以上の具体的な取組みに合わせて，働き方改革はその基本的理念に，労働者に対する職務と職務に必要な能力等の明示と，それらに基づく評価・処遇の実現を据えます（労働施策総合推進法3条2項参照）。伝統的な年功賃金や雇用形態による賃金決定基準の相違を廃して，性別・年齢・雇用形態の隔てなく，労働者に対し職務と必要な能力を明示し，その点に応じた評価・処遇をすることが，全体的な就労意欲向上と生産性向上に資するという国の基本的な考え方を示しています。

これらの国が講じる施策に対し，事業主は，改革の趣旨に沿った環境整備に努める責務を負います（同法6条参照。ただし，働き方改革関連法等により立法化された改革事項については，事業主は別途法による規制を受けます）。

(4) 雇用システムの展望

　政府が働き方改革の先に見据えるのは、日本型雇用システムの内部労働市場から、欧米型の外部労働市場への移行という雇用システム改革です。日本型雇用システムの内部労働市場と雇用保障は、年功賃金で職務内容を曖昧にし、男性正社員に恒常的時間外労働と頻繁な配転を受忍させ、その皺寄せを女性の家事負担と非正規雇用者で吸収することで維持されてきました。働き方改革により、性別・年齢・雇用形態の隔てなく、職務内容を明示した上で職務と能力で賃金を決定することとし、恒常的時間外労働や頻繁な配転が多様な個別事情に応じて抑制され、外部労働市場も整備されるならば、雇用保障を含む内部労働市場の在り方もおのずと変わらざるを得ません。労働施策総合推進法が、労働市場の基本法である雇用対策法を下地とすることも、働き方改革が労働市場・雇用システム改革であることを示しているように思います。

　筆者は、ITのように技術革新のスピードが速い分野では外部労働市場化は避けがたいと考えます。もっとも、旧来からの国内企業は、内部労働市場の骨格は生かしつつ、外部労働市場で補完する方向の漸次的改革を目指すのが穏当と考えます。日本の企業の活力と成長は、内部労働市場における人材の長期育成に支えられてきたことに十分留意するべきといえます。

　なお、これに関連して、近時副業・兼業を原則容認すべきであるという議論があります。厚労省は「副業・兼業の促進に関するガイドライン」（平成30年1月策定）等で副業・兼業を容認する方向で進めるべきとして、モデル就業規則もそのような方向で改正しましたが、これも上記議論の一例といえます。

　たしかに、筆者としても、外部労働市場化が進み、かつグローバルに展開しているIT企業のような場合については、この副業・兼業の議論も成り立ちうると考えます。しかし、長期育成を前提に従業員を育ててきた企業においては、本来望ましいものではありません。実際、平成29年3月28日の働き方改革実現会議決定時点で約85％の企業は副業・兼業を禁止

しており，上記のとおり厚労省が動いたにもかかわらずその後も約75％は許可制で残っていること[13]からすれば，その浸透にはおのずから限界があり，筆者としては就業規則において副業・兼業を許可制とすることをこれからも維持していくべきと考えています。

2　働き方改革関連法

(1)　働き方改革関連法とは

　平成30年6月29日，働き方改革関連法が国会で可決，成立しました。

　働き方改革関連法は，働き方改革を総合的に推し進めることを目的とした，労基法をはじめとする主要8本の法改正の集合体です。8本の法改正を一本化することにより，国会での審議・決議も一括で行われました。

　この一本化された法は，大きく3つの柱から構成されます。第1に，働き方改革の総論規定としての労働施策総合推進法の制定（雇用対策法の改正），第2に，長時間労働の是正や多様で柔軟な働き方の実現等，労働時間や労働者の健康に関わる労基法・労安衛法等の改正，第3に，雇用形態にかかわらない公正な待遇を確保するためのパート法・派遣法・労契法の改正です。

(2)　労働施策総合推進法（旧雇用対策法）の制定

　今回の改正は上記の第2・第3の柱に注目が集まりがちですが，第1の柱である労働施策総合推進法の制定も重要です。雇用対策法を改正し，働き方改革の基本理念を定める総論規定として新たに位置づけられました。法令名も「労働施策の総合的な推進並びに労働者の雇用の安定及び職業生活の充実等に関する法律」へ変更し，働き方改革の趣旨に沿う新たな内容

13　働き方改革実行計画（平成29年3月28日決定）において参考資料として提示された働き方改革実行計画（工程表），および時事ドットコムニュース2018年9月18日16時02分の記事「副業，4分の3が認めず＝企業，過重労働を懸念」を参照。

を加えました。しかし，元来は労働市場の基本法として定められた雇用対策法を，労基法等の個別的労働関係法の改正を含む働き方改革の総論規定に位置づけることには違和感も残ります。

労働施策総合推進法の目的規定からは，働き方改革の目的を次のように読み取ることができます。すなわち，労働者が多様な事情に応じて雇用の安定と職業生活の充実が得られる環境を作ることと，労働生産性の向上を促進することを通じて，労働者の有する能力を有効に発揮できるようにすることです。

この目的を達成するために国が講ずべき施策として，労働施策総合推進法は，①労働時間の短縮等の労働条件の改善に関する施策，②多様な就業形態の普及と，雇用形態・就業形態が異なる労働者間の均衡のとれた待遇の確保に関する施策を新たに掲げます（ここで「均衡のとれた待遇」という表現を用い，「均等な待遇」には言及していないところにも注目するべきです）。①は働き方改革関連法の第2の柱，②は第3の柱に対応します。これらの国の施策を総合的・継続的に推進するための基本方針は，平成30年12月28日に閣議決定の上で労働施策基本方針として公表され，その中にはハラスメント関連が基本的事項の1つとして挙げられていることは前述のとおりです。

もっとも，国の施策が実効性を持つには，労働者を働かせる事業主の協力が不可欠です。そこで労働施策総合推進法は，事業主の責務として，労働時間の短縮や労働条件の改善等，労働者が生活との調和を保ちつつ，その意欲・能力に応じて就業できる環境整備に努めることを定めました。

注目されるのは，従来の雇用対策法から新たに追加された「基本的理念」です。労働者への職務内容や必要な能力の明示と，それに即した評価・処遇を志向する内容になっています。これは特に上記②の施策に関わる理念として位置づけられます。

(3) 長時間労働の是正，多様で柔軟な働き方の実現等

働き方改革関連法の第2の柱が，長時間労働の是正，多様で柔軟な働き方の実現等のための改正です。具体的な改正項目は以下のとおりです。

---

(1) 労働時間に関する制度の見直し（労基法，労安衛法）
　① 長時間労働の是正
　・時間外労働の上限規制
　・中小企業における月60時間超の時間外労働に対する割増賃金の見直し
　・一定日数の年次有給休暇の確実な取得
　・労働時間の状況の把握の実効性確保
　② 多様で柔軟な働き方の実現
　・フレックスタイム制の見直し
　・高度プロフェッショナル制度の創設
(2) 勤務間インターバル制度の普及促進等（労働時間等設定改善法）
　・勤務間インターバル制度の普及促進
　・企業単位での労働時間等の設定改善に係る労使の取組み促進
(3) 産業医・産業保健機能の強化（労安衛法等）

報道では「高度プロフェッショナル制度の創設」が目立っていましたが，実務に大きな影響を及ぼすのは「長時間労働の是正」と「産業医・産業保健機能の強化」に関する部分ではないかと筆者は考えます。

(4) 雇用形態にかかわらない公正な待遇の確保

働き方改革関連法の第3の柱が，雇用形態にかかわらない公正な待遇を確保するための改正です。

有期契約労働者，短時間労働者，派遣労働者について，不合理な待遇差を解消するための規定が整備されます。その実効性を確保するため，労働者の待遇に関する使用者の説明義務を強化し，行政による履行確保措置と裁判外紛争解決手続が整備されます。

この改正に関しては「同一労働同一賃金」というキャッチフレーズが先行した時期もありましたが，最終的に，現行法の延長線上にある「不合理な待遇差是正」の規定整備に落ち着きました。むしろ実務に大きな影響を及ぼすのは，説明義務や行政の関与の強化といった，実効性確保措置に関する改正ではないかと考えます。

3　働き方改革関連法成立までの経緯

(1)　成長戦略としての働き方改革

　第二次安倍政権は平成24年12月に発足し，平成25年6月の「日本再興戦略」において日本の成長戦略として雇用制度改革を行うことを提言しました。その狙いは，経済のグローバル化や少子高齢化の中で，労働参加率と労働生産性を向上させて，日本経済に好循環を形成させることにありました。この雇用制度改革の1つとして，労働時間法制を見直すことが提言され，平成27年4月に「労働基準法等の一部を改正する法律案」（以下「労基法改正案」といいます）として国会に提出されました。

　その内容は，労働参加率や労働生産性の向上という当初の観点に加えて，平成26年6月に過労死等防止対策推進法が制定されたことを受け，労働者の健康確保の観点を強調した内容となりました。具体的には，過重労働を防止するため，中小企業における月60時間超の時間外労働に対する割増賃金規定の適用猶予の見直しや，年次有給休暇の取得促進等が提言されました。労働者代表委員からは，時間外労働の上限規制を導入すべきとの意見がありましたが，法案に盛り込まれるには至りませんでした。

　また，労働生産性の向上という観点から，裁量労働制の拡大と，高度プロフェッショナル制度の創設が提言されました。これらの改正は，近年の知識集約型産業に即した賃金システムとして，賃金を労働の量（時間数）から切り離し，労働の質（成果）に応じた処遇を行うことを企図するものでした。

さらに、賃金と労働量の関係を維持しつつ希薄化する観点、および労働参加率の向上という観点から、フレックスタイム制の拡張が盛り込まれました。

労基法改正案は、平成27年・28年と国会に提出されましたが、継続審議になり棚上げされました。

(2) 働き方改革関連の法改正案（平成28年～）

平成28年以降、安倍政権は労基法改正案の早期成立を図りつつ、さらに労働参加率と労働生産性を向上させる雇用制度改革を推進するため、新たに①同一労働同一賃金の実現と、②三六協定における時間外労働規制の在り方の再検討を議題として掲げ、労働政策審議会の議論の俎上に載せました。なお、雇用制度改革について「働き方改革」というキーワードが頻繁に用いられるようになるのは平成28年頃からです。

上記①の議題について、同年3月に検討会が発足しました。同一労働同一賃金というキャッチフレーズが先行し、同年12月に発表された「同一労働同一賃金ガイドライン案」は広く注目を集めました。もっとも、労働政策審議会の同一労働同一賃金部会における協議を経て平成29年6月に発表された労働政策審議会から厚生労働大臣への建議「同一労働同一賃金に関する法整備について（建議）」の段階では、現行法の延長線上にある「不合理な待遇差是正」の規定整備を中心とした内容に落ち着きました。

上記②の議題については、平成28年9月に検討会が発足しますが、同年10月に労災認定された電通女性新入社員の過労自殺事件を契機に流れが変わることになります。同事件を機に、労働行政は過労死対策を一気に強化しました。時間外労働規制の検討も、成長戦略よりも健康を守る観点が第一に据えられ、規制をより強化する方向へと向かいました。労基法改正案の時点では法案にすらなっていなかった時間外労働の上限規制が、平成29年3月の政労使合意を経て、罰則付き上限規制の導入にまで至ります。

(3) 労基法改正案と上限規制の一本化

　平成27年までに国会に提出された労基法改正案と，平成28年以降に「働き方改革」の名の下で取りまとめられた時間外労働の上限規制は，共に労基法を改正する内容ではありますが，それぞれ別個の法案として国会に提出される予定でした。しかし，次の過程を経て，労基法改正案と時間外労働の上限規制は一本化されることになります。

　平成29年7月11日，連合は，労基法改正案の高度プロフェッショナル制度を条件付きで容認する意思表明をしました（この連合の高度プロフェッショナル制度容認に関しては，以前から政労使三者間である程度根回しがなされていたのではないかとも思われます）。しかし連合内部からの反発があり，連合は同月27日に容認を撤回しました。翌28日，厚労省は高度プロフェッショナル制度を含む労基法改正案と時間外労働の上限規制を，法案として一本にまとめ直すことを発表しました。さらに，これらの労基法の改正のほか，同一労働同一賃金にかかるパート法・労契法・派遣法の改正等，「働き方改革」の名の下で準備された種々の法改正案をすべて一括した束ね法案とすることが追って発表されました。これは，民進党（当時）をはじめとする野党が，上限規制等の規制強化の部分だけ賛成して，高度プロフェッショナル制度等の規制緩和の部分は反対する，といった「いいとこ取り」をするのを封じるためでした。

　このような経緯により，働き方改革関連法案は提出されるに至りました。

　なお，労基法改正のうち裁量労働制の拡大については，後に首相の国会答弁の基礎となった厚労省の調査データに不備が見つかり，法案から撤回されました。

◆労働基準法等の一部改正法の内容変遷

H27.4.3 国会提出法律案（H29.9.28 廃案）

Ⅰ 長時間労働抑制・年休取得促進策等
1. 月60時間超の時間外労働に対する割増賃金率（50％以上）の中小企業への猶予措置廃止
2. 時間外労働に係る助言指導に当たり，「労働者の健康確保」について明確に規定する
3. 使用者は，10日以上の年次有給休暇が付与される労働者に対し，5日について毎年時季を指定して与えなければならないこととする（年休消化義務）
4. 企業単位での労働時間等の設定改善に係る労使の取組促進（勤務間インターバル等）

Ⅱ 多様で柔軟な働き方の実現
1. フレックスタイム制の「清算期間」の上限を1カ月から3カ月に延長
2. 企画業務型裁量労働制の対象業務に「課題解決型提案営業」と「裁量的にPDCA（計画・実行・評価・改善）を回す業務」を追加。対象者の健康確保措置の充実や手続の簡素化等の見直し
3. 特定高度専門業務・成果型労働制（高度プロフェッショナル制度）の創設
   - 職務の範囲が明確で一定の年収を有する労働者が，高度の専門的知識を必要とする等の業務に従事する場合に，健康確保措置等を講じること，本人の同意や委員会の決議等を要件として，労働時間，休日，深夜の割増賃金等の規定を適用除外とする
   - 制度の対象者について，在社時間等が一定時間を超える場合には医師による面接指導義務

H30.4.6 国会提出法律案（H30.7.6 公布）

Ⅰ 長時間労働抑制・年休取得促進策等
1. 月60時間超の時間外労働に対する割増賃金率（50％以上）の中小企業への猶予措置廃止
2. 時間外労働に係る助言指導に当たり，「労働者の健康確保」について明確に規定する
3. 使用者は，10日以上の年次有給休暇が付与される労働者に対し，5日について毎年時季を指定して与えなければならないこととする（年休消化義務）
4. 企業単位での労働時間等の設定改善に係る労使の取組促進（勤務間インターバル等）
5. 時間外労働の上限規制（追加）

Ⅱ 多様で柔軟な働き方の実現
1. フレックスタイム制の「清算期間」の上限を1カ月から3カ月に延長
2. 裁量労働制（削除）
3. 特定高度専門業務・成果型労働制（高度プロフェッショナル制度）の創設
   - 職務の範囲が明確で一定の年収を有する労働者が，高度の専門的知識を必要とする等の業務に従事する場合に，健康確保措置等を講じること，本人の同意や委員会の決議等を要件として，労働時間，休日，深夜の割増賃金等の規定を適用除外とする
   - 制度の対象者について，在社時間等が一定時間を超える場合には医師による面接指導義務
   - 同意の撤回に関する手続（追加）

第 2 節　労働基準法の改正　41

【ブラック企業論からの労働行政の強化】

H26.11.1	過労死等防止対策推進法 施行／過重労働解消キャンペーン 開始
H27.4.1	東京・大阪労働局に「過重労働撲滅特別対策班」(通称：かとく)を発足
H27.4.3	労働基準法等の一部改正法案を国会提出　以降，議論膠着（継続審議）
H27.5.18	違法な長時間労働を繰り返している企業への指導・公表について基準を策定（月100時間超）
H27.7.24	「過労死等の防止のための対策に関する大綱」閣議決定
H28.4.1	月80時間超に重点監督拡大（指導・勧告）本省かとくを新設。全国47局に「過重労働特別監督監理官」を配置
H28.10.7	電通 女性社員遺族 記者会見 →かとく 電通に捜査
H28.12.26	「過労死等ゼロ」緊急対策
H29.1.20	違法な長時間労働や過労死等が複数の事業場で認められた企業の経営トップに対する都道府県労働局長等による指導の実施及び企業名の公表について
H29.1.20	労働時間の適正な把握のために使用者が講ずべき措置に関するガイドライン
H29.3.30	労働基準関係法令違反に係る公表事案のホームページ掲載について
H29.5.10	労働基準関係法令違反に係る事案を公表（334社） →H30.7.31更新

【働き方改革　ワークライフバランスの実現】

H29.3.17	時間外労働の上限規制等に関する政労使提案
H29.3.28	働き方改革実行計画において，平成27年改正法律案「国会での早期成立を図る」と明記
H29.7.11	平成27年改正法案を修正し，制度化へ前進。連合も政府の姿勢を踏まえ，条件付容認 ①年104日以上の休日確保を義務づけ，②労使が複数のメニューから休みやすい体制を選べる仕組みの導入，③裁量労働制の拡大（一般的な営業職を明確に対象外へ）
H29.7.25	「脱時間給」容認を撤回 連合執行部の対応に参加の産業別労働組合などが強く反発し，政労使合意は見送りへ
H29.7.28	厚労相が，労働基準法改正案に「働き方改革」として進める時間外労働の上限規制を盛り込み，法案を一本化する旨を表明
H29.8.4	連合，神津会長再任人事案を発表
H29.9.15	労働政策審議会において平成27年労働基準改正法案（一部修正）・時間外労働の上限規制・同一労働同一賃金関連を一括した「働き方改革を推進するための関係法律の整備に関する法律案要綱」答申
H29.9.28	衆議院解散総選挙　→平成27年改正法律案廃案
H30.3.29	自民党部会において法律案一部修正 ①裁量労働制改正部分削除，②施行時期は原則1年延期
H30.4.6	働き方改革関連法案を国会提出
H30.6.29	働き方改革関連法が成立
H30.7.6	同法公布，労働施策総合推進法は即日施行

4 改正法の概要

　平成30年6月29日，労基法改正を含む働き方改革関連法が国会で可決，成立しました。改正法のうち，不合理な待遇差是正を除く部分の概要は次のとおりです。
　① 時間外労働上限規制
　従前は告示で定められていた時間外労働の限度時間の内容が，労基法本体に格上げされます（1か月45時間・1年360時間）。また，特別条項付三六協定のルールも労基法本体に格上げされるとともに，時間数の定めに上限が設けられ，限度時間を超過して働かせることができる「特別の事情」が厳格化されます。
　② 中小事業主に対する月60時間超の割増率の適用猶予廃止
　中小事業主についても月60時間超の時間外労働の割増率が50％以上となります。
　③ フレックスタイム制の改正
　清算期間の上限が1か月から3か月に延長されます。また，完全週休2日制のもとで法定労働時間の総枠を所定労働日数に8時間を乗じた時間数とすることができるようになります。
　④ 特定高度専門業務・成果型労働制（高度プロフェッショナル制度）
　一定の年収要件（1,075万円）を満たし，高度の専門的知識等を要する業務に従事する労働者に関し，労働時間，休憩，休日，深夜割増の規制を適用除外する制度が新設されます。
　⑤ 年次有給休暇の時季指定義務
　年休の取得促進の目的から，付与日数10日以上の労働者に関し，使用者に年5日の年休を時季指定する義務が新たに定められます。
　⑥ 労安衛法の改正
　安全衛生管理体制関連では産業医の権限が強化され，健康の保持増進の

ための措置関連では医師による面接指導規定が整備されました。

⑦　その他の事項

労働時間設定改善法の改正，電子的手法による労働条件明示などがあります。

これらの施行日は次の図のとおりです。

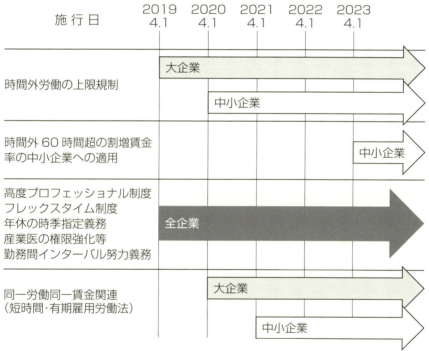

◆働き方改革関連法の施行日

※施行時期の延期および時間外60時間超の割増賃金率見直しの対象である中小事業主の定義は同一
※三六協定の経過措置（中小事業主に三六協定の経過措置が適用される場合も含む）が適用される場合については，改正労安衛法66条の8の2第1項の規定による面接指導を行うことを要しない（附則5条）
※労働施策総合推進法は働き方改革関連法の公布日である2018.7.6から施行
※派遣法改正（同一労働同一賃金関連を含む）は全企業で2020.4.1から施行

5 改正法における中小事業主とは

　働き方改革関連法の施行日については，中小事業主に対する経過措置（附則3条，11条）が定められているため，上限規制および同一労働同一賃金関係部分（派遣法を除く）については，大企業よりも1年遅れとなります[14]。同法附則3条によれば，中小事業主に該当するのは次の表のとおりとなります。

◆働き方改革関連法附則3条の定める「中小事業主」

	資本金の額または出資の総額		常時使用する労働者数
小売業	5,000万円以下	または	50人以下
サービス業	5,000万円以下		100人以下
卸売業	1億円以下		100人以下
その他の業種	3億円以下		300人以下

　具体的に上記のどの業種に当たるかについては，厚労省パンフレット「時間外労働の上限規制　わかりやすい解説」（平成30年12月26日発表）の5頁を参照してください。
　なお，中小事業主該当性の判断については，以下のポイントに留意する必要があります。
　　ア　複数の業種に該当する事業活動を行っているときは，過去1年間の収入額・販売額，労働者数・設備の多寡等といった実態から，何が「主たる事業」なのかが判断されます[15]。

14　この他にも，月60時間以上の時間外労働への割増率，改正労安衛法の研究開発業務への面接指導には中小事業主において経過措置がありますが，詳細はそれぞれ第3章，第8章第3節を参照して下さい。
15　平21.5.29基発05290001号参照。

イ 「常時使用する労働者の数」については，当該事業主の通常の状況によって判断され臨時的な増員や欠員は考慮されず，パートやアルバイトも臨時的に雇い入れたのでなければ1人と算入されます。また，派遣労働者は派遣元のみ[16]，移籍出向者は出向先のみ算入するのに対して，在籍出向者は出向元・出向先の両方に算入されます[17,18]。

ウ 個人事業主や医療法人など，資本金や出資金の概念がない場合には，労働者数のみで判断することになります。また，グループ企業については，グループ単位ではなく企業単位で判断します[19]。

エ 派遣については，派遣元が三六協定を締結・届出しますが，その定めを超えて労働させた場合には派遣先企業が法違反となります。この場合，中小事業主に当たるか否かは派遣先企業をもって判断し，仮に派遣元が中小事業主でも，派遣先が大企業であれば施行は2019年4月1日からとなります[20]。

6 改正法に見られる健康問題

(1) 労働者の健康確保に向けた改正（①④⑤）

今回の改正は労働者の健康確保が深く関わっています。①時間外労働の上限規制を法律上明記する改正がこうした趣旨に基づいていることはいうまでもありません。

---

[16] この点は，派遣元と派遣先両方でカウントする労安衛法とは異なる点ですので，留意する必要があります（第8章第2節参照）。
[17] 厚労省パンフレット「時間外労働の上限規制 わかりやすい解説」（平成30年12月26日発表）19頁
[18] 労基法には89条など，他にも「常時」の文言を用いる条文があります。これらが現行労基法138条の「常時」と同じか否かについて示した通達等はありませんが，中央労働基準監督署や昭61.6.6基発333号によれば，少なくとも労基法89条は138条と同じ解釈を採るようです。したがって，他についても同じ労基法の条文である以上は同様の意味であると考えられます。
[19] 上記パンフレット19頁
[20] 上記パンフレット20頁，平30.12.28基発1228第15号

④年次有給休暇における使用者の時季指定義務は，年休取得率が低迷する現状を踏まえ，年休取得促進の目的から新設されるものです。使用者に時季指定義務を課すことを通じて年休取得が増えれば，労働者の疲労回復につながる上，労働時間数も休暇を取る分減少しますから，この改正も，単に余暇を増やすというだけでなく，労働者の健康確保につながる重要な意味を持っています。

⑤中小事業主に対する月60時間超の割増率の適用猶予が廃止される点にもやはり健康確保が関係しています。1か月60時間を超える時間外労働について特別の割増率（50％以上）を設定した趣旨は，そのような長い時間外労働を特に抑制しようという点にあります。平成22年4月1日の施行後，中小事業主にはその経済的負担を考慮して適用が猶予されてきましたが，今般，働く労働者の健康確保を優先して，2023年4月1日からは中小事業主にも特別の割増率が適用されることとなりました。

これらの改正は，健康確保措置としての労基法の機能をさらに徹底させるものといえます。

(2) 代替の健康確保措置は十分機能するものか（②③）

前節において，労基法第4章の労働時間規制は憲法25条1項，27条2項に基づく労働者の健康確保措置として作られ，改正により規制を緩和する以上はそれに代わる健康確保措置が用意されなければ憲法違反になる可能性すら存在する，と述べました。

詳細は次章以降に譲りますが，③特定高度専門業務・成果型労働制（高度プロフェッショナル制度）は，労働時間，休憩，休日，深夜割増の規制を適用除外する仕組みですが，改正労基法は，外した規制に代替する健康確保措置として，健康管理時間に基づく健康・福祉確保措置を新たに設け，さらに改正労安衛法では面接指導の義務づけを用意しています。規制緩和の代わりに法律上健康・福祉確保措置を定める方法は，従来から裁量労働制において見られたものです。

他方，②フレックスタイム制の改正は，清算期間の上限を1か月から3か月に延長するものです。フレックスタイム制とは，たとえば「1か月170時間」働くことを約束し，その中で労働者が1日の始業・終業時刻を一定範囲で自由に選択できる制度ですが，そうすると最初の2週間で一気に長時間労働を行ってしまう，といったことが起きる懸念があります。

今回の改正は，清算期間の上限を延長して，たとえば「3か月510時間」といった枠を可能にする内容です。清算期間の枠が広がれば，限られた期間に長時間労働が集中する危険はより一層増します。極端な例ですが以下の図のような働き方も可能になります。

改正労基法は，その対策として，清算期間内の1か月ごとに1週平均50時間を超える部分に割増賃金を支払わせる仕組みを設けています。しかし，この仕組みは，その後追加された①上限規制の存在を想定しておらず，結果として後述のとおり非常に不合理な処理結果をもたらす原因ともなっています。このような歪な健康確保措置で十分機能するのか，という問題が存在しています。

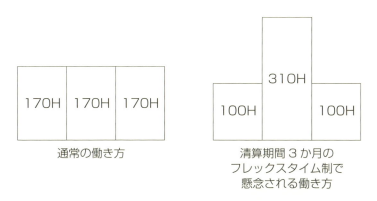

以上のとおり，改正労基法を理解し，それを実務に展開していくためには，「労働者の健康」が絶対に欠かすことのできないキーワードであるといえます。

第2章
時間外労働上限規制

<改正のポイント>
○ 新様式9号が法律の委任を受けたものであることが明記され、三六協定内容の届出は同様式によらなければならず、違反すれば法律違反となることが明らかになった。
○ 三六協定により可能となる時間外労働・法定休日労働の時間数の延長可能上限について、通常の場合と特別条項を用いる場合のどちらについても、法律で規定された。
○ 上記制限規定には、三六協定の枠づくりの際の制限（入口規制）と、個々人が三六協定のもと実際に働ける時間数についての制限（出口規制）の2種類がある。

序　　上限規制導入の目的

　今回の改正につき，改正労基法36条関連では上限規制が導入されたことは総論で述べたとおりです。法律案要綱の時点で厚労省が説明に用いていた図は，法案提出時に公表された「働き方改革を推進するための関係法律の整備に関する法律案の概要」の下記の図と同様でした。

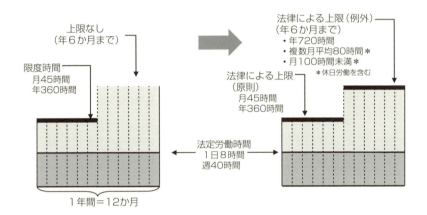

　上図では，特別条項による上限がない部分に法律による上限が設けられたことが強調されています。つまり，厚労省の説明としては，今回の上限規制導入の目的は，あくまで特別条項について上限を設けることにあるということになります。

　しかし，仮に特別条項について上限を設けたかったのであれば，その特別条項の根拠である限度基準（詳しくは後述します）についてこれを改正して時間上限を設ければ十分なはずで，法律に上限規制を設ける理由には

なりません。あえて改正労基法に上限規制を導入するという形をとった理由については，現行労基法の理解が必要になります。

すなわち，現行労基法では，時間数の定めは限度基準に委ねられており，現行労基法自体には規定がありませんでした。このため，月100時間，年1,000時間の時間外労働という内容で締結しても，法違反にはなりませんでした。限度基準はあくまで告示であり，法律ではなかったからです。このような昭和から続く労働行政について改めることこそ，今回の上限規制導入の目的であって，特別条項に限った話ではないのです。

この点に厚労省も気付いたのか，厚労省のパンフレット「時間外労働上限規制　わかりやすい解説」（平成30年12月26日発表）では下記のとおり図が変更され，上限の根拠が告示なのか法律なのかが対比され，法律による上限（原則）が全体に及ぶことが強調されているように思えます。

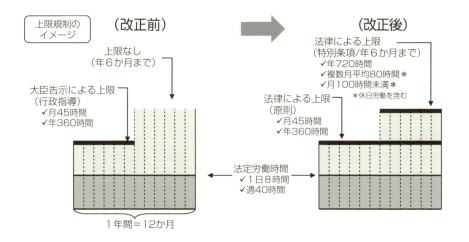

以上のように，今回の改正を理解するためには，現行労基法自体の理解が前提となるところがありますから，以下ではまず現行労基法36条の概要から解説を始めます。

第1節　現行労基法36条の概要

1　時間外労働と休日労働の概念

　労基法が規制する時間外労働とは，1週40時間または1日8時間を超える労働です（労基法32条）[1]。これを「法定時間外労働」といいます。これに対して，労働契約上の所定労働時間を超える労働のことを「所定時間外労働」といいます。

　たとえば，始業・終業時刻が午前9時〜午後5時（休憩時間：午後0時〜午後1時）と定められている会社では，午後5時〜午後6時の労働が所定時間外労働，午後6時以降の労働が法定時間外労働にあたります。

　また，労基法が規制する休日労働とは，35条により付与が義務づけられる休日（1週1日ないし4週4日）における労働です。これを「法定休日労働」といいます。これに対し，35条に基づく法定休日以外の休日（所定休日）における労働のことを「所定休日労働」といいます。

　たとえば，週休2日制の会社において，日曜から土曜まで毎日労働した場合，法定休日労働と所定休日労働が1日ずつ生じていることになります。

　法定時間外労働・法定休日労働と所定時間外労働・所定休日労働との最

---

[1] ただし，労基法40条，労基則25条の2第1項により，商業（法別表第1第8号），映画の製作の事業を除く映画・演奏業（同10号），保健衛生業（同13号），接客娯楽業（同14号）のうち，常時10人未満の労働者を使用する者については，1週の法定労働時間は44時間となります。
　なお，上記に該当する事業場であっても，1年単位の変形労働時間制，1週間単位の非定型的変形労働時間制，後述する清算期間が1か月を超えるフレックスタイム制には，特例は適用されません（改正労基則25条の2第4項）。

大の違いは，前者は無条件に労基法36条の三六協定の締結・届出および労基法37条の割増賃金支払の適用がある点にあります。

ただし，所定時間外労働・所定休日労働についても，それが行われることで1週間の労働時間が40時間を超える場合，その超えた時間が「法定時間外労働」となるため，その意味で労基法36条・37条の適用を受ける点に注意が必要です。

日	月	火	水	木	金	土
0h	7h	7h	7h	7h	7h	7h

上記の例では，土曜（所定休日）の労働のうち最後の2時間が「法定時間外労働」に当たるので，三六協定の締結・届出および2時間分の割増賃金支払が必要になります。

この点は改正法でも変わりありません。

2　現行労基法36条1項

(時間外及び休日の労働)
【現行】労基法第36条
1　使用者は，当該事業場に，労働者の過半数で組織する労働組合がある場合においてはその労働組合，労働者の過半数で組織する労働組合がない場合においては労働者の過半数を代表する者との書面による協定をし，これを行政官庁に届け出た場合においては，第32条から第32条の5まで若しくは第40条の労働時間（以下この条において「労働時間」という。）又は前条の休日（以下この項において「休日」という。）に関する規定にかかわらず，その協定で定めるところによって労働時間を延長し，又は休日に労働させることができる。ただし，坑内労働その他厚生労働省令で定める健康上特に有害な業務の労働時間の延長は，1日につ

いて2時間を超えてはならない。

　後述する2項以下については平成10年改正で初めて追加されたものであり[2]，それまではこの現行労基法36条1項だけでした。

　これによれば，坑内労働等について2時間を超えられないという制限はあるものの，過半数労働組合（それがない場合は労働者の過半数代表者）（以下「過半数労組等」といいます）との書面協定を締結した上で，これを行政官庁に届け出さえすれば，その協定内容に従い時間外労働または法定休日労働をさせることができたことになります。言い換えれば，この規定だけからすれば，問われるのは協定を締結して届け出たか否かだけであり，その協定内容がどのようなものでも36条1項違反ではなく，したがって36条1項違反でない以上は32条違反にもならなかったのです[3]。このように，法律上，何時間延長するか，法定休日労働を何日間にするかについては，完全に労使自治に委ねられていたといえます。

　とはいえ，三六協定を締結するといえば，実務上，1日，1か月の労働時間や，時間外労働等をさせる必要のある具体的事由等を定めていました。これは，現行労基則が昭和22年の制定当時から以下のとおり定めていたことを受けたものだと思われます。

【現行】労基則第16条
1　使用者は，法第36条第1項の協定をする場合には，時間外又は休日の労働をさせる必要のある具体的事由，業務の種類，労働者の数並びに1日及び1日を超える一定の期間についての延長することができる時間又

2　厚生労働省労働基準局編『平成22年版労働基準法〈上〉』470頁。
3　労基法36条1項自体には但書を除いて刑罰は定められていませんが，36条1項の手続をとらずに時間外労働や法定休日労働をさせれば自動的に32条違反となるところ，32条違反については119条1号により6か月以下の懲役または30万円以下の罰金とする刑罰規定があります。

第 1 節　現行労基法 36 条の概要　55

は労働させることができる休日について，協定しなければならない。
2　前項の協定（労働協約による場合を除く。）には，有効期間の定めをするものとする。
3　前2項の規定は，労使委員会の決議及び労働時間等設定改善委員会の決議について準用する。

　また，労基則は三六協定の届出時に則るべき書式（いわゆる様式9号）についても以下のとおり定めていたため，同書式に記載欄が設けてある事項については当然記載しておかなければならないという理解が一般的だったように思われます。

【現行】労基則第 17 条
1　法第 36 条第 1 項の規定による届出は，様式第 9 号（第 24 条の 2 第 4 項の規定により法第 38 条の 2 第 2 項の協定の内容を法第 36 条第 1 項の規定による届出に付記して届け出る場合にあっては様式第 9 号の 2，労使委員会の決議を届け出る場合にあっては様式第 9 号の 3，労働時間等設定改善委員会の決議を届け出る場合にあっては様式第 9 号の 4）により，所轄労働基準監督署長にしなければならない。
2　法第 36 条第 1 項に規定する協定（労使委員会の決議及び労働時間等設定改善委員会の決議を含む。以下この項において同じ。）を更新しようとするときは，使用者は，その旨の協定を所轄労働基準監督署長に届け出ることによって，前項の届出にかえることができる。

　上記にいう現行様式9号（次頁参照）[4]は，現行労基法 36 条 1 項には記載がない事項についても，記入欄が設けてあります。これは，後述の現行労基法 36 条 2 項を受けた厚生労働大臣告示にて定めるべきとされた事項も反映しているものといえます。
　しかし，そもそも現行労基法 36 条 1 項を見れば，「厚生労働省令で定める」といった委任規定は但書の有害業務について存在するのみで，協定内

56 第2章 時間外労働上限規制

◆参考　現行様式9号

様式第9号（第17条関係）

時間外労働
休　日　労　働　に関する協定届

事業の種類	事業の名称	事業の所在地（電話番号）

	業務の種類	労働者数 [満18歳以上の者]	所定労働時間	延長することができる時間		期間
				1日	1日を超える一定の期間（起算日）	
時間外労働をさせる必要のある具体的事由						
①下記②に該当しない労働者						
②1年単位の変形労働時間制により労働する労働者						

休日労働をさせる必要のある具体的事由	業務の種類	労働者数 [満18歳以上の者]	所定休日	労働させることができる休日 並びに始業及び終業の時刻	期間

協定の成立年月日　　　年　　月　　日

協定の当事者である労働組合の名称又は労働者の過半数を代表する者の　職名　　　　氏名

協定の当事者（労働者の過半数を代表する者の場合）の選出方法（　　　　）

　　　年　　月　　日

　　　　　使用者　職名
　　　　　　　　　氏名　　　　　　印

労働基準監督署長　殿

容については一切ありません。つまり，上記現行労基則16条・17条は，労基法の委任を受けたものではなく，独自に定められた省令に過ぎないことになります。

ところで，憲法31条では適正手続について定められています。

> 憲法第31条
> 　何人も，法律の定める手続によらなければ，その生命若しくは自由を奪はれ，又はその他の刑罰を科せられない。

この一種として，「そもそも刑罰を科すためにはあらかじめ法律で定めることを要する」とする罪刑法定主義も，また一般に広く認められています。省令に関するその例外としては，同じく国家行政組織法12条3項が定める場合に限られると考えられます。

> 国家行政組織法第12条
> 1　各省大臣は，主任の行政事務について，法律若しくは政令を施行するため，又は法律若しくは政令の特別の委任に基づいて，それぞれその機関の命令として省令を発することができる。
> 2　〔略〕
> 3　省令には，法律の委任がなければ，罰則を設け，又は義務を課し，若しくは国民の権利を制限する規定を設けることができない。

4　後述のとおり中小事業主については上限規制の適用は通常よりも1年遅れるため，2020年4月1日以後の期間のみを定めている労使協定から新様式9号を用いればよく，それまでは現行様式9号を使用して届け出ることができます。
　なお，解釈通達（平30.12.28基発1228第15号）によれば，現行労基法36条に基づく三六協定を届け出る場合に現行様式でなく新様式9号を用いることも許され，その場合は現行様式9号において記載が必要だった項目のみ記入すれば足ります。ただ，記入すべき事項がわかりにくくなるので，現行労基法36条に基づく届出については現行様式9号を用いるべきと筆者は考えます。

このように，法律の委任がある場合のみ，省令にて罰則を設けることができます。逆にいえば，法律の委任がない省令については，罰則を設けることはできません。

そうすると，前掲の現行労基則16・17条は，現行労基法36条1項の委任があるわけではないですから，罪刑法定主義により，罰則を設けることはできないこととなります。実際，現行労基則16・17条については，それ自体の違反について罰則が設けてあるわけではありません。

したがって，繰り返しになりますが，現行労基法下では，三六協定の締結内容を問わず，単に締結して届出すれば，その届出内容の範囲で働く限り法違反にはなり得ず，まして刑罰も科されなかったのです。

3　現行労基法36条2項〜4項

> 【現行】労基法第36条
> 2　厚生労働大臣は，労働時間の延長を適正なものとするため，前項の協定で定める労働時間の延長の限度，当該労働時間の延長に係る割増賃金の率その他の必要な事項について，労働者の福祉，時間外労働の動向その他の事情を考慮して基準を定めることができる。
> 3　第1項の協定をする使用者及び労働組合又は労働者の過半数を代表する者は，当該協定で労働時間の延長を定めるに当たり，当該協定の内容が前項の基準に適合したものとなるようにしなければならない。
> 4　行政官庁は，第2項の基準に関し，第1項の協定をする使用者及び労働組合又は労働者の過半数を代表する者に対し，必要な助言及び指導を行うことができる。

現行労基法36条1項によれば，理論上は三六協定を締結・届出さえすれば無限に時間外労働等をさせることができてしまうため，これに一定の歯止めをかけるべく，昭和57年に「労働基準法第36条の協定において定められる1日を超える一定の期間についての延長することができる時間に

関する指針」（昭和57年労働省告示69号。以下「昭和57年指針」といいます）が出されました。この指針が法律に根拠を有するものとなるように平成10年に追加されたのが現行労基法36条2項です。

　これを受けて，「労働基準法第36条第1項の協定で定める労働時間の延長の限度等に関する基準」（平成10年労働省告示154号。以下「限度基準」といいます）が定められ，昭和57年指針は廃止されました。限度基準の内容は以下のとおりです。

　限度基準3条では，原則的に三六協定の延長限度時間を1か月45時間，1年で360時間とし（いわゆる限度時間），特別の事情がある場合に限り限度時間を超えることができると定められています。

労働基準法第36条第1項の協定で定める労働時間の延長の限度等に関する基準（平成10年労働省告示第154号）

（業務区分の細分化）
第1条〔略〕

（一定期間の区分）
第2条　労使当事者は，時間外労働協定において1日を超える一定の期間（以下「一定期間」という。）についての延長することができる時間（以下「一定期間についての延長時間」という。）を定めるに当たっては，当該一定期間は1日を超え3箇月以内の期間及び1年間としなければならない。

（一定期間についての延長時間の限度）
第3条　労使当事者は，時間外労働協定において一定期間についての延長時間を定めるに当たっては，当該一定期間についての延長時間は，別表第1の上欄に掲げる期間の区分に応じ，それぞれ同表の下欄に掲げる限度時間を超えないものとしなければならない。ただし，あらかじめ，限度時間以内の時間の一定期間についての延長時間を定め，かつ，限度時

間を超えて労働時間を延長しなければならない特別の事情（臨時的なものに限る。）が生じたときに限り，一定期間についての延長時間を定めた当該一定期間ごとに，労使当事者間において定める手続を経て，限度時間を超える一定の時間まで労働時間を延長することができる旨及び限度時間を超える時間の労働に係る割増賃金の率を定める場合は，この限りでない。
2　労使当事者は，前項ただし書の規定により限度時間を超える一定の時間まで労働時間を延長することができる旨を定めるに当たっては，当該延長することができる労働時間をできる限り短くするように努めなければならない。
3　労使当事者は，第1項ただし書の規定により限度時間を超える時間の労働に係る割増賃金の率を定めるに当たっては，当該割増賃金の率を法第36条第1項の規定により延長した労働時間の労働について法37条第1項の政令で定める率を超える率とするように努めなければならない。

（1年単位の変形労働時間制における一定期間についての延長時間の限度）
第4条　労使当事者は，時間外労働協定において法第32条の4の規定による労働時間により労働する労働者（3箇月を超える期間を同条第1項第2号の対象期間として定める同項の協定において定める同項第1号の労働者の範囲に属する者に限る。）に係る一定期間についての延長時間を定める場合は，前条の規定にかかわらず，当該労働者に係る一定期間についての延長時間は，別表第2の上欄に掲げる期間の区分に応じ，それぞれ同表の下欄に掲げる限度時間を超えないものとしなければならない。
2　前条第1項ただし書，第2項及び第3項の規定は，法第32条の4第1項の協定が締結されている事業場の労使当事者について準用する。

（適用除外）
第5条　次に掲げる事業又は業務に係る時間外労働協定については，前2条の規定（第4号に掲げる事業又は業務に係る時間外労働協定については，厚生労働省労働基準局長が指定する範囲に限る。）は適用しない。

① 工作物の建設等の事業
② 自動車の運転の業務
③ 新技術，新商品等の研究開発の業務
④ 季節的要因等により事業活動若しくは業務量の変動が著しい事業若しくは業務又は公益上の必要により集中的な作業が必要とされる業務として厚生労働省労働基準局長が指定するもの

別表：第1（第3条関係）

期間	限度時間
1週間	15時間
2週間	27時間
4週間	43時間
1箇月	45時間
2箇月	81時間
3箇月	120時間
1年間	360時間

備考〔略〕

別表：第2（第4条関係）

期間	限度時間
1週間	14時間
2週間	25時間
4週間	40時間
1箇月	42時間
2箇月	75時間
3箇月	110時間
1年間	320時間

備考〔略〕

　また，現行労基法36条3項はこの限度基準に適合するような協定内容とする努力義務を使用者および過半数労組等に課し，同条4項は行政官庁が必要な助言・指導を行うことができると定めています。

しかし，同条2項から4項には刑罰を定める規定がありませんでした。また，行政通達も，上記限度基準を超えた三六協定も直ちに無効とはならないとしていた（平11.3.31基発169号）ため，同条1項ひいては32条違反となることもありませんでした。

また，労働行政についても，現行労基法36条4項があえて勧告を抜かして規定していることからすれば，法の趣旨としては限度基準については助言および指導のみによって対処すべきこととするもので，勧告を行うことはできなかったとも解釈できます[5]。

---

5 この点を厚労省に確認したところ，同項の「助言・指導」には勧告も含まれ，定期監督の際に勧告を行うことはあり，この場合は現行労基法36条4項ではなく厚労省設置法4条1項41号に基づいて行うとのことでした。実際，大阪等において同項に関して勧告がされていました。

　しかし，行政手続法2条6号が助言・指導・勧告を明確に分けて定義していることからすれば上記解釈は不自然であり，また含むのであればなぜ勧告だけ厚労省設置法に基づいて行うのか説明がつかないという問題点もありました。

　改正労基法36条9項については，厚労省も，厚労省設置法に基づくものも含めて勧告は行わないとしており（第1章第1節参照），この問題はなくなったといえます。

第2節　改正労基法36条の概要

1　改正労基法36条1項

> 【改正】労基法第36条
> 1　使用者は，当該事業場に，労働者の過半数で組織する労働組合がある場合においてはその労働組合，労働者の過半数で組織する労働組合がない場合においては労働者の過半数を代表する者との書面による協定をし，厚生労働省令で定めるところによりこれを行政官庁に届け出た場合においては，第32条から第32条の5まで若しくは第40条の労働時間（以下この条において「労働時間」という。）又は前条の休日（以下この条において「休日」という。）に関する規定にかかわらず，その協定で定めるところによって労働時間を延長し，又は休日に労働させることができる。

　前述のとおり，現行労基法では法律の委任がないために労基則に定める事項や様式を無視しても法違反とはなりませんでしたが，改正労基法36条1項では「厚生労働省令で定めるところにより」という委任規定が加えられたため，労基則に定める事項や様式を無視することは法違反となり，ひいては労基法32条違反として刑罰を科されることになります。
　上記厚労省令は，具体的には以下の規定になります。

> 【改正】労基則第16条　新設
> 1　法第36条第1項の規定による届出は，様式第9号（同条第5項に規定する事項に関する定めをする場合にあっては，様式第9号の2）により，所轄労働基準監督署長にしなければならない。

> 2 前項の規定にかかわらず，法第36条第11項に規定する業務についての同条第1項の規定による届出は，様式第9号の3により，所轄労働基準監督署長にしなければならない。
> 3 法第36条第1項の協定（労使委員会の決議及び労働時間等設定改善委員会の決議を含む。以下この項において同じ。）を更新しようとするときは，使用者は，その旨の協定を所轄労働基準監督署長に届け出ることによって，前2項の届出に代えることができる。

　このように，届出は様式9号を用いなければならず，これに反すれば労基則違反になるだけではなく法律違反となり，ひいては労基法32条違反として刑罰を科される可能性もあることとなります。
　また，法改正に伴い様式も変更されました。新しい様式9号，様式9号の2および厚労省による記載例を，巻末に資料として掲載します。

2　改正労基法36条2項

> 【改正】労基法第36条　新設
> 2　前項の協定においては，次に掲げる事項を定めるものとする。
> 　① この条の規定により労働時間を延長し，又は休日に労働させることができることとされる労働者の範囲
> 　② 対象期間（この条の規定により労働時間を延長し，又は休日に労働させることができる期間をいい，1年間に限るものとする。第4号及び第6項第3号において同じ。）
> 　③ 労働時間を延長し，又は休日に労働させることができる場合
> 　④ 対象期間における1日，1箇月及び1年のそれぞれの期間について労働時間を延長して労働させることができる時間又は労働させることができる休日の日数
> 　⑤ 労働時間の延長及び休日の労働を適正なものとするために必要な事項として厚生労働省令で定める事項

改正労基法36条2項は，微修正はあるものの，前述した現行労基則16条や限度基準3条1項等により定めるべきとされていた事項を法律に格上げしたものです。この格上げにより，これらの事項を同条が規定する形で協定しなければ，法違反状態として刑罰が科されるおそれがあります。

以下，三六協定の締結および記入時のポイント等を見ていきます。適宜巻末資料1を参考にしてください。

(1) 時間外労働等をさせることができる労働者の範囲（2項1号）

時間外・休日労働をさせることができる労働者の範囲を記載します。「労働基準法第36条第1項の協定で定める労働時間の延長及び休日の労働について留意すべき事項等に関する指針」（平30.9.7厚労省告示323号。以下「平成30年9月7日指針」といいます）では，時間外労働等をさせることができる業務の種類を定めるにあたっては，「業務の区分を細分化することにより当該業務の範囲を明確にしなければならない」（4条）とされています。

したがって，たとえば各種の製造工程が設けられている工場では，単に「製造業務」に従事する労働者に時間外労働等をさせることができる旨を記載するのではなく，製造工程ごとに区分して，どの工程に従事する労働者につき時間外・休日労働が必要かを記載することになります（平11.3.31基発169号）[6]。

三六協定の締結後に労働者の範囲に若干の変動があっても，三六協定の効力は否定されません。ただ，三六協定の同一性を失わせるほどに労働者の範囲が変動した場合には，三六協定を改めて締結し直す必要が生じるこ

---

[6] 製造工程の区分をどの程度詳細なものとすればよいかについて，同通達は，労使の判断が尊重されるとしつつ「労働時間管理を独立して行っている各種の製造工程が設けられているにもかかわらず業務の種類を『製造業務』としているような場合は，細分化が不十分であると考えられる」としています。

したがって，たとえば切断部門と溶接部門とで労働時間管理のシステムが異なる場合については，これらは区分する必要があるということになります。

とがあります。

(2) 対象期間（2項2号）

　三六協定には，対象期間[7]の定めを置かなければなりません。現行法では対象期間の定めについての規制は特に存在しませんでした[8]。改正法では対象期間は1年に限定されています。これに伴い，協定の有効期間も，後述のとおり1年未満では締結できなくなりました。

　現行法下では，特に中小企業において，三六協定の有効期間を3か月等と設定していて，有効期間が終了するごとに，次期協定の締結を対価として有利な労働条件を労働者側から求められることがありました[9]。本改正により，協定の有効期間を少なくとも1年にすることについて法律の裏付けが得られたわけですから，今までよりも使用者にとっては有利になったといえます。

　なお，対象期間と有効期間の違いについては，解釈通達（平30.12.28基発1228第15号）第2問1（後掲99頁）を参照してください。

　ところで，働き方改革関連法の附則には以下の規定があります。

（時間外及び休日の労働に係る協定に関する経過措置）
働き方改革関連法附則第2条
　第1条の規定による改正後の労働基準法（以下「新労基法」という。）第36条の規定（新労基法第139条第2項，第140条第2項，第141条第4項及び第142条の規定により読み替えて適用する場合を含む。）は，平成31年4月1日以後の期間のみを定めている協定について適用し，同年3月31

---

[7]　「1日・1か月・1年の上限を超えていないか判断するために，時間外労働と法定休日労働の時間数のカウントを行う期間単位」をいいます。

[8]　もっとも，行政通達においては「労使協定の有効期間は1年間とすることが望ましい」とされており，この関係から，実務上も1年間の有効期間を定めることが多かったと思われます。

[9]　極端な例では1日ごとに締結していた事例もあるようです。

> 日を含む期間を定めている協定については，当該協定に定める期間の初日から起算して1年を経過する日までの間については，なお従前の例による。

　この経過措置により，平成31年4月1日から改正法の適用を受ける企業についても，平成31年3月31日までに締結された三六協定は，同協定締結後1年間だけは現行法下のものとして扱われます。
　なお，極端な例ですが，平成31年3月31日を始期とする三六協定は，改正法の脱法行為とみなされうるため控えるべきと筆者は考えます。

(3) 時間外労働または休日労働させることができる場合（2項3号）

　時間外・休日労働をさせることができる場合は，できる限り具体的に定めます。具体例としては，「納期の切迫，受注の集中などによる一時的な生産量増大のため」，「機械設備などの修繕，据え付け，掃除などのため」，「当面の人手不足に対処するため」等の事由が想定されています。
　しかし，雇用慣行として終身雇用制が採られている日本では，通常の業務に必要な人数よりも少なく採用されることから人手不足となることが前提とされており，その対処として時間外労働・休日労働が実施されてきました。したがって，「人手不足」と上記の具体的事由に加える形で規定することが適当です。
　この人手不足については，国が60時間超の時間外労働について割増率を50％とすることについて人手不足問題を理由に中小事業主への適用猶予をここ10年続けていること（第3章2参照），外国人労働者の受入れについても人手不足解消の観点から議論していること[10]からすれば，堂々

10　従来はいわゆる高度外国人人材を日本に取り込むことを中心に議論しており，人手不足については女性・若者・高齢者といった層を有効活用することで対応するとされていました（平成29年3月28日付働き方改革実行計画も同旨）。しかし，近時の出入国管理及び難民認定法（いわゆる入管法）改正では単純労務作業に従事する外国人の在留資格緩和が議論されており，人手不足対応として外国人を活用するという政府方針が明らかになっているといえます。

とこれを事由として記載してよい[11]と筆者は考えます。

(4) 対象期間における時間外労働時間数および休日労働日数（2項4号）

1日，1か月，1年のそれぞれの単位期間において，時間外労働の時間数，および休日労働の日数の「上限」を記載します。

現行労基則16条1項および限度基準でも1日，1日を超え3か月以内の期間，1年の各期間について，時間外労働の上限時間数を規定すべきとされていましたが，改正労基法36条4項や5項で1か月当たりの時間外労働の上限が規定されたため，これと揃える形で「1日を超え3か月以内の期間」は1か月に変えられました。

また，このうち「1年」については，改正労基則17条1項2号により，対象期間として起算日も協定すべきとされています。

なお，解釈通達（平30.12.28基発1228第15号）第2の問2は，1日・1か月・1年以外の期間について延長時間を定めることはできるとしたうえで，当該延長時間を超えて労働させれば労基法32条違反になるとしています。

しかし，新様式9号には，1日・1か月・1年以外の延長時間記入欄はありません。前述のとおり，改正労基法36条1項では「厚生労働省令で定めるところにより」届出することとされ，これを受けた改正労基則16条1項は新「様式9号」により届出すべきと規定しています。したがって，三六協定内容の届出は同様式を用いる必要があるわけですが，そうすると，同様式に勝手に記載事項を追加して届け出ても，同追加部分は同様式を用いて届出したとはいえないため，何の法的効力もなく，改正労基法36条に基づく免罰効には影響を与えないと考えられます。言い換えると，新様

11　ただし，「臨時の受注，決算事務，製品不具合への対応，人手不足等」といった形で目立たないように書くのも実務的な労基署対応の1つの手と筆者は考えます。

式9号に記入欄のない上記期間以外の延長時間を勝手に追加したとしても，三六協定違反（その結果としての労基法32条違反）の有無はあくまで1日・1か月・1年の延長時間の超過の有無だけが問われ，追加部分の超過は結論に影響しないと思われるということです[12]。この点で，上記解釈通達の回答は誤りであると思われます。

なお，現在公開されている三六協定の新様式9号の記載例を見ると，そこには「必要事項の記載があれば，協定届様式以外での形式でも届出できます」と書かれています（巻末資料1(2)参照）。そうすると，新様式9号の必要事項さえ記載すれば，それに追加部分を加えて届け出ても三六協定内容の届出となるようにも読めます。

しかし，繰り返しますが改正労基法では三六協定内容の届出は新様式9号によって行うことが，法律およびこれを受けた厚労省令により義務づけられたので，様式以外での形式での届出はできないというのが法文の自然な解釈です[13]。実際，新様式9号そのものを見ると，どこにも「必要事項の記載があれば，協定届様式以外での形式でも届出できます」とは書いてありません（巻末資料1(1)参照）[14]。したがって，様式に勝手に追加した部分は，上記のとおり改正労基法の法規制に影響しないと考えられます。

① 1日の時間外労働時間数は15時間とすべき

「1日」単位での時間外労働時間数については，3～4時間ではなく15時間と記載すべきです。というのも，やむを得ず従業員に徹夜をさせなけ

---

12 もちろん，労使合意の内容に反したという点は別途問題になりますが，それは労基法の規制の議論とは異なります。
13 記載例に可能と書いてある以上，厚労省がこれを法令違反と扱うリスクは低いと思います。しかし，厚労省見解はあくまで労働行政の面にのみ及びますから，合同労組や民事裁判においてこの点を違反と指摘された場合のリスクは依然残ります。したがって，協定届様式以外での形式での届出は絶対に避けるべきと筆者は考えます。
14 なお，労基則59条の2第1項は様式の形式自由性を定めたものであり，記入事項という内容の自由性まで認めたものではありません。

ればならない事態に備え，最も長時間になる場合を想定しておく必要があり，その場合は所定労働時間8時間と休憩時間1時間（労基法34条1項より必須）を1日24時間から引いた15時間について，三六協定上延長できると定めておく必要があるからです。

② 時間外労働時間数の上限は，1か月45時間・1年360時間とする

様式9号の厚労省による記載例（巻末資料1(2)参照）では，できるだけ時間外労働時間数は少なくするべきという厚労省の方針の影響を受けてか，1か月30時間と定められています。

しかし，仮に30時間で三六協定を締結すると，それを超えて45時間まで働かざるを得ない事情が発生した場合については，現行法では過半数労組等との延長手続をあらかじめ様式の空白に記入しておき，実際に延長が必要となればその手続を履践する必要が生じます。このように複雑な対応をするよりも，最初から時間数は月45時間（改正労基法36条4項の上限）と定めておいた上で，できれば時間外労働時間数は月30時間の範囲に抑えるように心がけるとした方がよいというのが現行法下の実務でした。この点は改正法下でも同様といえます。

③ 労働させることができる法定休日労働は月4日または5日とする

厚労省の統計「平成25年度労働時間等総合実態調査結果」によれば，法定休日労働の届出状況は月「2日」が全体の約4割，「4日」が2割程度です。特別条項の発動事由が条文文言上は厳格化されたことに鑑みれば，今後は法定休日労働の活用に頼らざるを得ない場面が増える可能性もあります。したがって，法定休日労働の日数については上限ぎりぎりまで記載しておいた方が安全と考えます。そこで，「4日」という記載がオーソドックスと思われますが，「法定休日が4日ある月は4日，5日ある月は5日」という形で記載することも方法としては考えられます。

なお，従前から様式9号には法定休日労働についても始業・終業時刻の

記入欄がありましたが，改正前は法令に特に定めがない事項である以上記載する必要はありませんでした[15]。しかし，改正によって様式9号に則らないこと自体が法律違反となることとなりましたから，今後は法定休日労働についても始業・終業時刻を記載しておく必要があるようにも思えます。

この点，協定事項が改正労基法36条2項として法律に格上げされてなお，法定休日労働についてはその日数のみが協定事項として定められています（同項4号）。そうすると，あくまで様式は法律の委任を受けた書式に過ぎないことを考えると，理論的には，今なお法定休日労働についてはその日数のみ記入すれば足るといえます。

もちろん，労基署に穏便に三六協定を受理してもらうために，始業・終業時刻ではなく，たとえば10時間や11時間などという形で，法定休日労働における労働時間数の限度を書いて提出するということも，実務上の対応として考えられると思います[16]。

(5) 厚労省令で定める事項（2項5号）

具体的には以下を指します。

【改正】労基則第17条　新設
1　法第36条第2項第5号の厚生労働省令で定める事項は，次に掲げるものとする。ただし，第4号から第7号までの事項については，同条第1項の協定に同条第5項に規定する事項に関する定めをしない場合においては，この限りでない。
　① 法第36条第1項の協定（労働協約による場合を除く。）の有効期間の定め

15　東京労働局の労働基準部監督課にこの点を質問したところ，法令上休日労働の始業・終業時刻を定めることを求めていないのであれば，様式9号においてこの点の記載を欠いたとしても当該三六協定の効果を否定することはできないとの回答でした。
16　この時間数を記入するという方法は，厚労省の「時間外労働・休日労働に関する協定届 労使協定締結と届出の手引」に記載されています。

②　法第36条第2項第4号の1年の起算日
③　法第36条第6項第2号及び第3号に定める要件を満たすこと。
④　法第36条第3項の限度時間（以下この項において「限度時間」という。）を超えて労働させることができる場合
⑤　限度時間を超えて労働させる労働者に対する健康及び福祉を確保するための措置
⑥　限度時間を超えた労働に係る割増賃金の率
⑦　限度時間を超えて労働させる場合における手続
2　使用者は、前項第5号に掲げる措置の実施状況に関する記録を同項第1号の有効期間中及び当該有効期間の満了後3年間保存しなければならない。
3　前項の規定は、労使委員会の決議及び労働時間等設定改善委員会の決議について準用する。

　これらについても法の委任を受けた規則で定められた事項である以上、違反すれば法律違反となります。
　1項1号は有効期間の定めをおくことを求めており、解釈通達（平30.12.28基発1228第15号）は、この期間は基本的に1年とするのが望ましいとしています[17]。ただし、労働協約は有効期間を定めないことも可能であるため、括弧書の例外があります。厚労省によれば、労働協約に有効期間が定められている場合は同期間を記載する必要があり、定めがない場合のみ括弧書が適用される（この場合は労働組合法15条2項により同協定は有効期間3年と扱われる）とのことです。
　なお、前述のとおり、同通達によれば、有効期間を2年や3年とした場合でも、前記2項2号の対象期間は、当該協定の起算日から1年ごととするとのことです。では有効期間を1年半とした場合にどうなるかというと、

---

[17] 厚労省の回答によれば、対象期間が1日・1か月・1年となっていることから有効期間も同様に最短でも1年とすべきであり、また労働時間の状況は変動し得るため、一定期間ごとに見直せるように2、3年より1年の方が望ましいという趣旨であるようです。

そのような場合でも対象期間は固定されると考えているようです。

たとえば，2019年4月1日から有効期間1年半（上限は年360時間）で三六協定を締結した場合，最初の1年は2019年4月1日起算の1年間の対象期間，残りの半年の有効期間は2020年4月1日起算の1年間の対象期間に属することになります。そして，次の三六協定の有効期間は2020年10月1日から1年半とすると，最初の半年は2020年4月1日起算の対象期間，残りの1年は2021年4月1日起算の対象期間に属することになります。したがって最初の協定のもと2020年4月1日から9月30日までに240時間働いた場合，10月1日から始まる次の三六協定によっても2021年3月31日までの間は120時間しか働けないということです[18]。

同通達は，対象期間の途中で三六協定を破棄・再締結して対象期間起算日を変更することについて，これをやむを得ない場合に限るとしたうえで，三六協定再締結後の期間については再締結後の協定に加えて当初の協定の制限もかかる（たとえば当初の協定上1年の延長時間上限を突破しているのであれば，再締結後の協定によっても時間外労働を行わせることはできない）としています。現行労基法時点で質問した際は，破棄・再締結は自由であると厚労省は回答していたのですが，おそらく「対象期間は固定される」という考え方に変わったため，対象期間を変えることになる破棄・再締結を原則認めない方針に変えたものと思われます[19]。

1項3号は後述する出口規制を受けたもので，協定作成時に出口規制（1か月100時間未満および6か月平均80時間以下）の存在を事業主と労働者に周知させ，その実効性を担保する趣旨のほか，以下の趣旨があると考えられます。

---

18 当然のことながら2021年4月1日からの1年間については，新しい対象期間に属する以上，360時間働くことができます。
19 しかし，対象期間の起算日が固定されるという解釈は法律に規定されたものでもなく，単に厚労省はそう考えたというだけの話で，今まで可能だった破棄・再締結が禁止される理由にならないと筆者は考えます。
　なお，対象期間を変えない破棄・再締結については，今までどおり許容されると思われます。

すなわち，平成29年建議の時点では本項3号にあたる部分は想定されていませんでした。しかし，この建議の下では，時間外労働について月45時間・年360時間という改正労基法36条4項の上限（後述）を守りつつ，法定休日労働を多くすることで，1か月100時間，1年1,000時間の時間外労働（法定休日労働を含む）という健康上問題のある働かせ方ができてしまいました。この問題に対応すべく，このように特別条項（4 参照）を用いないケースについても，特別条項同様に月100時間未満，年960時間以下の制限をかけたのです[20]。

なお，1項4号から7号については，後述の特別条項を労使協定で定める場合にのみ必要とされる事項ですので注意してください。

3　改正労基法36条3項・4項

> 【改正】労基法第36条　新設
> 3　前項第4号の労働時間を延長して労働させることができる時間は，当該事業場の業務量，時間外労働の動向その他の事情を考慮して通常予見される時間外労働の範囲内において，限度時間を超えない時間に限る。
> 4　前項の限度時間は，1箇月について45時間及び1年について360時間（第32条の4第1項第2号の対象期間として3箇月を超える期間を定めて同条の規定により労働させる場合にあっては，1箇月について42時間及び1年について320時間）とする。

前述のように，法改正前においても三六協定により延長できる上限時間数については限度基準（3条1項，別表1）による制限が課されていましたが，これに反しても三六協定が無効になるわけではありませんでした。

本改正では，限度基準が改正労基法36条3項および4項として法律に

---

[20] 今回の改正における上限規制導入の目的が，特別条項によらない原則の場合についても上限時間を設定することにあったと思われることは，序で述べたとおりです。

格上げされました。その時間数は限度基準別表1と同じく1か月45時間，1年360時間とされていますが，これに違反すれば法律違反として刑罰が科され得ます。

なお，4項括弧書は，対象期間が3か月を超える1年単位の変形労働時間制の適用者について定めた従前の限度基準4条1項および別表2の内容が法律に格上げされたものです。このように通常よりも限度時間が短いのは，1年単位の変形労働時間制が，あらかじめ業務の繁閑を見込んで労働時間を配分できること（つまり恒常的に時間外労働があるわけではないこと），単位期間が長いため労働時間が一定期間に集まることによるリスクが高いことを理由とすると思われます。

4　改正労基法36条5項

【改正】労基法第36条　新設
5　第1項の協定においては，第2項各号に掲げるもののほか，当該事業場における通常予見することのできない業務量の大幅な増加等に伴い臨時的に第3項の限度時間を超えて労働させる必要がある場合において，1箇月について労働時間を延長して労働させ，及び休日において労働させることができる時間（第2項第4号に関して協定した時間を含め100時間未満の範囲内に限る。）並びに1年について労働時間を延長して労働させることができる時間（同号に関して協定した時間を含め720時間を超えない範囲内に限る。）を定めることができる。この場合において，第1項の協定に，併せて第2項第2号の対象期間において労働時間を延長して労働させる時間が1箇月について45時間（第32条の4第1項第2号の対象期間として3箇月を超える期間を定めて同条の規定により労働させる場合にあっては，1箇月について42時間）を超えることができる月数（1年について6箇月以内に限る。）を定めなければならない。

本項は，三六協定に，特別の事情がある場合は限度時間を超える時間外

労働をさせることができる旨（以下「特別条項」といいます。）を定めれば，そのような時間外労働を行わせることが可能とするものです。

(1) 特別条項の上限時間数

特別条項については，改正前においても限度基準3条1項但書に定めがありましたが，法律へ格上げされるに際して時間数に上限が定められました。具体的には

① 時間外労働と法定休日労働の合計労働時間数が月100時間未満
② 時間外労働が年間720時間以内

でなければなりません[21]。また，

③ 月の時間外労働時間数が45時間を超える月数について6か月以内で定める

ことも必要です。この③により，特別条項を用いたとしても1年間のうち6か月間は月の時間外労働時間数は45時間に留めなくてはなりません。この点からも，労働時間確保のための法定休日労働の活用が重要であることがわかります[22]。

(2) 特別条項が使用できる場合

また，特別条項を使用できる場合については，従前の限度基準3条1項但書では単に「特別の事情（臨時的なものに限る。）が生じたとき」とされるだけでしたが，改正後の本項では「当該事業場における通常予見することのできない業務量の大幅な増加等に伴い臨時的に第3項の限度時間を

---

[21] なお，特別条項においても前述の改正労基法36条2項5号，改正労基則17条1項3号の適用が除外されるわけではないですから，時間外労働と法定休日労働の合計労働時間数が2〜6か月間の1か月あたり平均80時間以下であることも必要です。

[22] 前述のとおり，今回の法改正で全企業につき時間外労働が月60時間を超えると割増賃金率が50％になることになり，法定休日労働よりも高い割増率となりました。このため，賃金額の抑制という観点からも，すべて時間外労働で対応するよりも，法定休日労働を活用した対応の方がよいといえます（詳しくは，本節8にて説明します）。

超えて労働させる必要がある場合」と表現が改められています。

この点,平成 29 年 3 月の「時間外労働の限度に関する基準」というパンフレットでは「特別の事情」について

〈臨時的と認められるもの〉
- 予算,決算業務
- ボーナス商戦に伴う業務の繁忙
- 納期のひっ迫
- 大規模なクレームへの対応
- 機械のトラブルへの対応

〈臨時的と認められないもの〉
- (特に事由を限定せず) 業務の都合上必要なとき
- (特に事由を限定せず) 業務上やむを得ないとき
- (特に事由を限定せず) 業務繁忙なとき
- 使用者が必要と認めるとき
- 年間を通じて適用されることが明らかな事由

としていました。上記のうちボーナス商戦や予算・決算業務については予見可能なものといえます。

これに対し,今回の改正を受けて厚労省が公表した様式 9 号の 2 の記載例（巻末資料 1 ⑷参照）では,

- 突発的な仕様変更,新システムの導入
- 製品トラブル・大規模なクレームへの対応
- 機械トラブルへの対応

といった,通常予見できないと思われる事由が挙げられています。このため,法改正によって,特別条項は予見不可能な場合に限られることになったようにも思えます。

しかし，他方で，災害その他避けることのできない事由による延長については別途労基法33条により規定されているところ，特別条項も予見できない事由に限るとすれば適用範囲が重なってしまわないかという疑問もあります。

この点について厚労省に確認したところ，改正後の特別条項の事由は現行法と同じであるとの回答でした[23]。「通常予見することのできない業務量の大幅な増加等」とする条文の文言については，あくまで「等」とあるように「通常予見することのできない業務量の大幅な増加」は例示であるとのことです。

したがって，特別条項を使用できるか否かは，これまで同様，「臨時的に限度時間を超えて労働時間を延長しなければならない特別の事情があるか」を検討すればよく，ボーナス商戦や予算・決算業務についても従来どおり使用できることとなります。

実際，平成30年12月26日に厚労省から発表された「時間外労働の上限規制　わかりやすい解説」というパンフレットの12頁には，「臨時的な特別の事情のある場合」について「予算・決算業務」「ボーナス商戦に伴う業務の繁忙」が挙げられています[24]。

(3) 今後の方向性

特別条項が使用できる場合については従前の解釈どおりということは上述したとおりですが，とはいえ文言上は予見できない場合に限られていると読めてしまうことは否定しきれません。したがって，行政上は厚労省の見解どおりに運用されるにしても，裁判に至った場合に異なる解釈がとら

23　国会においても同旨の答弁がなされています（平成30年6月7日参議院第19回厚生労働委員会における加藤勝信国務大臣および平成30年6月19日参議院第21回厚生労働委員会における政府参考人山越敬一氏の発言など）。
24　もっとも，同パンフレット14頁でも依然として，特別条項の様式9号の2の記載例において「予算・決算業務」「ボーナス商戦に伴う業務の繁忙」は除かれていますが，無駄な混乱を招くだけですので厚労省には直ちに訂正してもらいたいと筆者は考えます。

れるリスクについては依然として留意する必要があります[25]。

　また，筆者としては，時間外労働（法定休日労働を含む）について，健康確保の観点から年間720時間に限るべきと考えています。この720時間という数字は，通常の限度時間（年360時間）に，1回10時間の法定休日労働を月に3回（年間36回×10時間＝360時間）とすれば達成できるものです。

　したがって，あえて特別条項による手法を採用せずに，法定休日労働の活用を考えるべきというのが筆者の意見となります[26]。

5　改正労基法36条6項

> 【改正】労基法第36条　新設
> 6　使用者は，第1項の協定で定めるところによって労働時間を延長して労働させ，又は休日において労働させる場合であっても，次の各号に掲げる時間について，当該各号に定める要件を満たすものとしなければならない。

(1)　有害業務規制

> 【改正】労基法第36条第6項
> ①　坑内労働その他厚生労働省令で定める健康上特に有害な業務につい

25　このため，「特に納期が逼迫したとき等の臨時的事由が発生した場合（ボーナス商戦に伴う業務の繁忙，予算決算業務等）」と記載するのも実務対応であると筆者は考えます。
26　法定休日労働の活用にあたっては，事前に就業規則等で法定休日を特定しておくべきか否かが問題となります（労基法35条1項は法定休日を週1日取ることを求めるのみで特定までは求めていません）。
　この点については，業務量等に応じて柔軟に対応するため，事前には特定せず，法定休日労働が必要になれば当該日を法定休日労働として特定した方がよいと筆者は考えます（詳しくは本節8で説明します）。

> て，1日について労働時間を延長して労働させた時間　2時間を超えないこと。

　改正労基法6項1号は，坑内労働その他厚労省令で定める健康上特に有害な業務については，三六協定によっても，1日2時間を超える時間外労働をさせることはできない旨を規定しています。労働者の健康に配慮した規定といえます。
　上記は，現行労基法36条1項但書と同一の内容です。

(2)　実労働時間の上限規制（出口規制）

> 【改正】労基法第36条第6項　新設
> ②　1箇月について労働時間を延長して労働させ，及び休日において労働させた時間　100時間未満であること。
> ③　対象期間の初日から1箇月ごとに区分した各期間に当該各期間の直前の1箇月，2箇月，3箇月，4箇月および5箇月の期間を加えたそれぞれの期間における労働時間を延長して労働させ，及び休日において労働させた時間の1箇月当たりの平均時間　80時間を超えないこと

　ここまでは，時間外労働の上限規制について，三六協定の締結に関する規制（入口規制）などを解説してきました。
　ここでは，締結した三六協定に基づき実際に働く際の労働時間の上限規制（出口規制）を解説します。
　三六協定に記載の締結に関する上限規制（入口規制）とは別に，三六協定を締結後，実際に就労する時点での実労働時間についての上限（出口規制）が定められました。言い換えれば，事業場ごとに作成する三六協定の枠づくりについての規制が入口規制である36条1項から5項の内容で，現実に個々の労働者を働かせる際にこれ以上働かせてはいけないという規制が出口規制である36条6項2号・3号ということになります。

この差は，労働者の事業場が変わった際に如実に現れます。たとえば，労働者が東京の事業場から転勤で大阪の事業場に移ったケースを考えると，入口規制については事業場ごとに定められるものですから，時間外労働を何時間できるかは各事業場の三六協定の内容により決せられます。仮に東京で上限200時間としていてすでに180時間労働していたとして，転勤しなければ残り20時間しか時間外労働はできないわけですが，大阪で上限を320時間としているなら，入口規制上は，転勤後に320時間働けることとなります。

しかし，出口規制については，あくまで当該転勤者が実際に何時間働いたかが問題となるもので，事業場の変更とは無関係です。仮に転勤前に960時間の時間外・法定休日労働をしていれば，転勤で事業場が変わろうと，出口規制によりさらに時間外・法定休日労働をすることはできなくなります[27,28]。したがって，出口規制の情報については，転勤先は転勤元から得ておく必要があります[29]。

この出口規制の内容は，以下のとおりです。

① 時間外＋法定休日労働が月100時間未満
② 時間外＋法定休日労働の2〜6か月間の平均が月80時間以下

①②は「入口規制」でも同内容の規制が存在します（改正労基法36条5項，同条2項5号，改正労基則17条1項3号参照）が，それと別に「出口規制」で①②を定めた趣旨は，転勤のように事業場が変わる場合に備える趣旨に加え，原則どおり限度時間（時間外月45時間・年360時間）以

---

27 解釈通達（平30.12.28基発1228第15号・第2問7）も同旨です。このため，転勤等で入口規制はリセットされるにせよ，実際は出口規制により無制限に働くことはできません。
28 派遣については前述のとおり派遣法44条2項前段により派遣元が協定を届出し，派遣先はこれを行わないため，入口規制の内容は派遣元届出のもの1種類ということになります。
29 転職の場合は，転勤先が転勤元から時間外・休日労働時間情報を聞くというのは事実上困難です。このため，厚労省によれば，この場合に出口規制をどうするかについては検討中とのことでした。出向では，同一グループである以上上記情報を共有することは容易と思われ，出口規制の通算は転勤同様行われます（平30.12.28基発1228第15号・第2問19）。

内で時間外労働を行う場合にも，法定休日労働と併せて①②以内に収めることを担保する趣旨と考えられます。

また，本節2(5)で前述したとおり，改正労基則17条1項3号は，実際に就労する実労働時間が「出口規制の①②」を満たす旨も三六協定の一般条項の記載事項としており，一般条項の「入口規制」の内容になっているといえます。その2つの趣旨についても前述したとおりです。

次に，②の「2～6か月間平均80時間」の計算方法は，平成30年12月26日に厚労省から発表された「時間外労働上限規制　わかりやすい解説」によれば，下記の図のとおりとなります。毎年4月1日付で三六協定が締結される場合について，2019年10月1日～10月31日の1か月間，また，2020年6月1日～6月30日の1か月間の労働時間について，各々「2～6か月間平均80時間以下」を満たすための計算方法を示しています。複雑な計算となるため，自動的に計算できるシステムの利用は不可欠と考えられます。

◆2～6か月平均月80時間以下の計算方法

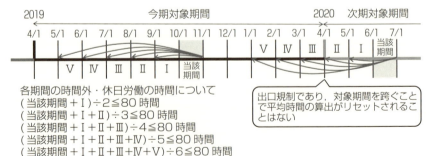

なお，上記図の右側のとおり，対象期間を跨ぐ場合についても出口規制

の計算はなされるため,たとえば2020年の6月について4～6か月平均80時間以下であるか否かを見る際には,前の対象期間に属する2020年1月～3月の時間数も計算に算入されます[30]。

また,仮に対象期間も有効期間も3月31日をもって終了した[31]が,その後三六協定を締結せずに時間外労働を行い,その後4月16日から再度三六協定を締結したという場合は以下の図のとおりとなります。

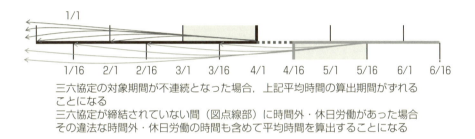

三六協定の対象期間が不連続となった場合,上記平均時間の算出期間がずれることになる
三六協定が締結されていない間(図点線部)に時間外・休日労働があった場合
その違法な時間外・休日労働の時間も含めて平均時間を算出することになる

この場合には,新たに三六協定を締結した4月16日が対象期間の起算日となります。ただし,この場合も出口規制は及ぶ以上,たとえば4月16日からの1か月についての出口規制については,上記のとおり3月16日からの1か月や2月16日からの1か月の時間数も当然算入されます。したがって,たとえば3月16日からの1か月において99時間の時間外・法定休日労働を行っていれば,4月16日からの1か月はその時点で平均80時間以下に抑えるために61時間までしか行えないということになりま

30　ただし,厚労省のパンフレット「時間外労働上限規制　わかりやすい解説」(平成30年12月26日発表)17頁にあるとおり,上限規制がそもそも適用される前については算入する必要はありません。たとえば,中小企業では前述のとおり上限規制の施行日が2020年4月1日であるため,上記の例だと2020年1月～3月は上限規制がまだ適用されていない以上,算入されません。
31　仮に有効期間が継続している場合には,対象期間終了の翌日から新たな対象期間1年が自動的に始まることは,本節2(5)で前述したとおりです。したがって,対象期間が存在しなくなるのは,有効期間も同時に終了した場合に限られます。

す[32]。

なお,「1か月100時間未満, 2〜6か月間平均80時間以下」という数値は, 脳・心臓疾患の労災認定基準(平13.12.12基発1063号)に由来します。すなわち, 同通達は, 労災認定における脳・心臓疾患の発症と業務負荷との因果関係について, 次の基準により判断するとしています。

> 〔略〕疲労の蓄積をもたらす最も重要な要因と考えられる労働時間に着目すると, その時間が長いほど, 業務の過重性が増すところであり, 具体的には, 発症日を起点とした1か月単位の連続した期間をみて,
> ① 発症前1か月間ないし[33] 6か月間にわたって, 1か月当たりおおむね45時間を超える時間外労働が認められない場合は, 業務と発症との関連性が弱いが, おおむね45時間を超えて時間外労働時間が長くなるほど, 業務と発症との関連性が徐々に強まると評価できること
> ② 発症前1か月間におおむね100時間又は発症前2か月間ないし[34] 6か月間にわたって, 1か月当たりおおむね80時間を超える時間外労働が認められる場合は, 業務と発症との関連性が強いと評価できること
> を踏まえて判断すること。
> ここでいう時間外労働時間数は, 1週間当たり40時間を超えて労働した時間数である。

「関連性が強いと評価できる」とは, 他に当該労働者に業務外の負荷要因や基礎疾患があった等の特別な事情がない限り, 発症と業務負荷との因果関係が認められるという意味です[35]。言い換えれば, 月100時間や2〜

---

[32] 三六協定を締結せずに4月1日から16日までの間に時間外労働等を行えば当然労基法32条違反となりますが, それとは別に上記出口規制も及ぶということです。
[33] ここでの「ないし」は,「すべての」という意味です(厚労省パンフレット「脳・心臓疾患の労災認定」6頁)。
[34] ここでの「ないし」は,「いずれか」という意味です(同パンフレット6頁)。
[35] 精神疾患の労災認定基準(平23.12.26基発1226第1号)でも同旨が述べられています。

6か月平均で80時間を超えるような時間外・休日労働があれば，脳・心臓疾患を引き起こす有力な要因といえるレベルの長時間労働と考えられるということです。厚労省は，このようなレベルの長時間労働に至ることがないよう，出口規制も上記数値に設定したものと思われます。

6　改正労基法36条7項〜10項（労働者の健康への配慮）

> 【改正】労基法第36条
> 7　厚生労働大臣は，労働時間の延長及び休日の労働を適正なものとするため，<u>第1項の協定で定める労働時間の延長及び休日の労働について留意すべき事項</u>，当該労働時間の延長に係る割増賃金の率その他の必要な事項について，労働者の<u>健康，福祉</u>，時間外労働の動向その他の事情を考慮して<u>指針</u>を定めることができる。
> 8　第1項の協定をする使用者及び労働組合又は労働者の過半数を代表する者は，当該協定で<u>労働時間の延長及び休日の労働</u>を定めるに当たり，当該協定の内容が前項の<u>指針</u>に適合したものとなるようにしなければならない。
> 9　行政官庁は，<u>第7項の指針</u>に関し，第1項の協定をする使用者及び労働組合又は労働者の過半数を代表する者に対し，必要な助言及び指導を行うことができる。
> 10　<u>前項の助言及び指導を行うに当たっては，労働者の健康が確保されるよう特に配慮しなければならない。</u>

(1)　改正内容

改正労基法36条7項は，三六協定の適正化のために厚生労働大臣が「指針」を定めるとしており，これを受けて定められたのが平成30年9月7日指針です。今回の改正では，同指針を定めるにあたっての考慮事項として，労働時間の延長および休日の労働について留意すべき事項，および労働者の健康，福祉が追記されました。

また、労基署長は、同指針に関して必要な助言・指導を行うことができますが（同条9項）、今回の改正で同条10項が新設され、助言・指導にあたり「労働者の健康」が確保されるよう特に配慮しなければならないと規定されました[36]。

なお、行政官庁は、当分の間、中小事業主に対し、同条9項の助言・指導を行うにあたっては、中小企業における労働時間の動向、人材の確保の状況、取引の実態などを踏まえて行うよう配慮するものとされています（働き方改革関連法附則3条4項）。この点は巻末資料6を参照してください。

(2) 趣　旨

これまでも労働者の健康という考慮要素は、現行労基法36条2項の「その他の事情」に含まれていたと考えられますが、今回の改正で「労働者の健康」が考慮要素であることを第一に掲げ、行政指導においてもこの点に特に配慮すべき旨の規定を新設するのは、36条が持つ健康確保措置としての意味を明確化し、その機能を全うさせることで、労働者の健康を守ろうという国の意思の表れといえます。

今後、時間外労働に関わる監督指導では、さらに厳しく、長時間労働を原因とする労働者の健康問題が問われていくと考えられます。

---

[36] 解釈通達（平30.12.28基発1228第15号）には、同指針に適合しない三六協定は本項の助言・指導の対象であると明記してあります。したがって、同指針の内容についても十分留意する必要があります。なお、あくまで「助言・指導」だけで、勧告は行われない（第1章第1節等参照）ことにも留意してください（この点に関する従前の厚労省見解が誤りであることは第1節を参照）。

同指針の内容については巻末資料2を参照してください。

7 上限規制の適用除外・適用猶予

(1) 上限規制の適用除外（改正労基法36条11項）
ア　条文

> 【改正】労基法第36条
> 11　第3項から第5項まで及び第6項（第2号及び第3号に係る部分に限る。）の規定は、新たな技術、商品又は役務の研究開発に係る業務については適用しない。

　新技術、新商品、新役務の研究開発の業務に係る三六協定については、上記の限度時間は適用されません[37]。

　上記は従前は限度基準（平成10年労働省告示154号）5条3号で規定されていたものを法律に格上げしたものです。

　イ　どのような業務が該当するか

　現行法下の通達によれば、次の業務が「新技術、新商品等の研究開発の業務」に当たるとされているところ（昭57.8.30基発569号）[38]、同通達の

---

[37] 条文上は2項の適用が除外されていないため、同項5号・改正労基則17条1項3号の適用はある、すなわち入口規制としての月100時間未満・2〜6か月平均80時間以下という縛りは改正労基法36条11項にも及ぶことになります。しかし、それではあえて同項が同条6項2号・3号を明文で適用除外した意味がほとんどなくなってしまいます。厚労省のパンフレット「時間外労働上限規制　わかりやすい解説」（平成30年12月26日発表）6頁も36条11項に入口規制が及ぶ旨の言及をしていません。
　　このような不合理な結論となるのは、前述のとおり改正労基則17条1項3号が急遽追加されたもので、他条文への影響についての細かい精査まではできなかったためと思われます。したがって、改正労基法36条11項については、改正労基則17条1項3号についても適用はないと解されます。厚労省の労働条件政策課からも同旨の回答が得られました。
[38] 同通達は、平成10年に限度基準が定められる前に昭和57年指針により目安時間が示されていた時点での通達ですが、昭和57年指針でも「新技術、新商品等の研究開発の業務」は適用除外とされており、同通達内容はそのまま限度基準下でも引き継がれています（平元.2.15基発65号）。

内容は改正法下においても適用されると考えられます[39]。

> 昭和57年8月30日基発第569号
> (i) 自然科学，人文・社会科学の分野の基礎的又は応用的な学問上，技術上の問題を解明するための試験，研究，調査
> 　※研究の事業にあっては，事業の目的たる研究そのものを行う業務をいう
> (ii) 材料，製品，生産・製造工程などの開発又は技術的改善のための設計，製作，試験，検査
> (iii) システム，コンピュータ利用技術などの開発又は技術的改善のための企画，設計
> 　※「システム」とは，製品の生産，商品の販売，サービスの提供などのために，人的能力，技術，設備，情報などを有機的に関連づけて総合的に体系化することも指す
> (iv) マーケティング・リサーチ，デザインの考案並びに広告計画におけるコンセプトワーク及びクリエイティブワーク
> (v) その他(i)から(iv)に相当する業務

同通達は，「新技術，新商品等の研究開発の業務の具体的範囲については，労使が上記定義に即して，自主的に協議し，定めた内容を尊重するものとすること」ともしています。

したがって，労使間において，企業の実態に即し協議のうえで適用除外業務であると定めれば，行政官庁は，その業務には限度時間の適用がない旨の労使間の定めを尊重すべきであり，それに反する取扱いを行うべきでないと考えられます。

---

[39] 解釈通達（平30.12.28基発1228第15号）では，「専門的，科学的な知識，技術を有する者が従事する新技術，新商品等の研究開発の業務をいい，既存の商品やサービスにとどまるものや，商品を専ら製造する業務などはここに含まれない」とするだけで，抽象的な定義づけに留まっています。

(2) 適用猶予について（改正労基法139条〜142条）

　工作物の建設などの事業および自動車の運転の業務などについても，限度基準の5条1号・2号・4号では適用除外の対象となっていました。しかし，今回の改正により，これらも新たに上限規制の枠組みの中に入れられることになりました。

　もっとも，改正法は，工作物の建設の事業，自動車の運転の業務[40]および砂糖製造業について，5年間の適用猶予を規定しています（改正労基法139条，140条，142条）。もともとこれらは業務の性質上限度基準どおりの規制をすることが困難であったため除外対象になっていたわけですから，改正法の上限規制についてもそのまま導入することは難しい面があります。このため，適用猶予中に各分野に応じた形の上限規制の内容を厚労省令等によって確定し，これを猶予後に導入するというわけです。

　また，医師[41]については，従来から限度基準の適用はあったものの，急患対応や休日診療の必要性等といった業務の性質上，これを超えた労働となることが常態化していました。このため，医師についても，上記同様，5年間上限規制の適用を猶予し（改正労基法141条），業務の性質に応じた上限規制内容を策定することとされました[42]。

　したがって，厚労省令等によって詳細は確定することとなりますが，現時点において判明している各分野の上限規制の適用については次頁の表のとおりとなります。

40　解釈通達では，「物品又は人を運搬するために自動車を運転することが労働契約上の主として従事する業務となっている者は原則として該当する」としたうえで，業務の主従については，従事時間等から実態的に判断するとしています（平30.12.28基発1228第15号・第2問16）。

41　同通達では，「労働者として使用され，医行為を行う医師をいう」としています。なお，医行為については，「当該行為を行うに当たり，医師の医学的判断及び技術をもってするのでなければ人体に危害を及ぼし，又は危害を及ぼすおそれのある行為をいう」としています（平30.12.28基発1228第15号・第2問17）。

◆上限規制の適用が猶予される事業・業務

事業・業務	猶予期間中の取扱い (2024年3月31日まで)	猶予後の取扱い (2024年4月1日以降)
建設事業	上限規制は適用されません。	・災害の復旧・復興の事業を除き、上限規制がすべて適用されます。 ・災害の復旧・復興の事業に関しては、時間外労働と休日労働の合計について、 　✓月100時間未満 　✓2〜6か月平均80時間以内 とする規制は適用されません。
自動車運転の業務		・特別条項付き三六協定を締結する場合の年間の時間外労働の上限が年960時間となります。 ・時間外労働と休日労働の合計について、 　✓月100時間未満 　✓2〜6か月平均80時間以内 とする規制は適用されません。 ・時間外労働が月45時間を超えることができるのは年6か月までとする規制は適用されません。
医師		具体的な上限時間は今後、省令で定めることとされています。
鹿児島県及び沖縄県における砂糖製造業	時間外労働と休日労働の合計について、 　✓月100時間未満 　✓2〜6か月平均80時間以内 とする規制は適用されません。	上限規制がすべて適用されます。

[出典] 厚労省パンフレット「時間外労働の上限規制　わかりやすい解説」
(注) 限度基準では適用が除外されていた以下の業務についても、上限規制が全面適用されることになります（厚労省回答）。
- 造船事業における船舶の改造または修繕に関する業務
- 郵政事業の年末・年始における業務
- 電機事業における発電用原子炉およびその付属設備の定期検査並びにそれに伴う電気工作物の工事に関する業務
- ガス事業におけるガス製造設備の工事に関する業務

(3) **健康確保措置について**

　改正労基法36条11項によって上限規制が適用除外とされる労働者については、一定の基準を満たした場合に医師による面接指導の実施を労安衛法上義務づけられ、50万円以下の罰金の対象となりました（改正労安衛法66条の8の2, 120条1号）。詳しくは第8章第3節2を参照して下さい。

(4) 全面適用業務との間の業務転換・出向について

　解釈通達（平30.12.28基発1228第15号）は，上限規制適用除外・猶予業務から職種変更により適用業務に変わった場合の扱いについて，入口規制については適用除外・猶予業務における労働時間数も通算するものの，出口規制については通算しないとしています。

　たとえば，1年360時間の時間外労働を上限とする三六協定を適用している事業場において，適用除外・猶予業務で300時間時間外労働をしたとすれば，職種変更後適用業務になった場合は残り60時間しか時間外労働はできませんが，出口規制については通算されないので1か月100時間未満・2～6か月で80時間以下の計算はゼロから始めるということです[43]。

　この違いは，改正労基法36条11項および139条～142条の文言上，入口規制は適用されないわけではなくその内容が通常と異なるに過ぎないのに対し，出口規制（36条6項2号・3号）はそもそも適用が明文で排除されているという差異に由来するものと思われます。

---

[42] 医師の働き方改革に関する検討会から平成31年1月15日に公表された「とりまとめ骨子」では，具体的な上限時間数は示していないものの，以下のような義務を策定するとしています。
- 勤務日において最低限必要な睡眠（1日6時間程度）を確保する観点から，以下の措置を講ずるよう努める（努力義務。ただし，通常の医師よりもさらに長時間労働が実際的に必要となる地方勤務医や研修医等については義務）。
  ① 当直及び当直明けの日を除き，24時間の中で，通常の日勤（9時間程度の連続勤務）後の次の勤務までに9時間のインターバル（休息）を確保。
  ② 当直明けの連続勤務は，宿日直許可を受けている「労働密度がまばら」の場合を除き，前日の勤務開始から28時間までとすること。この後の勤務間インターバルは18時間とすること。
  ③ 長時間の手術や急患の対応などやむをえない事情で必要な休息時間が確保できない場合は，その分を積み立て，別途休暇を取得させる「代償休暇」とすること。
- さらに地方勤務医や研修医等については，月の時間外労働時間数が一定時間を超える者について，医師による面接指導を行い，その結果を踏まえた医師の意見聴取を経て使用者が就業上の措置（労働時間の短縮や当直回数の減等）を講ずる（義務）。

[43] もちろん，入口規制がある以上，時間外労働は60時間しかできません。

8 法定休日の利用

(1) 特別条項利用の限界

　企業にとって大問題なのは，前記4で解説した特別条項付三六協定を締結して特例の限度時間を超過する働き方をどこまで利用するか，です。

　特別条項を定めず，三六協定の時間外労働時間数を月45時間・年360時間に設定した場合，それに加えて，理論上は労基則17条1項3号により年600時間（80H×12（か月）－360H）まで，時間外労働と併せて月100時間未満・2～6か月平均80時間以下に収まる範囲で法定休日労働ができるということになります（ただし，年600時間の法定休日労働は現実味がありません）。

　これに対し，特別条項を上限までフル活用した場合には，年720時間の時間外労働，年960時間の時間外労働＋法定休日労働が，月100時間未満・2～6か月間平均80時間以下に収まる範囲で可能です。

　しかし，特別条項による特例のフル活用に期待するのは妥当ではありません。

　現在，特別条項付三六協定を締結する多くの企業では，実態として，特に臨時の事由がある場合に限らず，限度時間を超過して働かせています。しかし，改正労基法36条5項は特例について「当該事業場における通常予見することのできない業務量の大幅な増加等に伴い臨時的に第3項の限度時間を超えて労働させる必要がある場合」に利用するものと位置づけています。前述のとおり，この意味は厚労省および国会答弁によれば従来の特別条項と同様であるとのことですから，労働行政上は従来どおりの扱いとなる（特例の利用を臨時の事由がある場合に限らなくても問題はない）と思われますが，民事裁判において残業命令の有効性が争われる場面や，合同労組等に三六協定が違法であるとして刑事告発された場面においては，あくまでもこれらは司法判断であって厚労省の解釈に縛られるわけではな

いことからすれば，そのリスクを否定することはできません。

　また，過半数代表者の選定等といった三六協定の締結手続の不備については，大手広告代理店が平成29年に刑事責任を問われた[44]ことを端緒として，都内の大学が労働組合から刑事告発される等，そのリスクは大きくなっています。

　したがって，安易な特例利用はリスクがあると考えるべきです。

　また，法定休日労働については割増賃金が35％であるのに対して，時間外労働は改正労基法37条1項但書により60時間を超えた部分については通常の25％から50％に上昇するため，むしろ法定休日労働の方が経済的負担は抑えられる点も指摘できます。

(2) 法定休日の利用の仕方

　労基法35条は，1週間に1日休日を取得させることを義務づけています。この週1回の休日を「法定休日」と呼びます。週休2日制の場合，2日の休みのうち1日が「法定休日」となり，もう1日は「所定休日」として区別されます。法定休日に労働するのが「法定休日労働」であり，「1日8時間・1週40時間」の労働時間規制の対象から外れます。他方，所定休日に労働する「所定休日労働」は，「1日8時間・1週40時間」の労働時間規制の対象となり，この枠を超えた時間は「時間外労働」として算定されます。

　そこで考えられるのは，特例を使わざるを得ない非常事態を除き，原則どおり限度時間を遵守しつつ，健康確保の観点から現実的な範囲で法定休日労働を併用し，時間外労働の不足を補う方法です。たとえば，月2回，1回8時間程度の法定休日労働で，時間外と併せて月約60時間，年間約

---

[44] 検察当局は，同社において締結されていた三六協定を「過半数労働組合」と締結したものではないとして無効とみなしましたが，同社幹部が「協定を有効と誤信していた」ことを理由に，かかる違法性の認識のあるといえる，協定の上限を超える部分の限度で起訴しました（日本経済新聞平成29年7月28日参照）。

720時間という運用が考えられます。ただし，法定休日労働には原則として労働者の同意が必要と考えたほうがよい[45]と考えます。また，法定休日労働を行った週の1日は所定休日を確保させる配慮が必要です。

法定休日労働を活用する場合，たとえば土日週休2日制の会社であれば，土日のうちどちらが所定休日で，どちらが法定休日になるかを特定せず，時と場合によって柔軟に変更できるようにした方が，以下の点から優れるといえます。

ア 割増賃金の観点から

法定休日を特定すると，同一週内に所定休日を取得している場合でも，その法定休日に労働させた場合，35％の割増賃金を支払う義務が生じてしまいます。たとえば，日曜日を法定休日と特定した上，日曜日に労働させた場合には，たとえ土曜日に休んでいても，法定休日が確保されておらず，日曜日の労働に対して35％の割増賃金が生じてしまいます。

しかし，この場合に日曜日を法定休日と特定していなければ，後に詳細に説明するように，休んだ土曜日が法定休日となるため，週法定労働時間40時間を超過しないかぎり，割増賃金の支払い義務は生じないこととなり，超過する場合であってもその割増率は25％で済むこととなります。

---

45 法定休日に労働させる命令については権利濫用と評価される場合があるため，筆者としては原則として同意が必要と考えています。これに対して，時間外労働については命令権がある程度担保されていますから，労働者の同意を要さないという点では時間外労働の方が優れるとも思えます。

しかし，前述のとおり，改正後は時間外労働時間数が60時間を超えると割増率が50％となり法定休日労働より高くなります。これは，改正労基法としては法定休日労働よりも60時間を超える時間外労働の方が負担が大きいと考えているということですから，後者についてはさらに命令が権利濫用と評価される可能性が高いということになります。したがって，命令権という観点からしても，60時間を超える場合には法定休日労働の方が時間外労働よりも良いといえます。

イ　休日の振替の観点から

　法定休日を特定した場合，業務上の必要性から法定休日を他週に振り替えると，同一週内で所定休日を取得させていたとしても，当該週内で法定休日が確保されていないということになり，労基法違反ということになってしまいます[46]。

　上記2つの問題点をまとめたのが下記の図です。

◆法定休日の特定と割増賃金等

●法定休日を日曜日に特定した場合

	日	月	火	水	木	金	土	三六協定と割増賃金
	休	8	8	8	8	8	休	—
	休	8	8	8	8	8	休	
	⑧	8	8	8	8	8	休	三六協定必要 1＋0.35（割増賃金）支払
	⑧	8	8	有休祝日欠勤	8	8	休	三六協定必要 1＋0.35（割増賃金）支払

（日曜日を労基法35条の法定休日と特定すると，他の週の労働日と振り替えることができない）

法定休日労働

●法定休日を特定しない場合

	日	月	火	水	木	金	土	三六協定と割増賃金
	休	8	8	8	8	8	休	—
	休	8	8	8	8	⑧	休	※振替の場合　三六協定必要 1＋0.25（割増賃金）支払
	8	8	8	8	8	⑧	休	三六協定必要 1＋0.25（割増賃金）支払
	8	8	8	有休祝日欠勤	8	8	休	三六協定不要 1（通常賃金）の支払のみ

（土曜日が法定休日となり労基法35条の問題は生じない。日曜日について他の週の労働日と振り替えることができる）

時間外労働

　法定休日労働の特定を柔軟に行う手法としては，技巧的ではありますが，以下の方法が考えられます。

---

[46] 中央労働基準監督署に確認したところ，同法35条1項違反にあたるとの回答もあれば，違反ではなく助言・指導・勧告することはないとの回答もありました。
　しかし，理論上は前者の回答の方が正しいことは上記のとおりですから，企業としては行政指導の可能性もあるとして対応すべきと思われます。

> ① 就業規則上は法定休日を特定せず，当該週の前週の最終営業日までに使用者が法定休日を指定できる「事前指定権」を定めておく方法
> ② 当該週の翌週の初日に使用者が事後的に法定休日を指定する「事後指定権」を定めておく方法
> ③ 就業規則で法定休日を日曜日などと特定した上で，法定休日と所定休日を振り返る「振替権」を定めておく方法

　実際に指定する際には個人ごとに実施します。法定休日の特定が推奨されている趣旨に鑑みれば「望ましい」方法ではないかもしれませんが，いざというときのために，法の上限の枠内に収める手段として定めておく選択は有り得ると筆者は考えます。

(3) 健康への配慮は別途必要

　ここでいま一度留意しておきたいのは，時間外労働と法定休日労働の時間数について改正労基法の上限規制を遵守していても，それによって使用者の従業員に対する健康管理上の配慮が尽くされるわけではない，ということです。

　改正労基法36条6項2号・3号の上限規制は，脳・心臓疾患の労災認定基準において，時間外・法定休日労働が発症前1か月間で概ね100時間以上，または2〜6か月間の平均が概ね80時間以上の場合，業務と発症との関連性が「強」と評価されることに鑑みて定められた数値です。しかし，労働時間以外の負荷要因（勤務形態，作業環境など）が加われば，それ以下の時間数でも関連性は「強」と評価され得ます。また，上限規制の枠内に収まる場合であっても，月を跨いだ連続30日間の時間外・法定休日労働の時間数は，最大で160時間まで至る可能性があります。

　そもそも，脳・心臓疾患の労災認定基準において上記のとおり労働時間数に関する定めがあるのは，長時間労働とハラスメントの影響によって睡眠不足となることでこれらの疾患が引き起こされる傾向にあるからです。

したがって，労働時間の管理にあたっては，時間数が上限規制の枠内に収まっているかだけでなく，別途，短期間に過度の長時間労働が集中していないか，労働者の健康状態に異変がないか等の点にも配慮すべきといえます。

9 過半数代表者の選出

(1) 過半数代表者の選出方法

　判例は，労基法36条1項の「労働者の過半数を代表する者」に関して，適法な選出といえるためには，「当該事業場の労働者にとって，選出される者が労働者の過半数を代表して三六協定を締結することの適否を判断する機会」と「当該事業場の過半数の労働者がその候補者を支持していると認められる民主的な手続きが取られていること」が必要と判示しています[47]。

　このように，「労働者の過半数を代表する者」の選出は，投票，挙手，労働者の話し合い，持ち回り決議などの民主的な手続によって行う必要があります（労基則6条の2第1項2号，平11.3.31基発169号）。使用者が一方的に指名したり，社員会の代表者を自動的に締結当事者にしたりすると，労使協定が無効となってしまうため注意が必要です。

(2) 改正条文

> 【改正】労基則第6条の2
> 　法第18条第2項，法第24条第1項ただし書，法第32条の2第1項，法第32条の3第1項，法第32条の4第1項及び第2項，法第32条の5第1項，法第34

---

[47] トーコロ事件＝東京高判平9.11.17労判729-44（最判平13.6.22労判808-11も正当と是認）。「友の会」という親睦団体の代表者が自動的に締結当事者となって作成された三六協定は無効と判断されています。

> 条第2項ただし書，法第36条第1項，第8項及び第9項，法第37条第3項，法第38条の2第2項，法第38条の3第1項，法第38条の4第2項第1号，法第39条第4項，第6項及び第9項ただし書並びに法第90条第1項に規定する労働者の過半数を代表する者（以下この条において「過半数代表者」という。）は，次の各号のいずれにも該当する者とする。
> ① 法第41条第2号に規定する監督又は管理の地位にある者でないこと。
> ② 法に規定する協定等をする者を選出することを明らかにして実施される投票，挙手等の方法による手続により選出された者であって，使用者の意向に基づき選出されたものでないこと。
> 2，3 〔略〕
> 4 使用者は，過半数代表者が法に規定する協定等に関する事務を円滑に遂行することができるよう必要な配慮を行わなければならない。

　改正部分は，従来から通達等で明らかにされていたことを盛り込んだものといえます[48]。これまでの法解釈に変更が生じるわけではありませんが，過半数代表者の選出を(1)で述べたような問題ある方法で行っている事例はいまだに見られ，そうした実情に対してはより厳しい監督指導がなされる可能性があります[49]。

---

[48] その具体的内容として，厚労省のパンフレット「時間外労働上限規制　わかりやすい解説」（平成30年12月28日発表）は，たとえば「使用者の意向に基づき選出されたものでないこと」については「会社による指名や，社員親睦会の代表が自動的に選出されること等は不適切な選出」になるとしています。また4項の「必要な配慮」については「事務機器（イントラネットや社内メールも含む）や事務スペースの提供等」を例示しています。これは解釈通達（平30.12.28基発1228第15号）も同旨です。

[49] 改正労基則6条の2の元となった平成29年建議では，「監督指導等により通達の内容に沿った運用を徹底することが適当」とされていたことも，今後の監督指導の厳格化をうかがわせます。

参考資料

労基法解釈通達（平30.12.28 基発1228第15号）〈抜粋〉

第2　時間外労働の上限規制（法第36条及び第139条から第142条まで関係）

＜時間外・休日労働協定の対象期間と有効期間＞	
問1	時間外・休日労働協定の対象期間と有効期間の違い如何。
答1	時間外・休日労働協定における対象期間とは，法第36条の規定により労働時間を延長し，又は休日に労働させることができる期間をいい，1年間に限るものであり，時間外・休日労働協定においてその起算日を定めることによって期間が特定される。 　これに対して，時間外・休日労働協定の有効期間とは，当該協定が効力を有する期間をいうものであり，対象期間が1年間に限られることから，有効期間は最も短い場合でも原則として1年間となる。また，時間外・休日労働協定について定期的に見直しを行う必要があると考えられることから，有効期間は1年間とすることが望ましい。 　なお，時間外・休日労働協定において1年間を超える有効期間を定めた場合の対象期間は，当該有効期間の範囲内において，当該時間外・休日労働協定で定める対象期間の起算日から1年ごとに区分した各期間となる。
＜1日，1箇月及び1年以外の期間についての協定＞	
問2	時間外・休日労働協定において，1日，1箇月及び1年以外の期間について延長時間を定めることはできるか。定めることができる場合，当該延長時間を超えて労働させた場合は法違反となるか。
答2	1日，1箇月及び1年に加えて，これ以外の期間について延長時間を定めることも可能である。この場合において，当該期間に係る延長時間を超えて労働させた場合は，法第32条違反となる。
＜1年単位の変形労働時間制の対象期間の一部が含まれる場合＞	
問3	対象期間とする1年間の中に，対象期間が3箇月を超える1年単位の変形労働時間制の対象期間の一部が含まれている場合の限度時間は，月42時間かつ年320時間か。
答3	時間外・休日労働協定で対象期間として定められた1年間の中に，対象期間が3箇月を超える1年単位の変形労働時間制の対象期間が3箇月を超えて含まれている場合には，限度時間は月42時間及び年320時間となる。
＜限度時間等を超える協定の効力＞	
問4	法第36条第4項に規定する限度時間又は同条第5項に規定する1箇月及び1年についての延長時間の上限（1箇月について休日労働を含んで100時間未満，1年について720時間）若しくは月数の上限（6箇月）を超えている時間外・休日労働協定の効力如何。
答4	設問の事項は，いずれも法律において定められた要件であり，これらの

	要件を満たしていない時間外・休日労働協定は全体として無効である。
<対象期間の途中における破棄・再締結>	
問5	対象期間の途中で時間外・休日労働協定を破棄・再締結し、対象期間の起算日を当初の時間外・休日労働協定から変更することはできるか。
答5	時間外労働の上限規制の実効性を確保する観点から、法第36条第4項の1年についての限度時間及び同条第5項の月数は厳格に適用すべきものであり、設問のように対象期間の起算日を変更することは原則として認められない。 　なお、複数の事業場を有する企業において、対象期間を全社的に統一する場合のように、やむを得ず対象期間の起算日を変更する場合は、時間外・休日労働協定を再締結した後の期間においても、再締結後の時間外・休日労働協定を遵守することに加えて、当初の時間外・休日労働協定の対象期間における1年の延長時間及び限度時間を超えて労働させることができる月数を引き続き遵守しなければならない。
<限度時間を超えて労働させる必要がある場合>	
問6	法第36条第5項に規定する「通常予見することのできない業務量の大幅な増加等に伴い臨時的に第三項の限度時間を超えて労働させる必要がある場合」とは具体的にどのような状態をいうのか。
答6	「通常予見することのできない業務量の大幅な増加等に伴い臨時的に第三項の限度時間を超えて労働させる必要がある場合」とは、全体として1年の半分を超えない一定の限られた時期において一時的・突発的に業務量が増える状況等により限度時間を超えて労働させる必要がある場合をいうものであり、「通常予見することのできない業務量の増加」とは、こうした状況の一つの例として規定されたものである。 　その上で、具体的にどのような場合を協定するかについては、労使当事者が事業又は業務の態様等に即して自主的に協議し、可能な限り具体的に定める必要があること。 　なお、法第33条の非常災害時等の時間外労働に該当する場合はこれに含まれないこと。
<転勤の場合>	
問7	同一企業内のA事業場からB事業場へ転勤した労働者について、①法第36条第4項に規定する限度時間、②同条第5項に規定する1年についての延長時間の上限、③同条第6項第2号及び第3号の時間数の上限は、両事業場における当該労働者の時間外労働時間数を通算して適用するのか。
答7	①法36条第4項に規定する限度時間及び②同条第5項に規定する1年についての延長時間の上限は、事業場における時間外・休日労働協定の内容を規制するものであり、特定の労働者が転勤した場合は通算されない。 　これに対して、③同条第6項第2号及び第3号の時間数の上限は、労働者個人の実労働時間を規制するものであり、特定の労働者が転勤した場合は法第38条第1項の規定により通算して適用される。
<法第36条第6項第3号の適用範囲>	

問8	法第36条第6項第3号に規定する要件は，改正法施行前の期間や経過措置の期間も含めて満たす必要があるのか。 　また，複数の時間外・休日労働協定の対象期間をまたぐ場合にも適用されるものであるか。
答8	法第36条第6項第3号の要件については，同号の適用がない期間（整備法の施行前の期間，整備法附則第2条の規定によりなお従前の例によることとされている期間及び法第139条から第142条までの規定により法第36条第6項の規定が適用されない期間）の労働時間は算定対象とならない。 　また，法第36第6項第3号の規定は，複数の時間外・休日労働協定の対象期間をまたぐ場合にも適用されるものである。

<指針に適合しない時間外・休日労働協定の効力>

問9	指針に適合しない時間外・休日労働協定の効力如何。
答9	指針は，時間外・休日労働を適正なものとするために留意すべき事項等を定めたものであり，法定要件を満たしているが，指針に適合しない時間外・休日労働協定は直ちには無効とはならない。 　なお，指針に適合しない時間外・休日労働協定は，法第36条第9項の規定に基づく助言及び指導の対象となるものである。

<適用猶予・除外業務等に係る届出様式の取扱い>

問10	適用猶予・除外業務等について上限規制の枠内の時間外・休日労働協定を届け出る場合に，則様式第9号又は第9号の2を使用することは差し支えないか。
答10	法第36条の適用が猶予・除外される対象であっても，同条に適合した時間外・休日労働協定を締結することが望ましい。 　この場合において，則様式第9号又は第9号の2を使用することも差し支えない。

<中小事業主に係る届出様式の取扱い>

問11	改正前の労働基準法施行規則様式第9号（以下「旧様式」という。）により届け出るべき時間外・休日労働協定を則様式第9号（以下「新様式」という。）により届け出ることは可能か。 　また，その際，チェックボックスへのチェックを要するか。
答11	新様式の記載項目は，旧様式における記載項目を包含しており，旧様式により届け出るべき時間外・休日労働協定を新様式により届け出ることは差し支えない。 　旧様式により届け出るべき時間外・休日労働協定が新様式で届け出られた際は，改正前の法及び則並びに労働基準法第三十六条第一項の協定で定める労働時間の延長の限度等に関する基準（平成10年労働省告示第154号）に適合していれば足り，法第36条第6項第2号及び第3号に定める要件を満たすことについて協定しない場合には，チェックボックスへのチェックは要しない。

<指針第8条第2号の深夜業の回数制限>

問12	指針第8条第2号に規定する健康確保措置の対象には，所定労働時間内の深夜業の回数も含まれるのか。

	また，目安となる回数はあるか。
答12	指針第8条第2号に規定する健康確保措置の対象には，所定労働時間内の深夜業の回数制限も含まれるものである。なお，交替制勤務など所定労働時間に深夜業を含んでいる場合には，事業場の実情に合わせ，その他の健康確保措置を講ずることが考えられる。
また，指針は，限度時間を超えて労働させる労働者に対する健康及び福祉を確保するための措置として望ましい内容を規定しているものであり，深夜業を制限する回数の設定を含め，その具体的な取扱いについては，労働者の健康及び福祉を確保するため，各事業場の業務の実態等を踏まえて，必要な内容を労使間で協定すべきものである。
例えば，労働安全衛生法（昭和47年法律第57号）第66条の2の規定に基づく自発的健康診断の要件として，1月当たり4回以上深夜業に従事したこととされていることを参考として協定することも考えられる。

<指針第8条第3号の休息時間＞

問13	指針第8条第3号の「休息時間」とはどのような時間か。目安となる時間数はあるか。
答13	指針第8条第3号の「休息時間」は，使用者の拘束を受けない時間をいうものであるが，限度時間を超えて労働させる労働者に対する健康及び福祉を確保するための措置として望ましい内容を規定しているものであり，休息時間の時間数を含め，その具体的な取扱いについては，労働者の健康及び福祉を確保するため，各事業場の業務の実態等を踏まえて，必要な内容を労使間で協定すべきものである。

＜法第36条第11項に規定する業務の範囲＞

問14	法第36条第11項に規定する「新たな技術，商品又は役務の研究開発に係る業務」の具体的な範囲如何。
答14	法第36条第11項に規定する「新たな技術，商品又は役務の研究開発に係る業務」は，専門的，科学的な知識，技術を有する者が従事する新技術，新商品等の研究開発の業務をいい，既存の商品やサービスにとどまるものや，商品を専ら製造する業務などはここに含まれないこと。

＜則第69条第1項第3号の対象となる範囲＞

問15	則第69条第1項第3号の対象となる範囲如何。
答15	建設現場における交通誘導警備の業務を主たる業務とする労働者を指すものである。

＜自動車の運転の業務の範囲＞

問16	法第140条及び則第69条第2項に規定する自動車の運転の業務の範囲如何。
答16	法第140条及び則第69条第2項に規定する「自動車の運転の業務」に従事する者は，自動車運転者の労働時間等の改善のための基準（平成元年労働省告示第7号。以下「改善基準告示」という。）第1条の自動車運転者と範囲を同じくするものである。
すなわち，改善基準告示第1条の「自動車の運転に主として従事する者」

が対象となるものであり，物品又は人を運搬するために自動車を運転することが労働契約上の主として従事する業務となっている者は原則として該当する。（ただし，物品又は人を運搬するために自動車を運転することが労働契約上の主として従事する業務となっていない者についても，実態として物品又は人を運搬するために自動車を運転する時間が現に労働時間の半分を超えており，かつ，当該業務に従事する時間が年間総労働時間の半分を超えることが見込まれる場合には，「自動車の運転に主として従事する者」として取り扱うこと。）

そのため，自動車の運転が労働契約上の主として従事する業務でない者，例えば，事業場外において物品等の販売や役務の提供，取引契約の締結・勧誘等を行うための手段として自動車を運転する者は原則として該当しない。

なお，労働契約上，主として自動車の運転に従事することとなっている者であっても，実態として，主として自動車の運転に従事することがなければ該当しないものである。

<「医業に従事する医師」の範囲>

問17	法第141条に規定する「医業に従事する医師」の範囲如何。
答17	労働者として使用され，医行為を行う医師をいう。なお，医行為とは，当該行為を行うに当たり，医師の医学的判断及び技術をもってするのでなければ人体に危害を及ぼし，又は危害を及ぼすおそれのある行為をいうものである。

<労働者派遣事業の場合>

問18	労働者派遣事業を営む事業主が，法第139条から第142条までに規定する事業又は業務に労働者を派遣する場合，これらの規定は適用されるのか。 また，事業場の規模により法第36条の適用が開始される日が異なるが，派遣元又は派遣先のいずれの事業場の規模について判断すればよいか。
答18	労働者派遣事業の適正な運営の確保及び派遣労働者の保護等に関する法律（昭和60年法律第88号。以下「労働者派遣法」という。）第44条第2項前段の規定により，派遣中の労働者の派遣就業に係る法第36条の規定は派遣先の使用者について適用され，同項後段の規定により，時間外・休日労働協定の締結・届出は派遣元の使用者が行うこととなる。 このため，法第139条から第142条までの規定は派遣先の事業又は業務について適用されることとなり，派遣元の使用者においては，派遣先における事業・業務の内容を踏まえて時間外・休日労働協定を締結する必要がある。 また，事業場の規模についても，労働者派遣法第44条第2項前段の規定により，派遣先の事業場の規模によって判断することとなる。 時間外・休日労働協定の届出様式については，派遣先の企業規模や事業内容，業務内容に応じて適切なものを使用することとなる。

<一般則適用業務と適用除外・猶予業務等との間で転換した場合>

問19	法第36条の規定が全面的に適用される業務（以下「一般則適用業務」という。）と法第36条の適用除外・猶予業務等との間で業務転換した場合

	や出向した場合の取扱い如何。
答19	【業務転換の場合】 　同一の時間外・休日労働協定によって時間外労働を行わせる場合は，対象期間の途中で業務を転換した場合においても，対象期間の起算日からの当該労働者の時間外労働の総計を当該時間外・休日労働協定で定める延長時間の範囲内としなければならない。したがって，例えば法第36条の適用除外・猶予業務から一般則適用業務に転換した場合，当該協定における一般則適用業務の延長時間（最大1年720時間）から，適用除外・猶予業務において行った時間外労働時間数を差し引いた時間数まで時間外労働を行わせることができ，適用除外・猶予業務において既に年720時間を超える時間外労働を行っていた場合は，一般則適用業務への転換後に時間外労働を行わせることはできない。 　なお，法第36条第6項第2号及び第3号の規定は，時間外・休日労働協定の内容にかかわらず，一般則適用業務に従事する期間における実労働時間についてのみ適用されるものである。 【出向の場合】 　出向先において出向元とは別の時間外・休日労働協定の適用を受けることとなる場合は，出向元と出向先との間において特段の取決めがない限り，出向元における時間外労働の実績にかかわらず，出向先の時間外・休日労働協定で定める範囲内で時間外・休日労働を行わせることができる。 　ただし，一般則適用業務の実労働時間については，法第36条第6項第2号及び第3号の要件を満たす必要があり，法第38条第1項により出向の前後で通算される。

第3章
中小事業主に対する月60時間超の割増率

＜改正のポイント＞

○ 中小事業主については，1か月60時間を超える法定時間外労働の特別割増率（50％以上）の適用が猶予されていたが，2023年4月1日から適用猶予が廃止される。

1　改正の内容

> 働き方改革関連法第1条（抜粋）
> 　第138条　削除
>
> 〈参考〉現行労基法第138条
> 　中小事業主（その資本金の額又は出資の総額が3億円（小売業又はサービス業を主たる事業とする事業主については5,000万円，卸売業を主たる事業とする事業主については1億円）以下である事業主及びその常時使用する労働者の数が300人（小売業を主たる事業とする事業主については50人，卸売業又はサービス業を主たる事業とする事業主については100人）以下である事業主をいう。）の事業については，当分の間，第37条第1項ただし書の規定は，適用しない。

　平成20年労基法改正（平成22年4月1日施行）により，1か月60時間を超える法定時間外労働について「50％以上」という特別の割増率が定められました（労基法37条1項但書）。しかし，同改正の際，当分の間はこの特別割増率を中小事業主の事業には適用しないとされていました（現行労基法138条）。

　今回の改正では，この適用猶予を廃止し，その結果，中小事業主においても，1か月60時間を超える法定時間外労働をさせた場合には，50％以上の割増率による割増賃金を支払わなければならなくなります。

　今回の改正労基法の施行日は，原則平成31年4月1日ですが，この部分のみ，中小事業主の経済環境の現状に照らして2023年4月1日が施行日とされています（働き方改革関連法附則1条3号）。したがって，現在適用を猶予されている中小事業主も，2023年4月1日以降において1か月60時間を超える法定時間外労働が発生した場合には，その部分の割増

率を50％以上で計算した割増賃金を支払わなければなりません。

2 中小事業主の事業への適用が猶予されていた趣旨

(1) 中小事業主の定義
　現行労基法138条の「中小事業主」の定義は，働き方改革関連法附則3条の「中小事業主」の定義と同一です。業種の分類に応じて，①資本金の額または出資総額，②常時使用する労働者数によって判断され，事業場単位ではなく，企業（法人または個人事業主）単位で判断されます。
　詳しくは第1章第2節5で解説したとおりです。

(2) 適用猶予の趣旨
　中小事業主について特別割増率の適用が猶予されていた趣旨は，平成20年改正法の通達[1]において，「経営体力が必ずしも強くない中小企業においては，時間外労働抑制のための業務処理体制の見直し，新規雇入れ，省力化投資等の速やかな対応が困難であり，やむを得ず時間外労働を行わせた場合の経済的負担が大きい」と説明されていました。
　しかし，中小企業への適用猶予については，下記に整理したとおり，この10年間同じような理由で猶予が続けられている状態にあります。

◆60時間超の時間外割増率の中小事業主への適用猶予の理由

> (1) 平成20年労基法改正（平成22年4月1日施行）
> 　中小事業主を除き，60時間超の時間外割増率を5割へ
> 《適用が猶予された理由》
> 「経営体力が必ずしも強くない中小企業においては，時間外労働抑制のための業務処理体制の見直し，新規雇入れ，省力化投資等の速やかな対応が困難であり，やむを得ず時間外労働を行わせた場合の負担も大きい。

1　平21.5.29基発0529001号。

このため，(中略) 当分の間，適用を猶予することとしたものである」(平21.5.29 基発 0529001 号)

(2) 平成 27 年労基法改正（平成 28 年 4 月 1 日施行を当初予定）
中小事業主への 60 時間超の時間外割増率は平成 31 年 4 月 1 日まで適用猶予。

《適用が猶予された理由》
「中小企業の経営環境の現状に照らし，上記改正の施行時期は他の改正法事項の施行の 3 年後となる平成 31 年 4 月とすることが適当である」(今後の労働時間法制等の在り方について（報告))

(3) 平成 30 年労基法改正（平成 31 年 4 月 1 日施行）
中小事業主への 60 時間超の時間外割増率の適用猶予を 2023 年 4 月 1 日に廃止。

《適用猶予が廃止された理由》
平成 30 年 6 月 5 日 参議院 厚生労働委員会
【質疑者：宮島喜文】
「割増し賃金率について御質問しますけれども，平成 20 年の労働基準法の改正で，60 時間以上を超える時間外労働について割増し賃金を，5 割以上の賃金を課すことになっておりましたけど，中小企業については経営に影響を与えるということからその適用が猶予されておりました。3 年後に見直してみるんだということになっておりまして，今回，法改正で猶予が廃止されることになりました。これから考えますと，8 年間が経過しているわけでございます。猶予のこの見直しについて，現在，適用を猶予しても中小企業の経営に影響がないと判断されたのか。それと，廃止に至った現状についてお伺いしたいと思います。中小企業に対する適用の猶予措置，この廃止による見込まれる効果についても併せて簡潔に御回答を願います。」

【答弁者：政府参考人（山越敬一）】
「現在提出をしております改正法案では，中小企業におけますその割増し賃金率でございますけれども，60 時間を超える場合に 50％引き上げることにしておりますけれども，この案におきましては，中小企業における

> 厳しい経営状況も踏まえまして他の改正事項の施行よりも遅らせまして，35年の4月施行としているところでございます。施行までの間に長時間労働の抑制を段階的に進めていただくことが肝要だと考えております。こうしたことから，中小企業，割増し賃金の引上げに御対応いただくためには，業務プロセスを見直していただいたりとか業務分担を変えていただくということも必要だというふうに考えます。このようなことから，こういった中小企業・小規模事業者にきめ細やかな支援[2]を行うために，先ほど申し上げました働き方改革支援センターにおきまして，商工団体とも連携をいたしまして労務管理のノウハウの提供などを進めて，これに対応できるように進めてまいりたいというふうに思います。」

　上記のとおり，平成20年の改正時から，すでに中小企業では圧倒的な人手不足から時間外労働抑制が事実上困難であるという問題があったわけです。にもかかわらず今回の法改正でも中小企業への適用を猶予したことは，この10年間政府が人手不足問題につき特に有効な打開策を講じられなかったことを如実に表しています。

3　適用猶予廃止と労働者の健康確保

　上記2で述べた適用猶予の趣旨からすると，今回の改正で中小事業主への適用猶予が廃止されるのは，適用のネックとなっていた経済的負担が従前よりも軽減されたから，とも思われます。しかしながら，昨今の景気回復に伴い大企業は経営を建て直してきていますが，現時点では，それが中

---

[2] 支援の内容：よろず支援拠点（売上拡大や経営改善等の様々な経営課題に対応するワンストップ相談窓口）を全国に設置し，各拠点に経営改善，税・会計，ITなどの専門家を配置。本年からは，中小企業・小規模事業者の人手不足の相談に応じる相談員の配置を実施。また，特に専門分野ごとの人手不足対応に精通した相談員を「人手不足対応広域アドバイザー」として選定し，それぞれの地域では対応が困難な相談内容について，地域を越えてテレビ電話システムや出張を通じて対応にあたる。その他にも補助金により，省力化のための設備導入を支援したり，ITツールの導入を促す。

小企業にまで浸透しているとはいえず、2023年までに中小企業の経営改善が望めると予測できるまでの状況ではありません。

では、なぜ今回この適用猶予を廃止するかといえば、中小事業主への適用をこれ以上猶予できないほどに、労働者を長時間労働による健康問題から守ることが急務であるから、といえます。

すなわち、1か月60時間を超える法定時間外労働に特別割増率を定めた趣旨は、使用者が負うコストを高く設定することで、そのような長時間労働を抑制する点にありました(割増賃金支払いによる間接強制システム)。

近時、過労死等防止対策推進法の成立、厚労省による過重労働防止キャンペーンなど、過重労働による健康問題の予防を目的とした政策が大きく打ち出されていますが、今回の適用猶予廃止も、こうした政策の一環として見るべきものといえます。

単に適用猶予が廃止になる、ということではなく、法の健康確保措置の浸透という意図があるということを理解しておく必要があります。

もっとも、休廃業・解散件数は平成28年に過去最多の2万9,500件を超える数字を記録したこと、昨今においても人手不足の状況が続いていること、最低賃金は全国平均で25円以上の上げ幅となる見通しであること等に照らすと、中小企業にとって、適用猶予の廃止はハードルが高いのが現実です[3]。

そのため、国は適用猶予の廃止の施行時期を遅らせました。平成27年労基法改正時に既に平成31年4月の施行が予定されていましたが、今回の改正でさらに4年後の2023年4月施行とされました[4]。

---

[3] 中小企業庁によれば、中小企業の従業員1人当たりの時間外労働で最も長い1か月の時間外労働時間数は、45時間以下が65%、60時間超は14%とのことですが、この数値は多分に事業者・従業員双方の過少申告を含むものとして捉えるべきだと思います。同庁によれば、中小企業の約35%は三六協定の締結すらしていないということですから、まして申告が実態どおりなされているとは思えません。

4　37条1項但書自体への疑問

　そもそも今回の働き方改革関連法では，上限規制の導入（改正労基法36条）や産業医機能の強化等（改正労安衛法第3章, 第7章）によって，「長時間の時間外労働を抑制し，労働者の健康に配慮する」という目的はある程度達せられると解されます。

　他方で，上述のとおり，特に中小企業では人手不足といった理由から労働時間状況の改善は困難です。このような現状でさらなる割増率上昇を強行しても，人手不足という根源の解消がなされない以上は，単に中小企業の経済的負担がいたずらに増加するだけで，「労働者の健康配慮」という目的にはあまり資さないと思われます。

　また，現実問題としても，時間外労働，深夜労働，休日労働の組み合わせによって割増率は法改正前でも25％，35％，50％，60％と様々あり得るのに，これに加えて60時間を超えれば割増率が50％になるとすれば，さらに複雑な計算を要することになります。これは，企業にとっても無視できない大きな負担です。

　結局，労基法37条1項但書については，適用猶予を議論するまでもなく，すでにその役割を終えたものとして全面的に廃止すべきであると筆者は考えます。

4　国は，労基署における特別チームの編成など，中小企業の労働法制への理解を深めるための取組みを開始するとともに，働き方改革推進支援センターの設置，中小企業の取引条件の改善に向けた下請法の周知・フォローアップ強化，人材確保に向けたマッチング支援など，様々な中小企業の労務環境整備のための支援策を用意します。これらの支援を行いつつ，行政は中小企業の自主的改善を促す方向で改正法の指導にあたる見通しです。

第4章
フレックスタイム制の改正

<改正のポイント>
○ 清算期間の上限が1か月から3か月に延長される。
○ 清算期間が1か月を超える場合は，従来の清算期間の総枠に加え，1か月ごとの枠（週当たりの労働時間数が50時間）を超える労働も法定時間外労働になる。なお，フレックスタイム制をとる場合にも時間外労働上限規制の適用はある点に注意が必要である。
○ 「清算期間が1か月を超える場合」を導入するかの検討に際しては，法定時間外労働が1か月60時間を超えたときの割増賃金が相対的に増えること，健康確保措置が十分か疑問であることから導入するメリットがなく，リスクだけが高い現状にあることに留意すべきである。
○ 完全週休2日制をとる場合につき，曜日のめぐりで1日平均8時間の労働でも法定時間外労働が生じる不都合を，労使協定の締結により解決することが可能になる。

第1節　フレックスタイム制と健康確保措置

1　フレックスタイム制とは

(1)　制度の内容

　フレックスタイム制とは，清算期間内の総労働時間を定めておき，労働者がその範囲内で各日の始業・終業時刻を選択して働く制度です（労基法32条の3）。

　フレックスタイム制では，労基法32条の1週40時間[1]・1日8時間を超えて働いた場合であっても，法定の要件を満たせば割増賃金の支払いをしなくてよいということになります。

　なお，類似する制度として変形労働時間制がありますが，各制度の時間外労働の算定方法は次頁の表のとおりです。

　表のように，フレックスタイム制も変形労働時間制も，1か月当たりの清算においては同様の算定式を用いるため（①②を除くという違いはありますが）同じです。他方，日・週単位の時間外労働時間数の算定は変形労働時間制においてのみ行われますので，この部分は相違点といえます。

1　第2章第1節で述べたとおり，労基法40条，労基則25条の2第1項の特例が適用される場合には法定労働時間は1週44時間となりますが，清算期間が1か月を超えるフレックスタイム制の場合には同特例は適用されません（改正労基則25条の2第4項）。

フレックスタイム制 （清算期間を1か月 とした場合）	○　1か月の実労働時間のうち，清算期間（1か月）の暦日数×40÷7を超えた時間を算定
変形労働時間制	①　1日の時間外労働時間数 　→所定労働時間が8時間以下であれば8時間を超えた時間，8時間を上回るときは所定労働時間を超えた時間を算定 ②　1週の時間外労働時間数（①を除く） 　→所定労働時間が40時間以下であれば40時間を超えた時間，40時間を上回るときは所定労働時間を超えた時間を算定 ③　1か月の時間外労働時間数（①②を除く） 　→1か月の実労働時間のうち，総枠時間（1か月の暦日数×40÷7）を超えた時間を算定

　フレックスタイム制のような清算方法は，労基法に32条の3が定められる前から事実上実施される実態にありましたが，昭和62年改正法により一定の要件の下で法律上正面から認められるに至ったものです。その制度趣旨は，労働者がその生活と仕事の調和を図りながら効率的に働くことを可能にする点にあります。

　フレックスタイム制の実施要件は，①就業規則その他これに準ずるものにより始業・終業時刻を各労働者の決定に委ねる旨定めること[2]，②労使協定により32条の3第1項1～4号に掲げる事項を定めることの2点です。

(2)　現行フレックスタイム制における割増賃金の計算方法

　フレックスタイム制において法定時間外労働が成立するのは，清算期間

---

[2]　要件①の「その他これに準ずるもの」とは，労基法89条に基づく就業規則作成・届出義務のない事業場（常時使用する労働者が10人未満の事業場）において使用者が作成する定めをいいます。

における法定労働時間の「総枠」を超えて働いた部分です。

清算期間を1か月とした場合の法定労働時間の総枠は，次のように計算されます。

$$\text{清算期間における法定労働時間の総枠} = \text{週の法定労働時間} \times \frac{\text{清算期間における暦日数}}{7}$$

清算期間内の暦日数	法定労働時間が週40時間の場合（法定労働時間の総枠）
31日	177.1H
30日	171.4H
29日	165.7H
28日	160.0H

時間外（22.9H）

実労働時間 200H

総枠 177.1H

たとえば，清算期間を1か月と定めるフレックスタイム制において，暦日数31日の月に合計200時間働いた場合，総枠177.1時間を超える22.9時間が法定時間外労働となり，その分の割増賃金が発生します。逆に，1か月当たりの総枠177.1時間に収まる限りは，労働時間が1週40時間・1日8時間を超えても法定時間外労働にはなりません。

一方，フレックスタイム制の下でも，労基法35条（法定休日）および37条4項（深夜割増）の適用はあるため，法定休日，深夜時間帯（午後10時〜午前5時）に働いた場合にはそれぞれ法定休日労働，深夜労働の割増賃金が発生します[3]。

また，法定時間外労働・法定休日労働を行うためには三六協定の締結が必要であることも通常と同様です[4]。

(3) 健康確保措置は用意されているか

フレックスタイム制は，1週40時間・1日8時間という法定労働時間の原則（32条）を弾力化するものです。1週40時間・1日8時間を超えて働いても，清算期間内の総枠に収まる限り法定時間外労働にならないため，たとえば最初の2週間に集中的に長く働き，残りの期間で総労働時間を調整するといった働き方が起こる懸念があります。

すなわち，この制度は，限られた期間に長時間労働が集中するという健康問題を伴うものです。しかし，現行労基法においても，フレックスタイム制に関して32条の規制を弾力化する代わりとなる健康確保措置は特に用意されていません。ここに，フレックスタイム制に関わる根本的な問題があるのです。

この点について，同様に弾力的な労働時間制度である変形労働時間制，裁量労働制と比較して検討します。

---

[3] ただし，労働者が休日に出勤しても，当該休日が法定休日でない場合（たとえば，日曜に休日が確保されている中での土曜出勤），法定休日労働の割増賃金（35％以上）は発生しません。当該休日労働は清算期間内の実労働時間としてカウント対象となり，結果として法定労働時間の総枠を超えれば時間外割増賃金（25％以上）が発生します。

[4] ただし，通常と異なり，フレックスタイム制では1日単位で法定時間外労働を計算するものではないため，三六協定においても1日単位での延長上限を定める必要はありません（平30.12.28基発1228第15号）。

2 変形労働時間制における健康確保措置

(1) 1か月単位の変形労働時間制（労基法32条の2）

1か月単位の変形労働時間制にも，特に健康確保のための規定は設けられていませんが，これは，昭和22年の労基法制定当初から規定されていた制度であったことに起因します。

すなわち，労基法32条の2は，昭和62年改正法により設けられたものですが，同条は，昭和22年の法制定当初の労基法32条2項に定められていた4週間単位の変形労働時間制を1か月単位に改めたものであり，昭和62年改正法で全く新たな制度が創設されたわけではありません。

1年単位・1週間単位の変型労働時間制と異なり，労使協定を締結せずに就業規則に規定するだけで実施できるのは，あくまで法制定当初から変わらない制度という位置づけだからです。

(2) 1年単位の変形労働時間制（労基法32条の4）

他方，1年単位の変形労働時間制には，以下のような健康確保措置がセットされています。

- 1年当たりの所定労働日数の上限は280日（対象期間3か月以内の場合は313日）
- 連続労働日数の上限は6日（繁忙な特定期間は12日）
- 1日・1週の所定労働時間の上限は1日10時間・1週52時間

など

これらの健康確保措置は，1年単位の変形労働時間制が法制定当初には存在せず昭和62年改正で新たに導入された制度であること，対象期間が長いために弾力化の度合いが高く労働者が受ける影響も大きいことから，まさに規制緩和に伴う代替の健康確保措置として入れられたものです。

これらを守らずに制度運用を行うと，そのこと自体が使用者の健康に関

する配慮義務違反を基礎づける事実になる可能性があります。

(3) 1週間単位の非定型的変形労働時間制（労基法32条の5）

1週間単位の非定型的変形労働時間制に健康確保措置は入っていませんが，これは，同制度が1週間という短い対象期間内に1日10時間まで労働させることが可能になるという内容にとどまり，制度自体が健康上の問題を伴うものとはいえないことによります。

3 裁量労働制における健康確保措置（労基法38条の3，38条の4）

次に，裁量労働制とは，裁量性の高い対象業務に従事した場合の労働時間を，実際に働いた時間数（労働の量）とは関係なく，労使協定または労使委員会決議に定める時間数とみなす制度です（38条の3，38条の4）。労働の量に比例して割増賃金を支払わせる労働時間規制の原則（32条，36条，37条）に対する例外に位置づけられる制度といえます。

そのため，規制緩和に伴う代替の健康確保措置として，労使協定または労使委員会決議で対象労働者の健康・福祉確保措置を使用者が講ずる旨を定めなければならない，と規定されています（38条の3第1項4号，38条の4第1項4号）。

以上は，専門業務型裁量労働制（38条の3），企画業務型裁量労働制（38条の4）の双方に共通することです。

4 フレックスタイム制と健康問題

(1) 現行労基法の問題点

ここまで見てきたように，1年単位の変形労働時間制，専門業務型裁量労働制，企画業務型裁量労働制には健康確保措置が用意されているのに対

し，フレックスタイム制にはこれが設けられていません。1か月単位の変形労働時間制が健康確保措置を入れていないことから，それと同じイメージで作られたものと考えられますが，1か月単位の変形労働時間制が昭和22年の法制定当初から存在したのに対し，フレックスタイム制は昭和62年改正で初めて法律上認められた制度であるという違いがあります。

制　度	健康確保措置	備　考
1か月単位の変形労働時間制 （32条の2）	なし	昭和22年の 法制定当初から存在
フレックスタイム制 （32条の3）	なし	昭和62年改正法
1年単位の変形労働時間制 （32条の4）	有	昭和62年改正法
1週間単位の非定型的 変形労働時間制（32条の5）	なし	昭和62年改正法
裁量労働制 （38条の3，4）	有	昭和62年改正法 （企画業務型は 平成10年改正法）

　一方で，フレックスタイム制は，労働者が始業・終業時刻を自由に選択できる柔軟な働き方を可能にする制度として捉えられてきました。しかし，これが重大な問題を引き起こしていきます。

　いわゆるスーパーフレックスという，労働者が勤務すべき日・時間帯の制約を一切掛けない運用方法があります。一見すると自由度が高く労働者にとって好ましい制度に見えますが，その結果何が起こるかというと，清算期間1か月のうち前半2週間を全部休み，残りの期間で一気に170時間労働するといった働き方が出てくる可能性があります。

　そのような長時間労働が業務災害を引き起こす原因になることはいうまでもありません。スーパーフレックスは一番危ない働き方だといえます。

労基法が健康確保措置を条文上求めていないからといって，使用者が健康に関する配慮義務を免れるわけではありません。健康に関する配慮義務を守るため，健康確保措置として，フレックスタイム制を導入するときには労働者の健康に配慮した時間帯にフレキシブルタイム（労働者が始業・終業時刻として選択できる時間帯）[5]を設け，少なくともその時間帯以外は働けないようにすることで，先に述べたような働き方を未然に防止すべきと考えます。

(2) 改正労基法の問題点

第2節で述べるとおり，今回の改正により清算期間の上限が現行法の1か月から3か月に延長されます。これにより，3か月単位のフレックスタイム制が導入されるようになると，これまで以上に短期集中の長時間労働が現れやすくなります。

そうした働き方が，精神疾患の労災認定基準（平23.12.26 基発1226第1号）において「極度の長時間労働」（1か月概ね160時間を超える時間外労働，3週間に概ね120時間以上の時間外労働など），あるいは脳・心臓疾患の労災認定基準において関連性「強」[6]（1か月概ね100時間を超える時間外労働，2〜6か月間にわたり月80時間超の時間外労働）と評価されるようなものとなる可能性は十分存在しています。

後述するとおり，このような問題に対して改正労基法は，1か月ごとに

---

[5] フレキシブルタイムの定義について，厚労省のパンフレット「フレックスタイム制のわかりやすい解説＆導入の手引き」（平成31年2月1日発表）は「労働者が自らの選択によって労働時間を決定することができる時間帯のことです。フレキシブルタイム中に勤務の中抜けをすることも可能です」としています。

　しかし，条文上労働者に委ねられるのは「その労働者に係る始業及び終業の時刻」です。そして，いったん始業すれば使用者の指揮命令下に服した以上，勝手に中抜け等をすることはできません。終業後も同様に，少なくとも終業するまでは中抜けはできませんし，終業後に勝手に業務を再開することも許されません。この点で，厚労省の定義は不正確です。

[6] 「脳・心臓疾患の認定基準」における「関連性が強い」の意味については84頁に前述したとおり，基本的に発症と業務負荷との因果関係が認められるということです。

1週平均50時間という枠を設け，この枠を超えた部分に割増賃金を支払わせるという策を講じていますが，裁量労働制のように健康・福祉確保措置を定めさせる形はとっておらず，果たして代替の健康確保措置として十分といえるのか，疑問が残ります。

さらに，解釈通達（平30.12.28日基発1228第15号）や厚労省のパンフレット「フレックスタイム制のわかりやすい解説＆導入の手引き」（平成31年2月1日発表）によると，清算期間が1か月を超えるフレックスタイム制適用者における改正労基法36条6項2号・3号（いわゆる出口規制）の計算は，割増賃金と同様，①1か月ごとに週50時間を超える分（第2節参照），②清算期間最終では①に加えて清算期間全体における週40時間超え部分から①で計算済みのものを差し引いた分を足して算出するとしています。

たしかに，条文の文言からすれば，同制度では①②のみが時間外労働になるということですから，出口規制も同様に①②のみに及ぶことになります。

しかし，これは①1か月ごとの時点では通常の労働時間制度（1日8時間×5＝週40時間）よりも週当たり10時間多く（月当たりでいえば約40時間多く[7]）働けることを意味します。そうすると，たとえば出口規制の2号（1か月の時間外・法定休日労働時間数が100時間未満）では，清算期間が1か月を超えるフレックスタイム制だと約140時間未満になってしまいます[8]。

このような解釈は，以下の観点からとるべきではないと筆者は考えます。

ア　改正法の作成経緯

第1章で述べたとおり，働き方改革関連法は，平成27年法案時点で存在した部分と，これに後で追加された部分とで構成されており，フレック

---

[7] 厳密には，(50-40)×暦日数／7となるので，たとえば1か月31日の月であれば約44.2時間多く働けてしまうことになります。

[8] この問題点を厚労省に指摘しましたが，厚労省は上記処理でよいと回答しました。

スタイム制については前者，上限規制は後者に属するものです。このため，清算期間が1か月を超えるフレックスタイム制における割増賃金は，当初は健康確保措置として設けられたものだったといえますが，その後上限規制という新たな健康確保措置が設けられるに至ったわけです。とすると，健康確保については，後にできた上限規制が優先すると思われます。

　仮に，出口規制についてフレックスタイム制のみ上記のように月約140時間未満でよいという例外扱いにするならば，労働政策審議会や国会審議において「出口規制をフレックスではどう適用するか」という議論がなされるはずですが，そのような話し合いはされていません。したがって，「フレックスでも出口規制は改正法36条6項2号・3号の内容どおりで適用する」と決定されたと解釈するのが自然といえます。

　イ　100時間・80時間という数字の意味

　そもそも出口規制にて月100時間未満，2〜6月平均80時間以下という数値が上限とされたのは，第2章第2節5にて述べたとおり，脳・心臓疾患の労災認定基準（平13.12.12基発1063号）の数値を参考にしたからです。労災の因果関係については通常であれば労働時間数の他に様々な要因を考慮して判断しますが，上記通達は1か月100時間・2〜6か月平均80時間という数値に至った場合はそれだけで因果関係を基本的に認めており，特に危険な水準の長時間労働と考えていることがわかります。これを受けて，出口規制も上記時間数を上限数値として設定しているわけです。

　このように，「労災と基本的に判断されてしまうような長時間労働を防ぐ」という趣旨が出口規制にあるとすれば，同制度適用者も労働者であって上記通達の労災認定の判断基準が変わるわけではない以上，清算期間が1か月を超えるフレックスタイム制に限って出口規制が約140時間になる理由はありません。

　以上から，清算期間が1か月を超えるフレックスタイム制でも，出口規制に関しては少なくとも上記①を「週40時間」と読み替えて運用するよ

う企業は努めるべきと筆者は考えます。

　なお，上記厚労省のパンフレットによると，清算期間が1か月を超えるフレックスタイム制では，その清算期間の最終月において非常に出口規制違反になりやすくなります。この点は巻末資料4を参照してください。

第2節　清算期間の上限を3か月に延長

1　清算期間の上限延長

> 【改正】労基法第32条の3第1項
> ②　清算期間（その期間を平均し1週間当たりの労働時間が第32条第1項の労働時間を超えない範囲内において労働させる期間をいい，<u>3箇月以内の期間に限るものとする。以下この条及び次条</u>において同じ。）

　改正労基法では，32条の3第1項2号に規定される清算期間の上限が「1箇月」から「3箇月」に延長されます。

　その趣旨は，平成27年2月の労働政策審議会の建議「今後の労働時間法制の在り方について（建議）」（以下「平成27年建議」といいます）によれば，フレックスタイム制により一層柔軟でメリハリをつけた働き方を可能にする点にあるとされています。厚労省の「平成30年就労条件総合調査」によれば，フレックスタイム制の適用労働者は7.8％と少数にとどまっており，制度のさらなる普及のために使いやすい制度に改正したというものです。労働政策審議会における立法担当者の発言では，子供が夏休みの8月は働く時間を短くして子供との時間を確保し，その分，前後の月に長めに働くといった事例が紹介されています。

　「3箇月以内の期間」ですので，清算期間1か月15日，2か月，2か月2週間といったフレックスタイム制も可能です。

従　来 ── 1か月以内の清算期間内で
　　　　　始業・終業時刻を選択

改正法 ── 清算期間上限を3か月まで延長
　　　　　月をまたいだ時間調整が可能に

2　1か月ごとの枠設定（1週平均50時間）

> 【改正】労基法第32条の3　新設
> 2　清算期間が1箇月を超えるものである場合における前項の規定の適用については，同項各号列記以外の部分中「労働時間を超えない」とあるのは「労働時間を超えず，かつ，当該清算期間をその開始の日以後1箇月ごとに区分した各期間（最後に1箇月未満の期間を生じたときは，当該期間。以下この項において同じ。）ごとに当該各期間を平均し1週間当たりの労働時間が50時間を超えない」と，「同項」とあるのは「同条第1項」とする。

(1) 清算期間1か月超の場合について1か月ごとの枠を設定

　清算期間が1か月を超えるフレックスタイム制について，清算期間の総枠とは別に，1か月ごとの「枠」を設け，その枠を超えた部分も法定時間外労働と認識する，というものです。

　1週平均50時間という1か月ごとの枠は，次のように計算されます。清算期間の総枠だけでなく，この1か月ごとの枠を超えた部分も法定時間外労働となり，三六協定の締結と割増賃金の支払いが必要になります[9]。

9　平30.12.28基発1228第15号・第1問2

$$1か月ごとの枠 = 50時間 \times \frac{各期間における暦日数}{7}$$

各期間における暦日数	1か月ごとの枠
31日	221.4 H
30日	214.2 H
29日	207.1 H
28日	200.0 H

(2) 1か月ごとの枠を設定した趣旨（従業員の健康問題）

　清算期間が1か月を超えるフレックスタイム制をとると，特定の月に長時間労働が集中する懸念があります。本条項は，そのような過重労働防止等の観点から，清算期間内の1か月ごとに1週平均50時間という枠を設定したものです。1週平均50時間という数字は，完全週休2日制において1日当たり2時間相当の時間外労働をした場合（（8+2時間）×5日＝50時間）を想定したものと説明されています（平成27年建議）。

　これは，清算期間の上限延長という規制緩和の代わりに，1か月ごとの枠を超えた部分に割増賃金を支払わせるという間接強制システムを導入し（第1章第1節），対象労働者の健康確保を意図したものといえます。

　しかしながら，このような仕組みが代替の健康確保措置として十分といえるか疑問が残ることは既に述べたとおりです。

3　労使協定の届出

【改正】労基法第32条の3　新設
　4　前条第2項の規定は，第1項各号に掲げる事項を定めた協定について準用する。ただし，清算期間が1箇月以内のものであるときは，この限りでない。

(1) 清算期間1か月超の場合は届出が必要に

清算期間が1か月を超えるフレックスタイム制をとる場合は，労使協定内容を行政官庁（所轄の労基署長）に届け出る義務が課されます。

もともと，フレックスタイム制では労使協定の締結が要件とされていましたが，届出義務は定められていませんでした。しかし今後は，清算期間が1か月を超える場合は「届出」まで行う必要があります。これに対し，清算期間1か月以内のフレックスタイム制については，従来どおり労使協定の締結のみで足り，届出は不要です。

なお，この届出については改正労基則12条の3第2項により様式3号の3を用いて行う必要があります。この記入例およびその留意点については巻末資料3を参照してください。

◆労使協定の締結・届出の要否

		労使協定の要否	届出の要否
1か月単位の変形労働時間制（32条の2）	就業規則等の場合	否	—
	労使協定を使う場合	要	要
フレックスタイム制（32条の3）	清算期間1か月以内	要	否
	清算期間1か月超	要	要
1年単位の変形労働時間制（32条の4）		要	要
1週間単位の非定型的変形労働時間制（32条の5）		要	要

(2) 違反時の効果

届出義務に違反した場合の効果については，1年単位・1週間単位の変

形労働時間制において，労使協定の届出を怠った場合でも変形労働時間制の適用自体が否定されるとは解されていないのと同様に，清算期間が1か月を超えるフレックスタイム制に関しても，届出義務の履行は制度の効力要件ではないと解されます。労基法36条1項本文において，三六協定の「締結」と「届出」の双方が効力要件とされているのとは異なるところです。

なお，届出義務違反に対しては，30万円以下の罰金が科されます（改正労基法120条1号）。

4　総枠超えと1か月枠超えの重複をどう処理するか

(1)　問題点

清算期間が1か月を超えるフレックスタイム制では，法定時間外労働の時間数を計算するときに，清算期間の総枠のほか，改正労基法32条の3第2項による1か月ごとの枠（1週平均50時間）をも意識する必要があります。

この点に関し，法定時間外労働の計算において，清算期間の総枠を超える労働時間，1か月枠を超える労働時間が重複した場合の処理をどう考えるか，という問題が出てきます（**5**の事例その3を参照）。

(2)　重複部分は除外する

変形労働時間制においては，1日単位→1週単位→変形期間の総枠と小さな単位から順に見ていき，小さな単位で既に法定時間外労働として評価した部分は，後に来る単位では除外して考える計算方法がとられています。

清算期間が1か月を超えるフレックスタイム制についても，これと同様の考え方が当てはまります（平30.12.28基発1228第15号）。具体的には，
- 小さな方から，①1か月ごとの枠→②清算期間の総枠という順で法定時間外労働の発生の有無・時間数を見ていく
- ①で法定時間外労働と評価した部分は②の段階で除外する

という計算方法になります。

5 3か月フレックス制における計算方法

(1) 事例その1（総枠のみ超過）

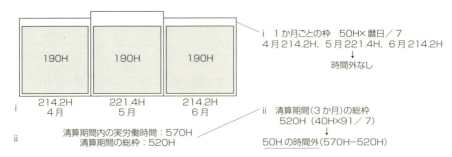

ア　事案

清算期間を3か月とするフレックスタイム制において，
- 4月に190H（暦日30日）
- 5月に190H（暦日31日）
- 6月に190H（暦日30日）

の労働を行ったとします。清算期間内の暦日数は91日，実労働時間は570Hです。

イ　1か月ごとの枠

1か月枠は，4月が214.2H（50H×30／7），5月が221.4H（50H×31／7），6月が214.2H（50H×30／7）です。いずれの月の実労働時間もこの枠に収まっているため，この段階で法定時間外労働は発生しません。

ウ　清算期間の総枠

次に清算期間の総枠を見ると，4～6月の総枠は520H（40H×91／7）です。清算期間内の労働時間は570Hですから，この段階で50Hの法定時間外労働が発生します。

エ　結論

本事例では、総枠超え50Hが生じていると計算されます。

(2) 事例その2（1か月枠のみ超過）

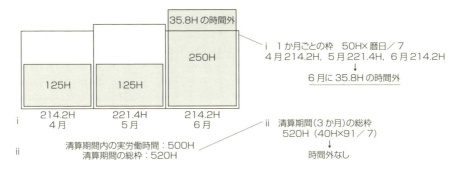

ア　事案
清算期間を3か月とするフレックスタイム制において、4月に125H、5月に125H、6月に250Hの労働を行ったとします。清算期間内の暦日数は91日、実労働時間は500Hです。

イ　1か月ごとの枠
4月と5月は1か月枠に収まっていますが、6月は250Hと枠を超えていますから、この段階で35.8Hの法定時間外労働が発生します。

ウ　清算期間の総枠
次に清算期間の総枠を見ると、4～6月の総枠は520Hで、清算期間内の労働時間は500Hと総枠に収まっていますから、この段階で法定時間外労働は発生しません。

エ　結論
本事例では、6月に1か月枠超え35.8Hが生じていると計算されます。

(3) 事例その3（総枠超えから1か月枠超過分を除外）

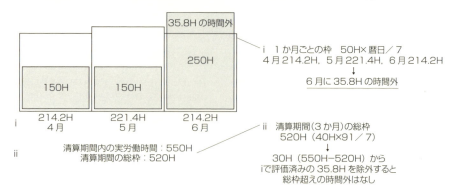

ア 事案

清算期間を3か月とするフレックスタイム制において，4月に150H，5月に150H，6月に250Hの労働を行ったとします。清算期間内の暦日数は91日，実労働時間は550Hです。

イ 1か月ごとの枠

4月と5月は1か月枠に収まっていますが，6月は250Hと枠を超えていますから，この段階で35.8Hの法定時間外労働が発生します。ここまでは事例その2と同じです。

ウ 清算期間の総枠

事例その2と異なるのは，総枠の方も超過している点です。4～6月の総枠は520Hですから，一見すると30Hの法定時間外労働が発生しているように見えます。

しかし，清算期間の総枠の計算においては，すでに1か月ごとの枠で法定時間外労働と評価された部分は除外されます（4参照）。そうすると結局，この段階で法定時間外労働の発生はない，ということになります（30H－35.8H）。

エ 結論

本事例では，6月に1か月枠超え35.8Hが生じていると計算されます。

(4) 事例その4（双方の枠超過が発生）

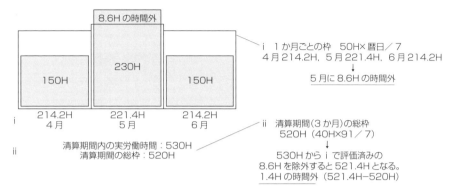

ア 事案

清算期間を3か月とするフレックスタイム制において，4月に150H，5月に230H，6月に150Hの労働を行ったとします。清算期間内の暦日数は91日，実労働時間は530Hです。

イ 1か月ごとの枠

5月のみ230Hと1か月枠を超えていますから，この段階で8.6Hの法定時間外労働が発生します。

ウ 清算期間の総枠

次に清算期間の総枠を見ると，4～6月の総枠は520Hで，清算期間内の実労働時間は530Hですから，総枠との差は10Hですが，1か月枠で評価済みの部分を除く必要がありますので，この段階での法定時間外労働は1.4H（10H－8.6H）になります。

エ 結論

本事例では，5月に1か月枠超え8.6H，総枠超えが1.4Hが生じていると計算されます。

(5) 割増賃金の支払時期

このようにして算出される法定時間外労働に対する割増賃金は，
- 1か月枠を超える分は当該月の賃金支払日

・総枠を超える分は清算期間終了直後の賃金支払日
までに支払います。

　前者は毎月支払いを行いますが，後者は当然のことながら清算期間が終わるのを待った上で支払えば足りる，ということです。事例その4を例にとると，5月に発生した8.6Hの時間外割増は5月31日経過以降最初に来る賃金支払日，総枠超え1.4Hの時間外割増は6月30日経過以降最初に来る賃金支払日までに支払います。

　1年単位の変形労働時間制において，変形期間の総枠超えの割増賃金は「変形期間終了直後の賃金支払期日に支払えば足りる」とされていますが（平9.3.25基発195号），これと同じ形です。

6　月60時間超の特別割増率の適用の仕方

(1)　1か月超のフレックスタイム制における特別割増率

　月60時間を超える法定時間外労働が行われた場合，60時間を超える部分には50％以上という特別の割増率が適用されます（労基法37条1項但書）。

　これを，清算期間が1か月を超えるフレックスタイム制において適用した場合，具体的にどのように計算するかが問題となります。

(2)　具体的計算方法

　解釈通達（平30.12.28基発1228第15号）第1問3では，この問題について以下のとおりとしています。

　　i　1か月ごとの枠の時間外労働時間数（週当たり50時間を超える分）を算出する（ただし最終期間を除く）。そのうち，60時間を超えた部分については割増率を50％とする。

　　ii　最終期間の時間外労働時間数（週当たり50時間を超える分）と，清算期間の総枠における時間外労働（週当たり40時間を超える分）

の時間数を算出する（1か月の枠で法定時間外労働と評価した部分は除外する[10]）。

その合計のうち，60時間を超えた部分については割増率を50％以上とする。

特に，通常であれば毎月60時間を超えていないかを見ればよい労基法37条1項但書の制限が，上記のとおりⅱでは清算期間全体を見て60時間の超過を見なければならないことに留意する必要があります。たとえば，清算期間が3か月であれば，ⅱは60時間×3か月＝180時間を超えた分を算出するという考え方もありうるところですが，そうではなく清算期間でも60時間を超えた分の算出になるということです。

以下，具体例で計算を確認します。

(3) 事例その5

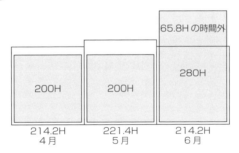

清算期間内の実労働時間：680H
清算期間の総枠：520H

ア　事案

清算期間を3か月とするフレックスタイム制において，4月に200H，5月に200H，6月に280Hの労働を行ったとします。清算期間内の暦日数は91日，実労働時間は680Hです。

10　厚労省労働条件政策課によれば，ここで除外するのは割増率50％で計算済みの部分に限らず，25％で計算した分についても除外するとのことです。

イ iについて

4月と5月は1か月枠をどちらも超えていないので，法定時間外労働はどちらもゼロということになります。

ウ iiについて

まず，6月は1か月枠超えが65.8H発生しています。

次に，清算期間の総枠（週当たり40時間を超える部分）について算出すると，全体の総労働時間が680H，清算期間の総枠時間は520H，除外すべき1か月枠超えは65.8Hですから，清算期間の総枠における時間外労働の時間数は680－520－65.8＝94.2Hとなります。

したがって，これに最終期間である6月の1か月枠超え時間を足すと，94.2H＋65.8H＝160Hとなりますから[11]，

- 割増率50％：100H
- 割増率25％：60H

という結論になります。

エ 結論

本事例では，6月に時間外労働が160H（うち50％100H，25％60H）生じていると計算されます。

---

11 このように，最終期間の1か月枠超え時間数については，清算期間の総枠における時間外労働時間数算出で引きながら，最後にまた足すことになるので，あまり計算する意味がありません。上記の例でいえば，680－520＝160Hと計算すれば足ります。

(4) 事例その６

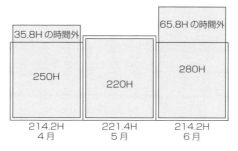

清算期間内の実労働時間：750H
清算期間の総枠：520H

ア　事案

清算期間を３か月とするフレックスタイム制において、４月に250H、５月に220H、６月に280Hの労働を行ったとします。清算期間内の暦日数は91日、実労働時間は750Hです。

イ　ⅰについて

４月については１か月枠超えが35.8H発生しています。５月は発生していません。

ウ　ⅱについて

事例その５同様、まず６月の１か月枠超えは65.8Hです。

そして、清算期間の総枠における時間外労働の時間数は、750－520－65.8－35.8＝128.4Hとなります。

したがって、これに６月の１か月枠超え時間を足すと、128.4＋65.8＝194.2Hとなりますから[12]、

- 割増率50％：134.2H
- 割増率25％：60H

となります。

---

[12] 事例その５同様、より簡潔には 750－520－35.8＝194.2H と計算すれば足ります。

エ　結論

本事例では，4月に時間外労働が35.8H（25％），6月に194.2H（うち50％134.2H，25％60H）生じていると計算されます。

(5) 今後の実務対応

上記に見たとおり，清算期間が1か月を超えるフレックスタイム制では，最終期間で清算される際にも60時間以上割増率50％の制約が及ぶため，結果的に非常に長い時間が50％の対象となってしまいます。

ただ，条文を見ると，そもそも月60時間を超えた場合の割増率を50％以上とすることを定めた労基法37条1項但書は，フレックスタイム制を定める改正労基法32条の3とは別の，独立した条文です。したがって，労基法37条1項但書の規制はあくまで時間外労働が「月60時間を超えた場合」にかかるもので，清算期間が1か月を超えるフレックスタイム制だからといってこれが変わるものではありません。ですから，厚労省が示した計算方法は，法文の解釈として是認せざるを得ません。

しかし，これだけ割増賃金率50％の対象となる時間が多くなってしまうとなると，事実上清算期間が1か月を超えるフレックスタイム制を採用するデメリットはあまりにも大きく，普及することはないと思われます。前述のとおり清算期間が1か月を超えるフレックスタイム制では出口規制違反になりやすくなることを考えるとなおさらです（巻末資料4参照）。

実務上の妥当なラインとしては，たとえば清算期間3か月の場合であれば，割増賃金については総枠に関して60×3＝180時間を超えた部分を50％と扱う，出口規制については清算期間が1か月を超えないフレックスタイム制同様に月ごとに週40時間超えを計算して違反の有無をみる，とすべきだったのではないかと思われます。このような扱いにならないような歪な法文としてしまったこと自体がミスであるとして，今後厚労省は法改正で対応していくべきであるというのが筆者の意見です。

いずれにせよ，健康確保措置が十分でないという面だけでなく，支払う

賃金が多くなってしまうことからも，現時点ではあまり同制度を導入すべきではないと筆者は考えます。

7 清算期間3か月以外のフレックス

(1) 1か月枠と総枠の計算方法

1か月ごとの枠も清算期間の総枠も，計算方法は3か月フレックスの場合と同様です。

1か月ごとの枠は「50H×暦日数／7」で計算されます。1か月ごとに区切っていって，最後に1か月未満の期間が生じた場合は，その期間内の暦日数を当てはめればよいことになります（改正労基法32条の3第2項括弧書）。

清算期間の総枠は「40H×暦日数／7」で計算されます。

(2) 清算期間2か月の場合

4～5月を清算期間とする2か月のフレックスタイム制をとったとします（清算期間内の暦日数は61日）。

1か月ごとの枠は，4月が214.2H，5月が221.4Hです。この点は既に見た内容と同じです（2(1)参照）。

清算期間の総枠は，40H×61日／7＝348.5Hです。12～1月，2～3月のように期間内の暦日数が異なればまた別の数字になります。

(3) 清算期間1か月15日の場合

4月1日～5月15日を清算期間とするフレックスタイム制をとったとします（清算期間内の暦日数は45日）。

1か月ごとの枠は，4月が214.2Hです。5月に1か月未満の期間が生じていますが，50H×15／7＝107.1Hと計算されます。

清算期間の総枠は，40H×45日／7＝257.1Hです。7月1日～8月15

日のように期間内の暦日数が異なればまた別の数字になるのは(2)と同様です。

8 完全週休2日制における3か月フレックス

(1) 問題点

第3節において，完全週休2日制のもと，労使協定の締結により法定労働時間の総枠を「所定労働日数×8H」にするという改正内容（改正労基法32条の3第3項）を紹介します。

第3節では，従来からある清算期間1か月のフレックスタイム制を念頭に説明しますが，ここでは，清算期間3か月のフレックスタイム制に上記改正を適用した場合にどうなるかを検討します。

(2) 変わるのは清算期間の総枠のみ

改正労基法32条の3第3項の労使協定を締結することで影響を受けるのは，清算期間の総枠の時間数です。1か月ごとの枠の方は，同条項の労使協定を締結しても変わりません。

たとえば，7～9月の暦日数は92日（31＋31＋30）であり，これをもとに総枠を計算すると525.7H（40H×92／7）になります。他方，土日のみが休日の場合，7～9月の所定労働日数は66日（21＋23＋22，2019年の場合）であり，1日平均8時間労働でも清算期間内の労働時間は528H（66日×8H）となり，法定時間外労働が発生してしまいます。

そこで，改正労基法32条の3第3項の労使協定を締結すれば，総枠が528H（所定労働日数×8H）に広がり，法定時間外労働は発生しない，ということです。

(3) 総枠縮小の問題

一方，第3節2で述べるように，総枠の計算式を「所定労働日数×8H」にすることで却って総枠が縮小することもあるのか，という解釈問

題があり，清算期間が1か月を超えるフレックスタイム制においてもこの点に留意しておく必要があります。

第3節　完全週休2日制における総枠の計算

1　労使協定による総枠の拡張

> 【改正】労基法第32条の3　新設
> 3　1週間の所定労働日数が5日の労働者について第1項の規定により労働させる場合における同項の規定の適用については，同項各号列記以外の部分（前項の規定により読み替えて適用する場合を含む。）中「第32条第1項の労働時間」とあるのは「第32条第1項の労働時間（当該事業場の労働者の過半数で組織する労働組合がある場合においてはその労働組合，労働者の過半数で組織する労働組合がない場合においては労働者の過半数を代表する者との書面による協定により，労働時間の限度について，当該清算期間における所定労働日数を同条第2項の労働時間に乗じて得た時間とする旨を定めたときは，当該清算期間における日数を7で除して得た数をもってその時間を除して得た時間）」と，「同項」とあるのは「同条第1項」とする。

(1)　従来見られた不都合（曜日のめぐりによる総枠超過）

　第2節で見たように，フレックスタイム制における法定労働時間の総枠は「暦日数」をベースにして計算されます。一方，清算期間内の実労働時間は当然のことながら「所定労働日数」が多いほど増えていきます。

　そうすると，完全週休2日制の下でたとえば清算期間1か月のフレックスタイム制をとった場合，曜日のめぐりの影響から，暦日数と所定労働日数のバランスが取れない，暦日31日・所定労働日数23日といった月には，1日平均8時間の労働であっても法定労働時間の総枠を超えてしまう，と

いう不都合が発生します。

　1日平均8時間の労働しかしていないのに法定時間外労働が発生するのはいかにも不合理であり、こうした問題が存在することは、現行労基法のもとでも認識されていました。そこで、行政解釈（平9.3.31基発228号）による対処が施されていましたが、処理が非常に複雑である上、それでもなお問題が解消されない場面が残っていました。

　今回の改正は、労基法32条の3に第3項を新たに設け、従来から存在するこうした不都合を労使協定の締結によって解決できるようにしたものです。

◆清算期間1か月で不都合が生じる場面

暦日数 （法定労働時間の総枠）	所定労働日数（1日8H労働した 場合の総労働時間数）
31日（177.1H）	23日（184H）
30日（171.4H）	22日（176H）
29日（165.7H）	21日（168H）

　逆にいえば、祝日や会社指定休日があるために月内の所定労働日数が少なく、上表のような不都合な場面がそもそも出てこないという場合には、特にこの改正によるメリットは生じないといえます。

(2) 要 件

　改正労基法32条の3第3項により総枠を変えるための要件は、
- ①　フレックスタイム制が適用される1週間の所定労働日数が5日の労働者であること
- ②　労使協定により、労働時間の限度（総枠）について、清算期間における所定労働日数に8時間を乗じて得た時間とする旨を定めること

です。

要件①は、本条項の趣旨が完全週休2日制の下での不都合を解消する点にあることから、1週間の所定労働日数が5日であることを求めるものです。

要件②は、労使協定の締結を手続として求めるものです。締結の相手方は三六協定などと同様であり、事業場の過半数労働組合、それがない場合は労働者の過半数代表者です。

(3) 効　果

改正労基法32条の3第3項の効果は、清算期間における法定労働時間の総枠が、所定労働日数に8時間を乗じて得た時間数になることです。

条文上は「当該清算期間における日数を7で除して得た数をもってその時間を除して得た時間」という分かりにくい表現ですが、これは立法技術上そう定めざるを得ないためです。意味としては、法定労働時間の総枠が所定労働日数に8時間を乗じて得た時間数になる、と理解して差し支えありません。

◆労使協定で定めた場合の総枠

所定労働日数	法定労働時間の総枠
23日	184H
22日	176H
21日	168H

(4) 事例検討その1（清算期間1か月）

たとえば、完全週休2日制の事業場で清算期間1か月のフレックスタイム制をとっていたところ、その月の暦日数が31日、所定労働日数が23日だったとします。この場合、法定労働時間の総枠は177.1H（40H×31／7）と計算されるため、1日平均8時間労働であっても清算期間内の実労働時間は184H（23日×8H）となり、6.9Hの法定時間外労働が発生してしまいます。

しかし，労使協定により総枠を184H（所定労働日数×8H）に広げることで法定時間外労働が発生しなくなる，というのが今回の改正内容です。この場合，仮にその月の実労働時間が200Hであれば16H（200H－184H）が法定時間外労働になります。

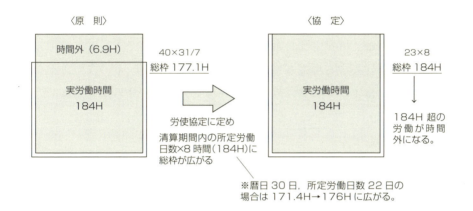

このような処理は，従来から菅野和夫『労働法（第10版）』（弘文堂，2012年）375頁などで提示されていたものです。

(5) 事例検討その2（清算期間15日）

労使協定による総枠の拡張は，清算期間1か月の場合に限られるわけではありません。現行労基法でも，フレックスタイム制の清算期間は1か月以内とされており，たとえば清算期間15日のフレックスタイム制などもとり得ます。

この場合，法定労働時間の総枠は85.7H（40H×15／7）ですが，完全週休2日制の下で同清算期間内の所定労働日数が11日のときは，1日平均8時間労働であっても法定時間外労働が発生してしまいます。そこで，労使協定を締結することで総枠を88H（11日×8H）に広げることが可能になるのです。この仕組みは清算期間1か月の場合と同様です。

2 総枠が縮小する場合もあるか

　この改正は，法定労働時間の総枠を「所定労働日数×8時間」にするというものです。これにより，従来の計算方法に比して総枠が広がる効果が得られることはすでに見たとおりです。
　一方，総枠が「所定労働日数×8時間」になることで，従来の計算方法よりも総枠が縮小する場面も想定されます。たとえば，下の表のような場合が考えられますが，これ以外にも，祝日や会社指定休日が重なれば，暦日31日（177.1H）で所定労働日数20日（160H），19日（152H）といった場面が出てきます。

◆清算期間1か月で総枠が縮小する場合

暦日数 (原則の総枠)	所定労働日数 (日数に8を乗じた数)
31日（177.1H）	22日（176H） 21日（168H）
30日（171.4H）	21日（168H） 20日（160H）
29日（165.7H）	20日（160H）

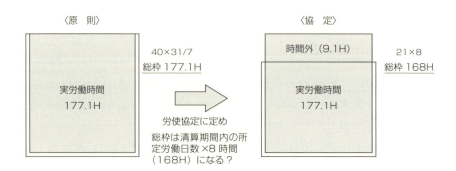

この点，従来から改正労基法32条の3第3項と同じ処理を提示していた菅野和夫『労働法（第10版）』（弘文堂，2012年）375頁は，「その代わり，31日の月で週休日を除いた日数が21日または22日しかない月では，法定労働時間の枠は，168Hまたは176Hと少なくなる」とし，縮小もありうる旨の見解を示していました[13]。

しかし，もともと法定時間外労働になるとされていたものをそうならないようにすることが目的である今回の改正が，その逆，つまり従来なら法定時間外労働でなかったものがそうなってしまう，という現象まで意図したものであるかは疑問が残ります。

この場合，筆者としては，「所定労働日数×8時間とすると従来の計算方法による場合よりも総枠時間数が減少する月については，従来の計算方法によって総枠時間を算定するものとする」という旨の規定を就業規則と労使協定に置けば，従来どおりの計算方法による時間数を総枠時間数とすることができると考えます。なぜなら，本改正は，総枠時間を拡大して完全週休2日制における総枠時間の矛盾を解決することを企図したものと解されるからです[14]。

---

13 同記載は，同書の第11版（2016年）では削除されています。

14 厚労省はこの点について，労使協定に定めれば計算方法を変えること自体は可能であって指導等をすることはないが，その定めなく計算方法を変えれば賃金未払の違法があるとして指導対象になるとの回答でした。

　ただ，中央労基署は，本条は所定労働日数×8とした方が従来の計算方法よりも減少する月を対象とした規定ではなく，特に就業規則等に定めずとも，減少する月については従来の計算方法で総枠時間を算定してよいとのことでした。回答が分かれるところですが，安全策として労使協定と就業規則に定めを置くべきと筆者は考えます。

第4節　改正に伴う実務上の問題

1　清算期間途中の採用者・退職者

> 【改正】労基法第32条の3の2　新設
> 使用者が，清算期間が1箇月を超えるものであるときの当該清算期間中の前条第1項の規定により労働させた期間が当該清算期間より短い労働者について，当該労働させた期間を平均し1週間当たり40時間を超えて労働させた場合においては，その超えた時間（第33条又は第36条第1項の規定により延長し，又は休日に労働させた時間を除く。）の労働については，第37条の規定の例により割増賃金を支払わなければならない。

(1)　趣　旨

　清算期間が1か月を超えるフレックスタイム制において，清算期間途中で退職する労働者，途中で入社する労働者の割増賃金計算について定めた条文です。いわゆる途中乗車・途中下車の場面を想定したものといえます。
　従来から，1年単位の変形労働時間制に関して同様の規定がありましたが（労基法32条の4の2），清算期間の上限延長に伴いフレックスタイム制にも規定を設けたものです。

(2)　途中退職・入社時の総枠計算

　改正労基法32条の3の2によれば，清算期間が1か月を超えるフレックスタイム制において清算期間途中に退職・入社する労働者が現れた場合，清算期間の総枠は「40H×在籍期間中の暦日数／7」となります。

たとえば，清算期間を4～6月の3か月とするフレックスタイム制において，5月20日に退職する労働者が現れたとします（4月1日～5月20日の暦日数は50日）。

この場合，清算期間の総枠は285.7H（40H×50日／7）と計算され，4月1日～5月20日における実労働時間がこの285.7Hを超えると，その部分が総枠超えの法定時間外労働と評価されます。

(3) **途中退職・入社時の1か月枠超えはどう計算するのか**

改正労基法32条の3の2は，清算期間の総枠に関して規定する条文です。1か月ごとの枠に関しては，改正労基法32条の3第2項括弧書の「最後に1箇月未満の期間を生じたときは，当該期間。」の規定が適用され，5月1日～20日における実労働が1か月ごとの枠を超えるかのチェックは第2節7(1)(3)と同様の処理になると考えられます。

2 各月の労働時間数の実績通知

清算期間が1か月を超えるフレックスタイム制について，労働者が毎月どれくらい働いたのか把握しにくくなる懸念があることから，使用者は労働者の各月の労働時間数の実績を通知等することが望ましい旨，行政通達に記載することが適当とされています（平成27年建議2(1)）。

行政通達に「望ましい」旨記載するもので，法律上の義務ではないため，違反に対する刑罰等はありません。

3 早出・居残り命令

(1) **平成27年建議の内容**

平成27年建議では，フレックスタイム制が始業・終業時刻を労働者の決定に委ねるものであるという制度趣旨を改めて示し，使用者が各日の始

業・終業時刻を画一的に特定するような運用は認められないことを徹底することが適当とされています（同建議2(3)）。

　フレックスタイム制という制度内容に関して当然のことを述べたものといえます。

(2) フレックスタイム制のもとで早出・居残りを命じられるか

　上述のように，フレックスタイム制は労働者が始業・終業時刻を自ら選択できる制度であるため，午前9時や午後6時から会議があるときに早出・居残りを命じられるか，という問題が出てきます。

　このような場合，実務的には，労働者に1〜2週間程度の予定表を提出させ，業務上の必要性がある場合にはこの予定表をもとに早出・居残りを命じるという対応が考えられます。これを義務づけるため，労使協定に勤務予定表の提出義務を定め，さらに早出・居残り命令の規定を置くのが適切です。

　ただし，こうした命令を頻発することで，始業・終業時刻の自主的決定というフレックスタイム制の趣旨に反するような状態とすることは，権利濫用であり許されないと解されます。特別に早出・居残りの必要が生じたとき以外は，いつ始業・終業しても構わないという状態にすべきです。

4　フレックス対象者の健康確保問題

(1) フレックスタイム制の問題点

　すでに述べたとおり，今後，フレックスタイム制が労働者の長時間労働を引き起こすという点で，1番危ない働き方になっていく可能性があります。

　労基法は憲法25条1項，27条2項に基づき労働者の健康確保をも目的としており，労働時間規制はその最たるものです。憲法上要請された規制を緩和する以上，それに代わる健康確保措置が用意されていなければなり

ません。第1節で見たように、裁量労働制では、労働時間みなしという形で労働時間把握による健康確保の仕組みを後退させることから、労使協定または労使委員会決議で対象労働者の健康福祉確保措置を使用者が講ずる旨を定めなければならない、という規定が用意されています（労基法38条の3第1項4号、38条の4第1項4号）。

これに対し、フレックスタイム制にそのような規定はありません。清算期間1か月の場合でも、前述したとおり、いわゆるスーパーフレックスと呼ばれる制度運用のもと、最初の1〜2週間は仕事をせず、残りの期間で一気に仕事をするという働き方により労働者の健康が害されるリスクがありました。

(2) フレックス対象者の長時間労働を避けるための措置

今回の改正により清算期間の上限が3か月に延長されることで、こうした問題はより顕在化すると考えられます。

この点について、日弁連の意見書案（厚生労働省労働政策審議会建議「今後の労働時間法制等の在り方について」に基づく高度プロフェッショナル労働制の創設並びに裁量労働制及びフレックスタイム制の規制緩和に反対する意見書案）は、「むしろ、清算期間の定め方によっては、清算期間内の特定の期間に、長時間に及ぶ時間外労働が集中することを是認することにもなりかねない」としていますが、筆者も、清算期間最終月以外については、この指摘は当たっていると考えます。

そして、特定の期間に長時間労働が集中する事態を避けるためには、第1にフリーデーを作らないこと、つまり所定労働日には他の労働者と同じく出勤の義務を課すことが重要と考えます。フレックスタイム制は、始業・終業時刻の自主決定を認める制度であり、所定労働日には出てこないといけないと定めることは可能です。こうすることで、最初の1か月は休み、残りの期間で一気に仕事をするといった働き方は避けられます。

第2に、労働日には労働者の健康に配慮した時間帯にフレキシブルタイ

ムを定め，その中での始業・終業時刻の決定を労働者に委ねる形をとることが適切です。労働者が選択できる時間帯を定めることで，わずかな時間しか労働しなかったり，逆に早朝から深夜まで労働するなどといった極端な働き方を抑制することができます。

　平成27年建議は，「月当たり一定の労働時間を超える等の要件を満たす場合に医師による面接指導等の実施が必要となることは同様であることも踏まえつつ，長時間労働の抑制に努めることが求められる旨，通達に明記し，周知徹底を図ることが適当である」としていますが，行政通達がフレックス対象者の健康確保のためにどのような内容を明らかにするのか注目に値します。

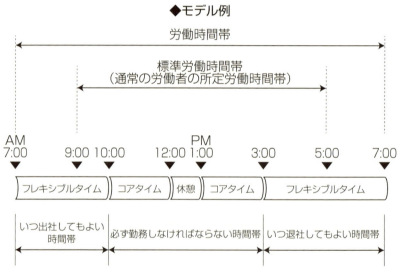

[出典] 厚生労働省ホームページ

参考資料

労基法解釈通達（平 30.12.28 基発 1228 第 15 号）〈抜粋〉

第1　フレックスタイム制（法第 32 条の3関係）

\<時間外・休日労働協定及び割増賃金との関係＞	
問1	清算期間が1箇月を超える場合において，清算期間を1箇月ごとに区分した各期間を平均して1週間当たり 50 時間を超えて労働させた場合，法第 36 条第1項の協定（以下「時間外・休日労働協定」という。）の締結と割増賃金の支払は必要か。
答1	清算期間が1箇月を超える場合において，清算期間を1箇月ごとに区分した各期間を平均して1週間当たり 50 時間を超えて労働させた場合は時間外労働に該当するものであり，時間外・休日労働協定の締結及び届出を要し，清算期間の途中であっても，当該各期間に対応した賃金支払日に割増賃金を支払わなければならない。
\<時間外・休日労働協定における協定事項＞	
問2	フレックスタイム制において時間外・休日労働協定を締結する際，現行の取扱いでは1日について延長することができる時間を協定する必要はなく，清算期間を通算して時間外労働をすることができる時間を協定すれば足りるとしているが，今回の法改正後における取扱い如何。
答2	1日について延長することができる時間を協定する必要はなく，1箇月及び1年について協定すれば足りる。
＜月 60 時間超の時間外労働に対する割増賃金率の適用＞	
問3	法第 37 条第1項ただし書により，月 60 時間を超える時間外労働に対しては5割以上の率で計算した割増賃金を支払う必要があるが，清算期間が1箇月を超えるフレックスタイム制に対してはどのように適用するのか。
答3	清算期間を1箇月ごとに区分した各期間を平均して1週間当たり 50 時間を超えて労働させた時間については，清算期間の途中であっても，時間外労働としてその都度割増賃金を支払わなければならず，当該時間が月 60 時間を超える場合は法第 37 条第1項ただし書により5割以上の率で計算した割増賃金を支払わなければならない。 　また，清算期間を1箇月ごとに区分した各期間の最終の期間においては，当該最終の期間を平均して1週間当たり 50 時間を超えて労働させた時間に加えて，当該清算期間における総実労働時間から，①当該清算期間の法定労働時間の総枠及び②当該清算期間中のその他の期間において時間外労働として取り扱った時間を控除した時間が時間外労働時間として算定されるものであり，この時間が 60 時間を超える場合には法第 37 条第1項ただし書により5割以上の率で計算した割増賃金を支払わなければならない。
＜法第 36 条第6項第2号及び第3号の適用＞	
問4	法第 36 条第6項第2号及び第3号は，清算期間が1箇月を超えるフレックスタイム制に対してはどのように適用するのか。

答4	清算期間が1箇月を超える場合のフレックスタイム制においては、法第36条第6項第2号及び第3号は、清算期間を1箇月ごとに区分した各期間について、当該各期間（最終の期間を除く。）を平均して1週間当たり50時間を超えて労働させた時間に対して適用される。 　また、清算期間を1箇月ごとに区分した各期間の最終の期間においては、当該最終の期間を平均して1週間当たり50時間を超えて労働させた時間に加えて、当該清算期間における総実労働時間から、①当該清算期間の法定労働時間の総枠及び②当該清算期間中のその他の期間において時間外労働として取り扱った時間を控除した時間が時間外労働時間として算定されるものであり、この時間について法第36条第6項第2号及び第3号が適用される。 　なお、フレックスタイム制は、労働者があらかじめ定められた総労働時間の範囲内で始業及び終業の時刻を選択し、仕事と生活の調和を図りながら働くための制度であり、長時間の時間外労働を行わせることは、フレックスタイム制の趣旨に合致しないことに留意すること。

第5章
特定高度専門業務・成果型労働制（高度プロフェッショナル制度）

＜改正のポイント＞

○ 一定の年収要件（1,075万円）を満たす高度の専門的知識等を必要とする業務に従事する労働者について，労働時間，休憩，休日，深夜割増に関する規定を適用しないものとする制度（いわゆる「高度プロフェッショナル制度」）が新設される。

○ 同制度の健康確保措置として，「健康管理時間」の概念が設けられ，休日の確保，選択的措置，健康・福祉確保措置に加えて，従来よりも強化された医師による面接指導が整備される。

○ 世論の注目を浴びていることから現時点では導入リスクは高いと考えるべきである。

　高度プロフェッショナル制度については，本書最終執筆時点（平成31年2月）でいまだ省令（改正労基則，改正労安衛則），指針，通達等が公表されておりません。そこで，本章は，平成30年12月に発表された省令案要綱および指針案によって想定される内容に基づいて説明しています。

第1節　高度プロフェッショナル制度の概要

1　高度プロフェッショナル制度とは

> 改正労基法第41条の2　新設
> 1　賃金，労働時間その他の当該事業場における労働条件に関する事項を調査審議し，事業主に対し当該事項について意見を述べることを目的とする委員会（使用者及び当該事業場の労働者を代表する者を構成員とするものに限る。）が設置された事業場において，当該委員会がその委員の5分の4以上の多数による議決により次に掲げる事項に関する決議をし，かつ，使用者が，厚生労働省令で定めるところにより当該決議を行政官庁に届け出た場合において，第2号に掲げる労働者の範囲に属する労働者（以下この項において「対象労働者」という。）であって書面その他の厚生労働省令で定める方法によりその同意を得たものを当該事業場における第1号に掲げる業務に就かせたときは，この章で定める労働時間，休憩，休日及び深夜の割増賃金に関する規定は，対象労働者については適用しない。ただし，第3号から第5号までに規定する措置のいずれかを使用者が講じていない場合は，この限りでない。

　改正労基法により新設された特定高度専門業務・成果型労働制（改正労基法41条の2。以下「高度プロフェッショナル制度」といいます）とは，収入や業務の内容等に関する一定の要件を満たす労働者について，労使委員会の決議を経ること等によって，

- 労働時間（32条など）
- 休憩（34条など）
- 休日（35条など）

・深夜割増賃金（37条4項）

の規定を適用しないものとする制度です。

　高度プロフェッショナル制度の趣旨は，労基法の労働時間に関する規制を外すことによって，「時間ではなく成果で評価される働き方を希望する労働者のニーズに応え，その意欲や能力を十分に発揮できるようにする」点にあります[1]。使用者に対して，交渉力を有する労働者がイメージされています。

　このような制度は，平成18年，第一次安倍内閣において「ホワイトカラーエグゼンプション」として議論され，平成19年1月に労働政策審議会労働条件分科会に法律案要綱が諮問されましたが，「残業代ゼロ法案」として批判を受け，結局国会への法案提出には至らなかったという経緯があります。その後，第二次安倍内閣において高度の専門的知識等を必要とする業務に従事することに着目した検討がなされ，今回の改正法によって導入されたものです。

　なお，改正労基則や改正労安衛則のうち高度プロフェッショナル制度に関連する部分は，本書執筆最終時点（平成31年2月）では，省令案要綱（以下「平成30年12月要綱」といいます）の公開にとどまっています。

　この要綱では，どのような内容を上記規則に定めるかは書かれているものの，それが具体的に何条になるのかまでは書かれていません。このため，本書では，条文番号の代わりに，平成30年12月要綱のどこに「当該内容を規則で定める」と書いているかを記載しています（この場合には単に「要綱」と記載します）。ただし，後述する高プロ指針案によって何条になるかが特定できる部分については，同指針案に記載された条文番号をそのまま引用しています。

1　平成27年建議8頁参照

2　制度導入の手続・要件

　高度プロフェッショナル制度を導入するには，労使委員会を所定の要件に従って設置し，当該労使委員会において41条の2第1項各号が定める決議を行い，同決議を労基署に届け出た上で，対象労働者の同意を得なければなりません（加えて，導入要件とされている健康確保措置を講じる必要があります）。

　具体的には，以下の(1)～(5)の手続に則って，所定の要件をすべて満たす必要があります。

---

(1)　労使委員会を設置する
　・設置要件
　　委員の半数については，過半数労働組合（それがない場合は労働者の過半数代表者）が任期を定めて指名すること等

(2)　労使委員会で決議をする
　・決議要件
　　委員の5分の4以上の多数による決議
　・決議事項
　　①　対象業務（41条の2第1項1号）
　　②　対象労働者の範囲（2号）
　　③　健康管理時間の把握および把握方法（3号）
　　④　年間104日以上かつ4週4日以上の休日（4号）
　　⑤　選択的（健康確保）措置（5号）
　　⑥　健康・福祉確保措置（6号）

⑦ 同意の撤回に関する手続（7号）
⑧ 苦情処理措置（8号）
⑨ 同意しなかった労働者への不利益取扱いの禁止（9号）
⑩ その他厚労省令で定める事項（10号）…決議の有効期間等

※ 決議要件または各決議事項のうちいずれかを欠いた場合には，高度プロフェッショナル制度の効果は生じない。

※ ③〜⑤の措置の実施は高度プロフェッショナル制度の導入要件であり，未実施の場合には，同制度の効果は生じない。

↓

(3) 決議を労基署に届け出る
「決議の届出」は高度プロフェッショナル制度の導入要件[2]

↓

(4) 対象労働者の同意を書面で得る
①制度が適用される旨，②少なくとも支払われる賃金の額，同意の対象となる期間を書面にて明らかにした上で，当該書面に労働者が署名をする方法により，同意を得る。

↓

(5) 対象労働者を対象業務に就かせる

---

[2] 労基法には，①届出自体が不要なもの（24条1項但書），②届出を怠れば罰則の適用はあるものの届出が効力（導入）要件とはなっていないもの（32条の4第1項，労基則12条の2，120条1号），③高度プロフェッショナル制度と同様，届出が効力（導入）要件となっているもの（36条1項）があります。

(1)～(5)の手順による制度導入後は，実施状況を労基署に定期報告しなくてはなりません。また，面接指導の要件に該当する者に対しては当該面接指導を実施しなければなりません。

3　制度導入の効果

高度プロフェッショナル制度の効果は，労働時間，休憩，休日および深夜割増賃金に関する規定の適用が除外されることです。

具体的には以下の規定が適用除外となります。
- 32条（労働時間）
- 33条（臨時の必要がある場合の時間外労働等）
- 34条（休憩）
- 35条（休日）
- 36条（時間外及び休日の労働）
- 37条（時間外，休日及び深夜の割増賃金）
- 38条（時間計算）
- 38条の2（事業場外みなし労働時間制）
- 38条の3（専門業務型裁量労働制）
- 38条の4（企画業務型裁量労働制）
- 40条（労働時間及び休憩の特例）
- 60条（年少者の労働時間及び休日）
- 66条（妊産婦の労働時間，休日）
- 67条（育児時間）

特に重要なのは，時間外・休日・深夜労働のすべてについて割増賃金の支払いが不要になる点です。

高度プロフェッショナル制度と同じく労働の質（成果）に応じた処遇を目的として導入された裁量労働制は，あくまで労働時間数をみなすものであって，割増賃金規制を除外する制度ではありません。たとえば，1日の

労働時間を9時間と設定したのであれば、8時間を超える1時間分については時間外労働として割増賃金を支払う必要があります。また、休日、深夜の労働があれば、これについても支払義務が生じます。この点で、高度プロフェッショナル制度は、裁量労働制と比較して、「成果に応じた処遇」という目的により直接的に応えるものとなっています[3]。

他方、年次有給休暇（39条）については、高度プロフェッショナル制度の対象者についても適用除外とされておらず、年次有給休暇を付与する必要があります。この点は、41条各号が定める者（監督若しくは管理の地位にある者など）と同じです。

4　健康確保措置

改正労基法は、高度プロフェッショナル制度の対象労働者について、憲法25条1項を受けて設けられた労基法第4章の労働時間規制[4]を適用しない代わりに、以下の健康確保措置を用意しています。

- 健康管理時間の把握（改正労基法41条の2第1項3号）
- 休日の確保（4号）
- 選択的（健康確保）措置（5号）
- 健康・福祉確保措置（健康管理時間の状況に応じた健康確保措置）（6号）
- 医師による面接指導（改正労安衛法66条の8の4、66条の9）

---

[3]　もっとも、過労死等の労災申請がなされた場合には、高度プロフェッショナル制度が適用される労働者であっても、一般労働者と同様に、パソコンのログイン・ログアウトの記録、入退館記録、業務日誌等により実際に働いた時間が調査され、労災認定がなされることになります。

[4]　特に割増賃金に関する規制は、使用者に割増賃金の支払いを義務づけることで、使用者において財政面から時間外労働・深夜労働・休日労働に歯止めがきくよう制約する機能があります。

第2節　労使委員会の設置

　第1節2で見たとおり，高度プロフェッショナル制度を導入するためには，まずは労使委員会を所定の要件に従って設置する必要があります。

　「労使委員会」とは，賃金，労働時間その他の当該事業場における労働条件に関する事項を調査審議し，事業主に対し当該事項について意見を述べることを目的とする会議体をいいます。

　この労使委員会の設置の要件等については，企画業務型裁量労働制における規定が準用されています（41条の2第3項，38条の4第2項）。

【改正】労基法第41条の2　新設
3　第38条の4第2項，第3項及び第5項の規定は，第1項の委員会について準用する。

〈参考〉労基法第38条の4
2　前項の委員会は，次の各号に適合するものでなければならない。
① 当該委員会の委員の半数については，当該事業場に，労働者の過半数で組織する労働組合がある場合においてはその労働組合，労働者の過半数で組織する労働組合がない場合においては労働者の過半数を代表する者に厚生労働省令で定めるところにより任期を定めて指名されていること。
② 当該委員会の議事について，厚生労働省令で定めるところにより，議事録が作成され，かつ，保存されるとともに，当該事業場の労働者に対する周知が図られていること。
③ 前2号に掲げるもののほか，厚生労働省令で定める要件
3　厚生労働大臣は，対象業務に従事する労働者の適正な労働条件の確保

を図るために，労働政策審議会の意見を聴いて，第1項各号に掲げる事項その他同項の委員会が決議する事項について指針を定め，これを公表するものとする。

4，5〔略〕

　また，改正労基法41条の2第3項が準用する労基法38条の4第3項の規定に基づき，高度プロフェッショナル制度について，労使委員会が決議する事項のうち具体化する必要のある事項や，制度の実施に関し留意すべき事項等について，「労働基準法第41条の2第1項の規定により同項第1号の業務に従事する労働者の適正な労働条件の確保を図るための指針」が定められることとなっており，平成31年2月時点ではその案（以下「高プロ指針案」といいます）が公開されています。厚労省によると，同指針案の内容は，概ね変更なく確定することが見込まれています。

　労使委員会の設置の要件等は，具体的には次のとおりです。

① 委員の半数については，過半数労働組合（それがない場合は労働者の過半数代表者）が任期を定めて指名すること。
- ①の委員の指名は，監督または管理の地位にある者以外の者について行わなければならない（改正労基則［要綱第一の十一］，労基則24条の2の4第1項参照）。
- 労使委員会の設置に先立ち，設置日程，手順等について話し合い，定めておくこと（高プロ指針案・第4の1）。
- 指名する過半数代表者は適正に選出されている必要があること（高プロ指針案・第4の1）。
- 労使各側1名計2名で構成される委員会は不可であること（高プロ指針案・第4の1）。

② 委員会の議事録が作成され，保存されるとともに，労働者に周知が図られていること。
- 使用者は，労使委員会の開催の都度，議事録を作成し，開催日から3年間保存しなければならない（改正労基則［要綱第一の十一］，労基則24条の2の4第2項参照）。
- 使用者は，労使委員会の議事録を労働者に周知しなければならない。

③ ①②のほか，厚労省令で定める要件
- 使用者は，労使委員会の同意を得て，労使委員会の運営規程を定めなければならない（改正労基則［要綱第一の十一］，労基則24条の2の4第4項・5項参照）。
- 運営規程を定めるにあたり，委員会の招集，定員数，議事その他労使委員会の運営について必要な事項に関することを規定すること（高プロ指針案・第4の2(1)）。
- 使用者は，労働者が委員であること等を理由として不利益な取扱いをしないようにしなければならない（改正労基則［要綱第一の十一］，労基則24条の2の4第6項参照）。

その他高プロ指針案で定められている事項
- 労使委員会に対して，(i)対象労働者に適用される評価制度・賃金制度の内容，対象業務の具体的内容，(ii)健康管理時間の状況，休日確保措置の実施状況，選択的措置として講じた措置の実施状況，健康・福祉確保措置として講じた措置の実施状況，苦情処理措置の実施状況及び労使委員会の開催状況を開示することが適当であること（高プロ指針案・第4の3(1)(2)）。
- 労使委員会と労働組合等との関係（労働組合の団体交渉権を制約するものではないこと）（高プロ指針案・第4の4(1)）。

第3節　労使委員会による決議事項

1　対象業務（1号）

> 【改正】労基法第41条の2第1項　新設
> ① 高度の専門的知識等を必要とし，その性質上従事した時間と従事して得た成果との関連性が通常高くないと認められるものとして厚生労働省令で定める業務のうち，労働者に就かせることとする業務（以下この項において「対象業務」という。）

(1)　対象業務

　高度プロフェッショナル制度の対象となる業務（対象業務）は，高度の専門的知識等を必要とし，その性質上従事した時間と従事して得た成果との関連性が通常高くないと認められるものに限られます（改正労基法41条の2第1項1号）。

　具体的には，次の①，②の要件をいずれも満たす業務でなければなりません（改正労基則34条の2第3項）。

① 当該業務に従事する時間に関し使用者から具体的な指示を受けて行うものではないこと

② 改正労基則34条の2第3項各号に掲げる業務のいずれかに該当するものであること

　そして，対象業務に関する決議では，対象業務の具体的範囲と当該業務が限定列挙されているどの業務に該当するかを明らかにする必要があります（高プロ指針案・第3の1(1)ロ）。

対象業務以外の業務を決議しても，高度プロフェッショナル制度の効果は生じません。

(2) 当該業務に従事する時間に関し使用者から具体的な指示を受けて行うものではないこと（(1)①）

高度プロフェッショナル制度の対象となる業務は，労働の時間数（量）ではなく，成果（質）に対して賃金が支払われるのになじむ業務です。

そのため，業務に従事する時間に関し使用者から具体的な指示を受けて行うもの（業務量に比して著しく短い期限の設定その他の実質的に当該業務に従事する時間に関する指示と認められるものを含む）は，対象業務から除外されます（改正労基則34条の2第3項）。

ここでいう「具体的な指示」とは，労働者から対象業務に従事する時間に関する裁量を失わせるような指示をいいます。高度プロフェッショナル制度の対象業務は，働く時間帯の選択や時間配分について自らが決定できる広範な裁量が労働者に認められている業務でなければなりません。また，実質的に業務に従事する時間に関する指示と認められる指示についても，「具体的な指示」に含まれます。高プロ指針案では，使用者は，対象労働者の上司に対し，業務に従事する時間に関し具体的な指示を行うことはできないこと等必要な管理者教育を行うことが必要であるとされています。

「具体的な指示」に当たる具体例としては，次のものが挙げられます（高プロ指針案・第3の1(1)イ(イ)）。

- 出勤時間の指定等始業・終業時間や深夜・休日労働など労働時間に関する業務命令や指示
- 労働者の働く時間帯の選択や時間配分に関する裁量を失わせるような成果・業務量の要求や納期・期限の設定
- 特定の日時を指定して会議に出席することを一方的に義務づけること
- 作業工程，作業手順等の日々のスケジュールに関する指示

ただし，上記具体的指示に該当するもの以外については，使用者は，対

象労働者に対し必要な指示をすること[5]は可能です（高プロ指針案・第3の1(2)ハ）。

(3) 労基則34条の2第3項各号に掲げる業務のいずれかに該当するものであること（(1)②）

対象業務は，改正労基則34条の2第3項各号によって限定列挙された次の業務に限られます。高プロ指針案では，限定列挙された各業務ごとに，対象業務になり得る業務の例，および対象業務になり得ない業務の例が挙げられています。

ア　金融商品の開発業務（1号）

改正労基則34条の2第3項1号は，「金融工学等の知識を用いて行う金融商品[6]の開発の業務」を対象業務として挙げています。かかる業務は，金融取引のリスクを減らしてより効率的に利益を得るため，金融工学のほか，統計学，数学，経済学等の知識をもって確率モデル等の作成，更新を行い，これによるシミュレーションの実施，その結果の検証等の技法を駆使した新たな金融商品の開発の業務を指します。

対象業務となり得る業務の例	対象業務となり得ない業務の例
・資産運用会社における新興国企業の株式を中心とする富裕層向け商品（ファンド）の開発の業務	・金融商品の販売，提供，運用に関する企画立案又は構築の業務 ・保険商品又は共済の開発に際してアクチュアリー[7]が通常行う業務 ・商品名の変更や既存の商品の組合

5　たとえば，使用者が労働者に対し業務の開始時に当該業務の目的，目標，期限等の基本的事項を指示することや，中途において経過の報告を受けつつこれらの基本的事項について所要の変更を指示すること。

6　「金融商品」とは，金融派生商品（金や原油などの原資産，株式や債券などの原証券の変化に依存してその値が変化する証券）および同様の手法を用いた預貯金等をいいます。

	せのみをもって行う金融商品の開発の業務 ・専らデータの入力・整理を行う業務

イ　金融商品のディーリング業務（2号）

　改正労基則34条の2第3項2号は，「資産運用（指図を含む）の業務又は有価証券の売買その他の取引の業務」のうち，「投資判断に基づく資産運用の業務，投資判断に基づく資産運用として行う有価証券の売買その他の取引の業務又は投資判断に基づき自己の計算において行う有価証券の売買その他の取引の業務」を対象業務として挙げています。かかる業務は，金融知識等を活用した自らの投資判断に基づく資産運用の業務または有価証券の売買その他の取引の業務（金融商品のディーリング業務）を指しています。

対象業務となり得る業務の例	対象業務となり得ない業務の例
・資産運用会社等における投資判断に基づく資産運用（指図を含む）の業務（いわゆるファンドマネージャーの業務） ・投資判断に基づく資産運用として行う有価証券の売買その他の取引の業務（いわゆるトレーダーの業務） ・証券会社等における投資判断に基づき自己の計算において行う有価証券の売買その他の取引の業務	・有価証券の売買その他の取引の業務のうち，投資判断を伴わない顧客からの注文の取次の業務 ・ファンドマネージャー，トレーダー，ディーラーの指示を受けて行う業務 ・金融機関における窓口業務 ・個人顧客に対する預金，保険，投資信託等の販売・勧誘の業務 ・市場が開いている時間は市場に張り付くよう使用者から指示され，

7　確率論・統計学などの数理的手法を活用して，主に保険や年金などの分野で不確定な事象を扱う理数の専門職。

（いわゆるディーラーの業務）	実際に張り付いていなければならない業務 ・使用者から指示された取引額・取引量を処理するためには取引を継続し続けなければならない業務 ・金融以外の事業を営む会社における自社資産の管理，運用の業務

ウ　アナリストの業務（企業・市場等の高度な分析業務）（3号）

　改正労基則34条の2第3項3号は，「有価証券市場における相場等の動向[8]又は有価証券の価値等[9]の分析，評価又はこれに基づく投資に関する助言の業務」を対象業務として挙げています。かかる業務は，有価証券等に関する高度の専門知識と分析技術を応用して分析し，当該分析の結果を踏まえて評価を行い，これら自らの分析又は評価結果に基づいて運用担当者等に対し有価証券の投資に関する助言を行う業務を指します。

対象業務となり得る業務の例	対象業務となり得ない業務の例
・特定の業界の中長期的な企業価値予測について調査分析を行い，その結果に基づき，推奨銘柄について投資判断に資するレポートを作成する業務	・一定の時間を設定して行う相談業務 ・専ら分析のためのデータ入力・整理を行う業務

エ　コンサルタントの業務（事業・業務の企画運営に関する高度な考案又は助言の業務）（4号）

　改正労基則34条の2第3項4号は，「顧客の事業の運営に関する重要な事項についての調査または分析及びこれに基づく当該事項に関する考案又

---

[8]　株式相場，債券相場の動向のほかこれに影響を与える経済等の動向をいいます。
[9]　有価証券に投資することによって将来得られる利益である値上がり益，利子，配当等の経済的価値および有価証券の価値の基盤となる企業の事業活動をいいます。

は助言の業務」を対象業務として挙げています。かかる業務は，企業の事業運営についての調査または分析を行い，企業に対して事業・業務の再編，人事等社内制度の改革など経営戦略に直結する業務改革案を提案し，その実現に向けてアドバイスや支援をしていく業務を指します。ここでいう「調査又は分析」とは，顧客の事業の運営に関する重要な事項について行うものであり，顧客から調査または分析を行うために必要な内部情報の提供を受けた上で，たとえば経営状態，経営環境，財務状態，事業運営上の問題点，生産効率，製品や原材料に係る市場の動向等について行う調査または分析をいいます。

対象業務となり得る業務の例	対象業務となり得ない業務の例
・コンサルティング会社において行う顧客の海外事業展開に関する戦略企画の考案の業務	・調査又は分析のみを行う業務 ・調査又は分析を行わず，助言のみを行う業務 ・専ら時間配分を顧客の都合に合わせざるを得ない相談業務 ・個人顧客を対象とする助言の業務 ・商品・サービスの営業・販売として行う業務 ・上席の指示やシフトに拘束され，働く時間帯の選択や時間配分に裁量が認められない形態でチームのメンバーとして行う業務 ・サプライヤーが代理店に対して行う助言又は指導の業務

オ　研究開発業務（5号）

　改正労基則34条の2第3項5号は，「新たな技術，商品又は役務の研究開発に係る業務」を対象業務として挙げています。ここでいう「新たな技術，商品又は役務の研究開発にかかる業務」とは，新たな技術の研究開発，

新たな技術を導入して行う管理方法の構築，新素材や新型モデル・サービスの研究開発等の業務をいい，専門的・科学的な知識・技術を有する者によって，新たな知見を得ることまたは技術的改善を通じて新たな価値を生み出すことを目的として行われるものをいいます。

対象業務となり得る業務の例	対象業務となり得ない業務の例
・メーカーにおいて行う要素技術の研究の業務 ・製薬企業において行う新薬の上市に向けた承認申請のための候補物質の探索や合成，絞り込みの業務 ・既存の技術等を組み合わせて応用することによって新たな価値を生み出す研究開発の業務 ・特許等の取得につながり得る研究開発の業務	・作業工程，作業手順等の日々のスケジュールが使用者からの指示により定められ，そのスケジュールに従わなければならない業務 ・既存の商品やサービスにとどまり，技術的改善を伴わない業務 ・既存の技術等の単なる組合せにとどまり，新たな価値を生み出すものではない業務 ・他社システムの単なる導入にとどまり，導入にあたり自らの研究開発による技術的改善を伴わない業務 ・専門的，科学的な知識，技術がなくても行い得る既存の生産工程の維持・改善の業務 ・完成品の検査や品質管理を行う業務 ・研究開発に関する権利取得に係る事務のみを行う業務 ・生産工程に従事する者に対する既知の技術の指導の業務 ・上席の研究員の指示に基づく実験材料の調達や実験準備の業務

なお，対象業務は，部署が掌握する業務全体ではなく，対象となる労働

者に従事させることとする業務をいいます。そのため，対象業務に該当しうる名称の部署（たとえば「研究開発部」）において行われる業務のすべてが必ずしも対象業務に該当するものではないことに注意してください（高プロ指針案・第3の1(2)イ）。

2　対象労働者の範囲（2号）

> 【改正】労基法第41条の2第1項　新設
> ②　この項の規定により労働する期間において次のいずれにも該当する労働者であって，対象業務に就かせようとするものの範囲
> 　イ　使用者との間の書面その他の厚生労働省令で定める方法による合意に基づき職務の範囲が明確に定められていること。
> 　ロ　労働契約により使用者から支払われると見込まれる賃金の額を1年間当たりの賃金の額に換算した額が基準年間平均給与額（厚生労働省において作成する毎月勤労統計における毎月きまって支給する給与の額を基礎として厚生労働省令で定めるところにより算定した労働者1人当たりの給与の平均額をいう。）の3倍の額を相当程度上回る水準として厚生労働省令で定める額以上であること。

(1)　概　要

高度プロフェッショナル制度の対象となる労働者（対象労働者）は，次の①および②の要件のいずれにも該当するものに限られます。
　①　合意により職務が明確に定められていること（改正労基法41条の2第1項2号イ）
　②　年収要件を満たしていること（同ロ）
なお，満18歳未満の年少者には，①②の要件にかかわらず，高度プロフェッショナル制度を適用することができません（同法60条1項）。
対象労働者の決議では，対象労働者の範囲を明らかにすることが求めら

れます[10]。対象労働者は，対象業務に常態として従事していることが原則であり，対象業務以外の業務にも常態として従事している者は対象労働者とはなりません（高プロ指針案・第3の2(1)ロ）。

(2) 合意により職務が明確に定められていること（2号イ）

対象労働者については，書面等による合意に基づき職務の範囲が明確に定められていなければなりません（(1)①）。

「職務が明確に定められている」とは，当該対象労働者の業務の内容，責任の程度および職務において求められる成果その他の職務を遂行するにあたって求められる水準（以下「職務の内容」といいます）が具体的に定められており，当該対象労働者の職務の内容とそれ以外の職務の内容とが客観的に区別されていることをいいます。したがって，業務の内容が抽象的に定められており，使用者の一方的な指示により業務を追加することができるものは職務が明確に定められているとはいえません（高プロ指針案・第3の2(1)イ(イ)）。

また，職務を定めるにあたり，働き方の裁量を失わせるような業務量や成果を求めるものでないことが必要とされています（高プロ指針案・第3の2(1)イ(イ)）。

職務の合意方法に関しては，使用者が対象労働者につき以下の①～③の内容を書面[11]にて明らかにし，この書面に労働者が署名（合意）することによって定めることとされています[12]（改正労基則［要綱第一の四］）。

---

10 高プロ指針案では，決議にあたり，委員は，事業場の実態や対象業務の性質等に応じて対象労働者の範囲を定めることが適当であり，たとえば，一定の職務経験年数や資格を有する労働者に限ることや労基則34条の2第6項に定める額よりも高い額を年収要件として決議で定めることも可能であるとされています（高プロ指針案・第3の2(2)ロ）。
11 この書面については，職務明細書や職務記述書などが想定されています。
12 労働者が希望した場合には，署名した書面をPDFで読み込んで電子メールで送付することも可能とされています（改正労基則［要綱第1の5]）。

① 業務の内容
② 責任の程度(職位等)
③ 求められる水準(成果)

職務の内容を変更する場合には,再度合意を得ることが必要であり,その場合でも職務の内容の変更は対象業務の範囲内に限られます(高プロ指針案・第3の2(1)イ(イ))。

(3) 年収要件を満たしていること(2号ロ)

対象労働者については,見込年収が1,075万円以上でなければなりません((1)②)。

2号ロにおける「基準年間平均給与額」とは,毎月勤労統計における毎月きまって支給する給与の額の1月分から12月分までの各月分の合計額をいい,これを前提に「基準年間平均給与額の3倍の額を相当程度上回る水準として厚生労働省令で定める額」(年収要件)は,1,075万円を参考に定めるとされています(改正労基則[要綱第一の五])。

「見込年収[13]」は,名称の如何にかかわらず,個別の労働契約または就業規則等において,あらかじめ具体的な額をもって支払われることが約束され,支払われることが確実に見込まれる賃金をすべて含むものとされています(高プロ指針案・第3の2(1)イ(ロ))。

したがって,労働者の勤務成績,成果等に応じて支払われる賞与や業績給等,その支給額があらかじめ確定されてないものは見込年収に含まないことになります。ただし,賞与や業績給でもいわゆる最低保証額が定められ,その最低保証額の支払いが確実に見込まれる場合には,その最低保証額は見込年収に含まれます。また,手当についても,一定の具体的な額を

---

13 2号ロにおける「労働契約により使用者から支払われると見込まれる賃金の額を一年間当たりの賃金の額に換算した額」。

もって支払うことが約束されているものは見込年収に含まれますが、支給額が減少し得る手当[14]は含まれないとされています（高プロ指針案・第3の2(1)イ(ロ)）。

3　健康管理時間の把握（3号）

> 【改正】労基法第41条の2第1項　新設
> ③　対象業務に従事する対象労働者の健康管理を行うために当該対象労働者が事業場内にいた時間（この項の委員会が厚生労働省令で定める労働時間以外の時間を除くことを決議したときは、当該決議に係る時間を除いた時間）と事業場外において労働した時間との合計の時間（第5号ロ及びニ並びに第6号において「健康管理時間」という。）を把握する措置（厚生労働省令で定める方法に限る。）を当該決議で定めるところにより使用者が講ずること。

(1)　健康管理時間とは

改正労基法第41条の2第1項3号は、対象労働者の健康管理時間を把握する措置を労使委員会で決議し、決議した内容に従って、当該措置を実施することを定めています。

この「健康管理時間」とは、労基法第4章の労働時間、休憩、休日および深夜割増賃金に関する規定が適用されない対象労働者について、健康確保措置を効果的に実施するために設けられた概念です。選択的措置（5号）における1か月または3か月当たりの上限措置（同号ロ）・臨時の健康診断（同号ニ）に加え、対象労働者に対する面接指導（改正労安衛法66条の8の4第1項）について用いられています。

---

[14] たとえば、家族の有無で支給額が変動する扶養手当などは、その支給額があらかじめ確定されていないものとして見込年収の対象から除外されます。その他、通勤手当など他の給付については、厚労省において検討中とのことです。

健康管理時間は次のとおりに算定します。

　　健康管理時間　＝　事業場内にいた時間　＋　事業場外で労働した時間

　ただし「事業場内にいた時間」については，労使委員会が，「休憩時間その他労働者が労働していない時間」を除くことを決議したときは，当該決議に係る時間を「事業場内にいた時間」から除外することができます（3号第1括弧書，改正労基則［要綱第一の六1］）。決議を行う場合には，除くこととする時間の内容や性質を具体的に明らかにするとともに，当該除くこととする時間を把握する方法が客観的な方法であることが求められます（高プロ指針案・第3の3(1)ハ）。この「休憩時間その他労働者が労働していない時間」とは，たとえば，完全に仕事から解放されて食事をしている時間やレクリエーション，事業場内での部活動をしている時間等が想定されています。手待ち時間を含めることや，一定時間数を一律に除くことは認められません（高プロ指針案・第3の3(1)ハ）。

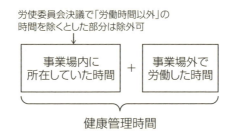

(2) 健康管理時間を把握する措置

　健康管理時間を把握する措置に係る決議に際しては，健康管理時間（健康管理時間から除くこととした時間を含む）を把握する方法について，当該事業場の実態に応じた適切なものを具体的に明らかにしなければなりません（高プロ指針案・第3の3(1)）。

　この健康管理時間の把握方法は，タイムカードによる記録およびパソコン等の電子計算機の使用時間の記録等の客観的な方法が原則とされていま

す。ただし、事業場外において労働した場合であって、客観的な方法によることができないやむを得ない理由があるときは、自己申告によることが認められます（改正労基則［要綱第一の六1但書］）。高プロ指針案では、この点をさらに具体化した形で、健康管理時間の把握方法は次のいずれにも該当する必要があるとしています（高プロ指針案・第3の3(1)）。

---

① 「事業場内にいた時間」の把握方法が「客観的な方法」であること
　「客観的な方法」について、たとえば、次に掲げるものを基礎とした出退勤時刻または入退室時刻の記録が該当する。
- タイムレコーダーによるタイムカードへの打刻記録
- パーソナルコンピューター内の勤怠管理システムへのログイン・ログオフ記録
- ICカードによる出退勤時刻または事業場への入退場時刻の記録

---

② 「事業場外で労働した時間」の把握方法が、①と同様に客観的な方法であること
　自己申告制が認められる「やむを得ない理由」について、対象労働者による自己申告によりその事業場外において労働した時間を把握せざるを得ない理由として具体的に示されている必要があり、たとえば、次に掲げるものが考えられる。
- 顧客先に直行直帰[15]し、勤怠管理システムへのログイン・ログオフ等もできないこと

---

15 この「直行直帰」という表現からすれば、直行のみまたは直帰のみについては含まれないとも思えます。
　しかし、使用者が基本的に時刻を把握できないから自己申告制が認められるという趣旨からすれば、直行のみまたは直帰のみであっても、その始業時刻または終業時刻の少なくとも一方は把握できないわけですから、それに関しては自己申告制が認められてよいはずです。
　実際、後述のとおり、労安衛法の解釈通達（平30.12.28 基発1228第16号）の第2の問12は、労安衛法上の労働時間把握義務（改正労安衛法66条の8の3）において自己申告制を採ることができる場合の例を「労働者が事業場外において行う業務に直行又は直帰する場合」としており、直行のみまたは直帰のみも含まれています。
　したがって、ここでの「直行直帰」の具体的な意味も「直行又は直帰」であると解すべきです。

- 事業場外において，資料の閲覧等パソコンを使用しない作業を行うなど，勤怠管理システムへのログイン・ログオフ等もできないこと
- 海外出張等勤怠管理システムへのログイン・ログオフ等が常時できない状況にあること

③ 労使委員会で「労働時間以外の時間」を除く決議をする場合には，除く時間の内容や性質を具体的に明らかにするとともに，当該除くこととする時間の把握方法が①と同様に客観的な方法であること

　健康管理時間の記録については，対象労働者ごとに，日々の健康管理時間の始期および終期並びにそれに基づく健康管理時間の時間数の記録が必要とされています（高プロ指針案・第3の3(1)ニ）。

　また，当該記録について，使用者は，対象労働者からの求めに応じて健康管理時間を開示すること（その手続を決議で定めること）が必要であるとされています（高プロ指針案・第3の3(2)ロ）。

　さらに，使用者は，対象労働者の健康管理時間の状況を把握する際，対象労働者からの健康状態についての申告，健康状態についての上司による定期的なヒアリング等に基づき，対象労働者の健康状態を把握することが望ましいとされています。このため，4号〜6号の健康確保措置を講ずる前提として，使用者が対象労働者の健康管理時間の状況とあわせてその健康状態を把握することを決議に含めるのが望ましいとされています（高プロ指針案・第3の3(2)ハ）。

(3) 健康管理時間を把握する措置を講じていない場合の法効果

　健康管理時間を把握する措置を講じていることは，高度プロフェッショナル制度の導入要件とされています。

　したがって，労使委員会の決議が適正であっても，実際に当該措置が講じられていない場合には，高度プロフェッショナル制度の効果は生じません（改正労基法41条の2第1項但書）。この場合には，原則どおり法定労

働時間や割増賃金等の規定が適用されます。

4　休日の確保（4号）

> 【改正】労基法第41条の2第1項　新設
> ④　対象業務に従事する対象労働者に対し、1年間を通じ104日以上、かつ、4週間を通じ4日以上の休日を当該決議及び就業規則その他これに準ずるもので定めるところにより使用者が与えること。

(1)　概　要

　改正労基法第41条の2第1項4号では、対象労働者に講ずべき必要的な健康確保措置として、対象労働者に年間104日以上、かつ4週間を通じ4日以上の休日を与えることが義務づけられています。

　年間104日以上の休日および4週を通じ4日以上の休日の起算日は、制度の適用開始日です（高プロ指針案・第3の4(1)ロ）。

　この「休日の確保」は、平成27年の法案においては選択的（健康確保）措置の1つに位置づけられていました。ところが、平成29年7月、連合が、休日の確保を義務づけた上で、勤務間インターバル規制、健康管理時間の上限措置、2週連続の休日取得、臨時の健康診断のいずれかを講じることを条件に、高度プロフェッショナル制度を容認する方針に転じたことを契機に[16]、改めて健康確保措置の整備が行われ、今回の改正法の形になりました。

(2)　決議に関する事項

　労使委員会の決議においては、当該休日の取得に関する手続を明らかに

16　その後、連合は、内部からの反対を受け、同月下旬に高度プロフェッショナル制度を容認する方針を撤回しました。

しなければなりません。この点について、高プロ指針案は、
① 確実に休日を取得するため、対象労働者が、あらかじめ年間の休日の取得予定を決定し、使用者に通知することおよび休日の取得の状況を使用者に明らかにすること
② 疲労の蓄積を防止する観点から、使用者および委員は、長期間の連続勤務とならないよう休日を適切に取得することが重要であることについて、対象労働者にあらかじめ周知すること

が望ましいとしています（高プロ指針案・第3の4(2)）。

(3) 「休日の確保」の措置を講じていない場合の法効果

「休日の確保」の措置を講じていることは、高度プロフェッショナル制度の導入要件とされています。

したがって、労使委員会の決議が適正であっても、実際に当該措置が講じられていない場合には、高度プロフェッショナル制度の効果は生じません（改正労基法41条の2第1項但書）。1年間を通じ104日以上の休日を与えることができないことが確定した場合には、その確定した時点から同制度の効果は生じなくなります（高プロ指針案・第3の4(1)ロ）。この場合には、原則どおり法定労働時間や割増賃金等の規定が適用されます。

5 選択的健康確保措置（5号）

【改正】労基法第41条の2第1項　新設
⑤ 対象業務に従事する対象労働者に対し、次のいずれかに該当する措置を当該決議及び就業規則その他これに準ずるもので定めるところにより使用者が講ずること。
　イ　労働者ごとに始業から24時間を経過するまでに厚生労働省令で定める時間以上の継続した休息時間を確保し、かつ、第37条第4項に規定する時刻の間において労働させる回数を1箇月について厚生労働省令

> で定める回数以内とすること。
> ロ　健康管理時間を1箇月又は3箇月についてそれぞれ厚生労働省令で定める時間を超えない範囲内とすること。
> ハ　1年に1回以上の継続した2週間(労働者が請求した場合においては，1年に2回以上の継続した1週間)(使用者が当該期間において，第39条の規定による有給休暇を与えたときは，当該有給休暇を与えた日を除く。)について，休日を与えること。
> ニ　健康管理時間の状況その他の事項が労働者の健康の保持を考慮して厚生労働省令で定める要件に該当する労働者に健康診断(厚生労働省令で定める項目を含むものに限る。)を実施すること。

(1) 概　要

改正労基法第41条の2第1項5号が掲げる次の選択的(健康確保)措置のうち，いずれかの措置を労使委員会の決議で選択し，実施する必要があります。

① 勤務間インターバルの確保および深夜業の制限(5号イ)
② 健康管理時間の上限措置(1か月または3か月当たり)(同ロ)
③ 1年に1回以上，2週間連続の休日を与えること(本人が請求した場合は1週間連続×2回以上)(同ハ)
④ 臨時の健康診断(同ニ)

当該措置の選択決議にあたっては，対象となり得る労働者の意見を聴くことが望ましいとされています(高プロ指針案・第3の5(2)イ)。

また，対象事業場に複数の対象業務が存在する場合，当該対象業務の性質に応じて，対象業務ごとに選択的措置を決議することが望ましいとされています(高プロ指針案・第3の5(2)ロ)。

(2) 選択的措置の具体的内容

改正労基則および高プロ指針案が定める各選択的措置の具体的内容は以下のとおりです。

① 勤務間インターバルの確保および深夜業の制限（5号イ）
- 勤務間インターバルの時間数は11時間以上（改正労基則［要綱第一の七1］）
- 深夜業（午後10時〜午前5時の時間帯）の回数は1か月4回以内（改正労基則［要綱第一の七2］）

② 健康管理時間の上限措置（1か月または3か月当たり）（5号ロ）
- ［当該1か月の総健康管理時間 − 当該1か月の暦日数 ÷ 7 × 40］が100時間以内または
- ［当該3か月の総健康管理時間 − 当該3か月の暦日数 ÷ 7 × 40］が240時間以内（改正労基則［要綱第一の七3］）

③ 1年に1回以上，2週間連続の休日を与えること（本人が請求した場合は1週間連続×2回以上）（5号ハ）
※4号の「休日の確保」における休日としてもカウントされます。

④ 臨時の健康診断（5号ニ）
- ［当該1か月の総健康管理時間 − 当該1か月の暦日数 ÷ 7 × 40］＞80時間の場合または本人からの申出があった場合（改正労基則［要綱第一の七4］）
- 健康診断の項目は，労安衛法に基づく定期健康診断の項目であって脳・心臓疾患との関連が認められるものおよび当該労働者の勤務の状況，疲労の蓄積の状況その他心身の状況の確認とする（改正労基則［要綱第一の七5］）。
- 臨時の健康診断の実施を選択した場合には，使用者は，これを労働者に確実に受けさせるようにするとともに，健康診断の結果の記録，健康診断の結果に基づく当該対象労働者の健康を保持するために必要な措置に関する医師の意見の聴取，当該医師の意見を勘案した適切な措置等を講ずることが必要である（高プロ指針案・第3の5(2)ハ）

(3) 選択的措置を講じていない場合の法効果

　選択的措置を講じていることは，高度プロフェッショナル制度の導入要件（効力要件）とされています。

　したがって，3号の「健康管理時間を把握する措置」，4号の「休日の確保」と同様，労使委員会の決議が適正になされていても，実際にこれらの措置が講じられていない場合には，高度プロフェッショナル制度の効果は生じません（改正労基法41条の2第1項但書）。この場合には，原則どおり法定労働時間や割増賃金等の規定が適用されます。

6　健康・福祉確保措置（6号）

> 【改正】労基法第41条の2第1項　新設
> ⑥　対象業務に従事する対象労働者の健康管理時間の状況に応じた当該対象労働者の健康及び福祉を確保するための措置であって，当該対象労働者に対する有給休暇（第39条の規定による有給休暇を除く。）の付与，健康診断の実施その他の厚生労働省令で定める措置のうち当該決議で定めるものを使用者が講ずること。

(1) 概　要

　改正労基法第41条の2第1項6号は，対象労働者の健康管理時間の状況に応じた健康確保措置（健康・福祉確保措置）として，厚労省令で定める措置のうち，いずれの措置を講ずるかを労使委員会の決議で明らかにした上で，当該措置を講ずべきことを定めています。この健康・福祉確保措置が適正に決議されていることは高度プロフェッショナル制度の導入要件であるとされています。

　健康・福祉確保措置として厚労省令で定める措置は，次のとおりです（労基則34条の2第14項）。

　①　5号の選択的措置のうち，5号の措置として決議した措置以外のも

の

② 健康管理時間が一定時間を超える対象労働者に対し，医師による面接指導を行うこと
③ 対象労働者の勤務状況およびその健康状態に応じて，代償休日または特別な休暇を付与すること
④ 対象労働者の心とからだの健康問題についての相談窓口を設置すること
⑤ 対象労働者の勤務状況およびその健康状態に配慮し，必要な場合には適切な部署に配置転換をすること
⑥ 産業医等による助言もしくは指導を受け，または対象労働者に産業医等による保健指導を受けさせること

6号の決議においては，把握した対象労働者の健康管理時間およびその健康状態に応じて，対象労働者への高度プロフェッショナル制度の適用について必要な見直しを行う旨を含めることが望ましいとされています（高プロ指針案・第3の6(2)）。たとえば，健康管理時間が一定時間を超えた労働者については高度プロフェッショナル制度を適用しないとすることなどが考えられます[17]。

(2) 健康・福祉確保措置を講じていない場合の法効果

改正労基法41条の2第1項但書は，「第3号から第5号までに規定する措置のいずれかを使用者が講じていない場合は，この限りではない」として，6号の健康・福祉確保措置の実施を高度プロフェッショナル制度の効力要件から除外しています。したがって，健康・福祉確保措置の未実施については，行政指導の対象となるにとどまり，高度プロフェッショナル制

---

17 このように使用者が同制度不適用とする除外権については，就業規則に規定しておく必要があると筆者は考えます。

度の効果（民事的効力）まで否定されるものではありません[18]。

　ただし，対象労働者の過重労働による死亡や健康問題の発生を理由に損害賠償請求訴訟が提起された場合，この健康・福祉確保措置の不履行は，使用者の健康面に対する配慮義務違反を基礎づける事情として斟酌されることになると思われます。この点，高プロ指針案は，対象労働者について，使用者が対象業務に従事する時間に関する具体的な指示を行わないこととされているからといって，当該対象労働者について，「労働契約法第5条の規定に基づく安全配慮義務を免れるものではない」としています（高プロ指針案・第3の6(1)ロ）。もっとも，労契法5条は，立法の過程において，判例が直接に認めている安全配慮義務の内容は労働者の安全面に対する配慮義務のみであり，健康面に対する配慮義務は安全配慮義務の内容に含まれないという指摘を受け，条文の見出しが「安全配慮義務」から「労働者の安全への配慮」に変更されています。そのため，高プロ指針案の「労働契約法第5条の規定に基づく安全配慮義務」という表現は適切ではないと筆者は考えます[19]。

7　同意の撤回（7号）

【改正】労基法第41条の2第1項　新設
⑦　対象労働者のこの項の規定による同意の撤回に関する手続

　高度プロフェッショナル制度を実施するためには，対象労働者の書面等による同意が必要です（改正労基法第41条の2第1項本文）。同意をした場合でも，対象労働者は，後日，当該同意を撤回することができます[20]。7号では，この同意の撤回に関する手続を労使委員会の決議で明らかにす

---

[18]　平成30年11月14日付け労働政策審議会・労働条件分科会配布資料参照。
[19]　そのため，本書では，「安全配慮義務」という語句を用いず，「労働者の健康に関する配慮義務」と表現します。

るよう規定しています。

　同意の撤回に関する手続について，具体的には次の点を定めることとされています（高プロ指針案・第3の7(1)）。

- 撤回の申出先となる部署および担当者，撤回の申出の方法等その具体的内容を決議に明らかにすること
- 同意の撤回を申し出た労働者については，その時点から高度プロフェッショナル制度の法律上の効果は生じないこと
- 同意を撤回した者に対する不利益取扱いを禁止すること

　また，同意を撤回した場合における配置および処遇またはその決定方法について，あらかじめ決議で定めておくことが望ましいとされています[21]。

8　苦情処理措置（8号）

【改正】労基法第41条の2第1項　新設
⑧　対象業務に従事する対象労働者からの苦情の処理に関する措置を当該決議で定めるところにより使用者が講ずること。

(1)　苦情処理措置の具体的内容

　改正労基法41条の2第1項8号は，対象労働者からの苦情処理措置の具体的内容を労使委員会の決議で定めた上で，使用者が当該措置を実施するよう定めています。

　苦情処理措置の具体的内容については，高プロ指針案・第3の8(1)において

20　同意の撤回は，第196回国会審議（衆議院）において追加されたものです。
21　さらに，当該撤回の配置および処遇またはその決定方法については，使用者が意図的に制度の要件を満たさなかった場合には適用されないよう定めることが適当であるとされています（高プロ指針案）。これは，使用者が高度プロフェッショナル制度に仮託して，意図的に当該労働者にとって不利益な配置や処遇等を行うことを防止する趣旨であると解されます。

- 苦情の申出先となる部署および担当者
- 取り扱う苦情の範囲
- 処理の手順，方法等

が挙げられています。

「苦情の申出先となる部署および担当者」を定めるにあたっては，使用者や人事担当者以外の者を申出先となる担当者とするなどの工夫により，対象労働者が苦情を申し出やすい仕組みとすることが適当であるとされています（高プロ指針案・第3の8(2)イ）。

「取り扱う苦情の範囲」については，高度プロフェッショナル制度の実施に関する苦情のみならず，対象労働者に適用される評価制度や賃金制度など同制度に付随する事項に関する苦情も含むものとすることが適当であるとされています（高プロ指針案・第3の8(2)ロ）。

(2) 既設置の苦情処理制度の利用

苦情処理措置は，労使委員会の決議によって，当該措置を新たに設置することのほか，対象事業場で既設置の苦情処理制度を利用する方法もとり得ます。

労使委員会において既設置の苦情処理制度を利用する旨決議された場合には，使用者は，対象労働者にその旨を周知するとともに，実施されている苦情処理制度が高度プロフェッショナル制度についても機能するよう配慮することが求められます（高プロ指針案・第3の8(2)ハ）。

(3) 苦情処理措置を講じていない場合の法効果

6号の健康・福祉確保措置と同様，41条の2第1項但書が，8号の苦情処理措置の実施を高度プロフェッショナル制度の効力要件から除外しています。したがって，苦情処理措置の未実施についても，行政指導の対象となるにとどまり，高度プロフェッショナル制度の効果（民事的効力）まで否定されるものではないと解されます。

9　不利益取扱いの禁止（9号）

> 【改正】労基法第41条の2第1項　新設
> ⑨　使用者は，この項の規定による同意をしなかった対象労働者に対して解雇その他不利益な取扱いをしてはならないこと。

　改正労基法第41条の2第1項9号は，高度プロフェッショナル制度（適用される旨，賃金額，対象期間）について本人同意（後記第4節2参照）しなかった労働者に対して解雇その他不利益な取扱いをしてはならないことを定めています[22]。さらに，高プロ指針案では，配置および処遇について，本人同意をしなかった労働者をそのことを理由として不利益に取り扱ってはならないとされています（高プロ指針案・第3の9）。

10　その他厚生労働省令で定める事項（10号）

　改正労基法41条の2第1項10号を受けて，労基則34条の2第15項（要綱第一の九（一）～（四））および高プロ指針案は，次の事項を労使委員会による決議事項と定めています。

> ①　決議の有効期間の定め及び当該決議は自動更新しないこと（改正労基則［要綱第一の九（一）］）
> ・決議の有効期間は1年とすることが望ましい（高プロ指針案・第3の10(2)イ）

22　同意を撤回した労働者に対する不利益取扱いの禁止については高プロ指針案に記述があります（高プロ指針案・第3の7(1)ロ）。

② 労使委員会の開催頻度および開催時期（改正労基則［要綱第一の九（二）］）
- 労使委員会の開催頻度および開催時期は，少なくとも6か月に1回，定期報告を行う時期に開催するとすることが必要である（高プロ指針案・第3の10(2)ロ）
- 決議を行った後に当該決議の内容に関連して生じた当該決議の時点では予見し得なかった事情の変化に対応するため，委員の半数以上から決議の変更等のための労使委員会の開催の申出があった場合は，決議の有効期間の中途であっても決議の変更等のための調査審議を行うものとすることを決議において定めることが適当である（高プロ指針案・第3の10(2)ロ）

③ 50人未満の事業場である場合には，労働者の健康管理等を行うのに必要な知識を有する医師を選任すること（改正労基則［要綱第一の九（三）］）

④ 労働者の同意およびその撤回，合意した職務の内容，支払われると見込まれる賃金の額，健康管理時間の状況，休日確保措置の実施状況，選択的措置として講じた措置，健康・福祉確保措置として講じた措置，苦情処理に関して講じた措置，③の選任の記録を決議の有効期間中および有効期間終了後3年間保存すること（改正労基則［要綱第一の九（四）］）

11　その他1項の決議に関する事項

　高プロ指針案は，改正労基法41条の2第1項の決議について，1号～10号における事項のほか，次の事項を定めています（高プロ指針案・第3の11）。
- 決議にあたっては，委員が対象労働者の評価制度および賃金制度の内容を十分に理解した上で実施することが重要であること
- 決議に先立ち，使用者は，評価制度および賃金制度について，労使委員会に対し十分な説明をすることが適当であること

- 委員は，使用者が評価制度や賃金制度を変更しようとする場合，労使委員会に対し事前に変更内容の説明をすることを労使委員会において決議することが適当であること

第4節　決議の届出と労働者の同意

> 【改正】労基法第41条の2　新設
> 1　〔略〕（労使）委員会がその委員の5分の4以上の多数による議決により次に掲げる事項に関する決議をし，かつ，使用者が，厚生労働省令で定めるところにより当該決議を行政官庁に届け出た場合において，第2号に掲げる労働者の範囲に属する労働者（以下この項において「対象労働者」という。）であって書面その他の厚生労働省令で定める方法によりその同意を得たものを当該事業場における第1号に掲げる業務に就かせたときは，この章で定める労働時間，休憩，休日及び深夜の割増賃金に関する規定は，対象労働者については適用しない。ただし，第3号から第5号までに規定する措置のいずれかを使用者が講じていない場合は，この限りでない。

1　決議の届出（1項本文）

　使用者は，所定の様式により，労使委員会の決議を労基署に届け出なければなりません（1項本文，改正労基則［要綱第一の一］）。この決議の届出は，高度プロフェッショナル制度の導入要件とされており，当該届出を欠いた場合には同制度の効果は生じません。

　この届出は，様式14号の2によりするものとされています（要綱第一の一）。平成31年2月時点では同様式の具体的内容は明らかにされていませんが，おそらく，同様式には，法定の決議事項について記入する欄を設けるほか「本人の同意を得る方法」，「対象業務ごとに支払われると見込まれる賃金の最低額」を記入する欄が設けられると思われます。また，労使

委員会について，過半数代表者が適正に選出されていない場合や労側委員に監督または管理の地位にある者が指名されている場合，その決議は無効となることが留意事項として付記されることが予想されます。

2　対象労働者の書面等による同意（1項本文）

(1)　同意の取得方法

使用者は，書面または電磁的方法により，対象労働者の同意（以下「本人同意」といいます）を得なければなりません（1項本文，改正労基則［要綱第一の二］）。

本人同意に関する書面については，以下の内容を明らかにした上で，対象労働者が当該書面に署名する方法[23]で同意を得ることとされています（改正労基則［要綱第一の二］）。

①　高度プロフェッショナル制度が適用される旨
②　同意の対象となる期間
③　支払われると見込まれる賃金の額

(2)　本人同意に係る手続

高プロ指針案において，使用者は，本人同意を得るにあたってその時期，方法等の手続を，あらかじめ具体的に明らかにすることが適当であり，委員は，本人同意を得るにあたっての手続を決議に含めることが適当であるとされています（高プロ指針案・第2の1）。

本人同意については真意に基づく同意を得る必要があります。そのため，使用者は，労働者本人に対し，意思決定の前提となる必要な情報提供を行うことが求められます。具体的には，次の事項を書面で明示することが適

23　対象労働者が希望した場合には，署名した書面をPDFで読み込んで電子メールで送付することも可能であるとされています（改正労基則［要綱第一の二］）。

当であるとされています（高プロ指針案・第2の2)。
① 高度プロフェッショナル制度の概要
② 当該事業場における決議の内容
③ 本人同意をした場合に適用される評価制度およびこれに対応する賃金制度
④ 本人同意をしなかった場合の配置および処遇並びに本人同意しなかったことに対する不利益取扱いは行ってはならないものであること
⑤ 本人同意の撤回ができることおよび本人同意の撤回に対する不利益取扱いは行ってはならないものであること

なお，③に関連するものとして，使用者は，労働者を高度プロフェッショナル制度の対象とすることで，その賃金の額が対象となる前の賃金の額から減ることにならないようにすることが必要であるとされています（高プロ指針案・第2の5)。

本人同意の対象となる期間は，1年未満の有期労働契約を締結している場合には当該契約期間，無期労働契約または1年以上の有期労働契約を締結している場合には長くとも1年間とし，当該期間終了ごとに，必要に応じ評価制度や賃金制度等の見直しを行った上で，改めて本人同意を得ることが適当であるとされています（高プロ指針案・第2の3)。あくまで「適当である」とされているにとどまることから，1年以内ごとに本人同意を得なかったとしても，このことをもって直ちに高度プロフェッショナル制度の効果が否定されるわけではありません。1年以内ごとに本人同意を得ない場合には，労働行政による助言等がなされることが想定されています。本人同意の対象となる期間を1か月未満とすることは，労働者が対象業務に従事する時間に関する裁量を発揮しがたいこととなるため認められないとされています（高プロ指針案・第2の4)。

また，使用者から一方的に本人同意を解除することはできないとされています[24]（高プロ指針案・第2の6)。

24 「本人同意を解除する」という表現は一般的ではありませんが,おそらく「本人同意がなかったものとして扱う」という意味だと思われます。このような扱いができないため,前節で述べた同制度の適用除外(それに備えた就業規則の規定)は重要といえます。

第5節　制度導入後の対応

1　実施状況の報告（2項）

> 【改正】労基法第41条の2　新設
> 2　前項の規定による届出をした使用者は，厚生労働省令で定めるところにより，同項第4号から第6号までに規定する措置の実施状況を行政官庁に報告しなければならない。

使用者は，労使委員会による決議が行われた日から起算して6か月以内ごとに，所定の様式により，健康管理時間の状況，休日の確保（1項4号），選択的措置（5号），健康・福祉確保措置（6号）の実施状況を労基署に報告しなければなりません（2項，改正労基則［要綱第一の十］）。

実施状況の報告に係る様式14号の3の内容も平成31年2月時点では明らかではありませんが，おそらく報告の対象期間における「同意した者の数」，「同意を撤回した者の数」を記入する欄が設けられると思われます。

なお，当該実施状況の報告を怠っても罰則はありません。

2　医師による面接指導（労安衛法66条の8の4，66条の9）

高度プロフェッショナル適用労働者については，一定の場合，改正労安衛法により面接指導義務が課されます。この点は，第8章第3節4で解説しますので，詳細はそちらを参照してください。

第6節 高度プロフェッショナル制度導入の留意点

　高度プロフェッショナル制度は，長時間労働を助長する等の理由から，その創設の是非をめぐっては労使において少なからず意見の対立がありました。近時，長時間労働による健康問題が社会問題化し，長時間労働を是正すべく施策が検討・実施されている状況を踏まえ，参議院では，働き方改革関連法の決議に際し，「高度プロフェッショナル制度を導入する全ての事業場に対して，労働基準監督署は立入調査を行い，法の趣旨に基づき，適用可否をきめ細かく確認し，必要な監督を行う」旨の附帯決議が出されました。したがって，同制度の導入にあたっては，労基署から立入調査を受け，重点的な監督がなされる可能性が高いことを十分に踏まえた検討が必要です。

　こうした状況の下，安易に同制度を導入した結果，対象労働者について過労自殺や重大な健康問題が発生した場合には，大々的なマスコミ報道によって電通女性新入社員の過労自殺事件と同様の事態が発生する懸念があります。

　以上から，現時点で高度プロフェッショナル制度を導入することはリスクが高いといわざるを得ません。実際，同制度の導入を現時点で検討している企業は少数にとどまっています[25]。地域によっては，労働局が企業に対して高度プロフェッショナル制度の導入に関する確認を行い，制度の導入に前向きな企業に対しては，制度の導入に関して消極的な説明を行うところもあるとのことです。

25　共同通信が行った主要企業113社へのアンケート（平成30年9月29日付け）では，同制度の導入を検討する企業は12％の13社にとどまっています。

第6章 年次有給休暇の時季指定義務

<改正のポイント>
- ○ 年次有給休暇の付与日数が10日以上である労働者を対象として，使用者に年5日の時季指定義務が課される。
- ○ 労働者が自ら時季指定をして取得した日数分，計画年休制度により付与された日数分については，時季指定義務を負わない。
- ○ 特別休暇を所定年休と性質変更したうえで，これを指定義務に供する場合には，法定年休と同内容とすべき点に留意する必要がある。
- ○ 法令上は半日単位でも時季指定義務を履行することができると考えられるが，時間単位での履行はできない。

第1節　年次有給休暇の基本的骨格

　労基法39条は、使用者が労働者に対して毎年一定日数の有給休暇を付与しなければならないと定めています。労基法39条に基づいて労働者が毎年一定日数の有給休暇（年休）を取得する権利を「年休権」といいます。
　この年次有給休暇の基本的な骨格は、
　①　一定の勤続年数と一定の出勤日数に対する報償である
　②　労働者の個人的権利である[1]
　③　一労働日単位で取得される
と整理できます[2]。

1　一定の勤続・勤務に対する報償

(1)　年次有給休暇の発生要件

　年次有給休暇は、①6か月間継続勤務し、②全労働日の8割以上出勤するという要件を満たしたときに発生します。最初の6か月以降は1年ごとに年次有給休暇が発生し、その付与日数は勤続年数に応じて増えていきます。
　このように、年次有給休暇は、一定の出勤年数と一定の出勤日数に対する「報償」という性格を持っています。

1　年休の時期の特定を労使の協議や使用者の決定に委ねず、労働者個人の権限とすること。
2　菅野和夫『労働法（第11版補正版）』529頁
3　労基法39条が労働者への報償である年次有給休暇の発生要件を全労働日の8割以上の出勤としている以上、1年間の出勤率が8割を超えているような場合は、出勤不良として普通解雇事由に該当すると主張するのは、改正後20年以上が経過した今日では難しいのではないかと思われます。

継続勤務の期間	6月	1年6月	2年6月	3年6月	4年6月	5年6月	6年6月以上
年次有給休暇の付与日数	10日	11日	12日	14日	16日	18日	20日

(2) 週休2日制への移行と勤務日数8割以上の要件

　年休権は，①6か月（以後1年ごと）の継続勤務，②全労働日の8割以上の出勤の要件を満たした場合に発生します。

　昭和63年改正以前は，1週の法定労働時間は48時間であり，1日の法定労働時間は8時間とされていました。このことから，年休権の上記要件は，週休1日制を想定した基準であったと考えられます。

　年次有給休暇を取得するために必要な年間出勤日数は，週休1日制を前提に，祝日・年末年始等を除いて概算すると，

　　（365日－52週×1日／週）×0.8 ≒ 251日

となります。年間の出勤日数に対する報償として年次有給休暇を与えるに相当する日数としては，これくらいの数字を想定していたと思われます。

　その後，徐々に労基法改正により週法定労働時間が減少し，平成9年4月1日からは週法定労働時間は40時間となり，実質的に週休2日制が導入され，その分年間の所定労働日数は減少する結果となりました（前述の251日は，週休2日を前提にすると，所定労働日数の9割6分に該当します）。本来であればこのタイミングで，②8割以上という出勤日数の要件も見直されるべきだったと考えますが，結局見直されることなく，8割以上という基準は残ったまま，週休2日制が導入されています[3]。

2　労働者の個人的権利

(1)　労働者による時季指定

　労基法39条5項本文は,「使用者は, 前各項の規定による有給休暇を労働者の請求する時季に与えなければならない」として, 年次有給休暇について, 労働者の請求する時季に与えなければならないものとしています。これは, 年休の時期の特定（時季指定権）を, 労使の協議や使用者の決定に委ねず, 労働者の個人の権限（個人的権利）として規定したものといえます。

　これに対する例外が, ①使用者の時季変更権, ②計画年休制度, そして今回の改正で新設された③使用者の時季指定義務です。

(2)　時季変更権・計画年休制度

　例外の1つ目が, ①使用者の時季変更権です。

　労働者が請求した時季に年休を与えることが「事業の正常な運営を妨げる場合」には, 使用者の時季変更権が認められます（労基法39条5項但書）。時季変更権が行使されると, 労働者による年休の時季指定（年休の時期の特定）の効果は阻止されます。

　例外の2つ目が, ②労使協定による計画年休制度です。

　計画年休制度は, 過半数労働組合（それがない場合は労働者の過半数代表者）との労使協定により, 休暇を与える時季を定めれば, その定めに従って年次有給休暇を付与できる制度です（労基法39条6項）。計画年休の対象になるのは5日を超える日数分であり, 5日分については労働者の完全な個人的使用のために留保されています。

　この制度は, 昭和62年改正により, 事業場の操業時間を維持しながら個人の労働時間を短縮することを実現する目的で導入されたものです。

(3) 平成30年改正によるさらなる例外

　第2節で解説しますが，今回の改正により，③使用者に5日間の有給休暇を時季指定する義務が課されます（時季指定義務）。使用者が時季指定を行うというのは，「時季指定（年休の時期の指定）は労働者個人の権限である」という根本的な考え方を変えるものです。

　計画年休制度では労使協定の定めが要件とされていますが，使用者の時季指定義務においては，労使協定の定めは必要なく，使用者の側から時季指定を行うという仕組みになっています。

　半ば強制的に労働者に休暇を取らせてでも，労働者の健康を確保しなければならないという国の強い意思が感じられます。

　休暇を取得すれば，疲労回復につながる上，労働時間数も減少します。この点で，労基法39条は健康確保措置としての機能を持つといえます。今回の改正は，使用者に時季指定義務を課し，休暇の取得率を高めることで，労基法39条の持つ機能をより高めようとするものであるといえます。

3　一労働日単位の取得

(1) 1日単位の取得の原則

　年休の取得は，原則として「労働日」ごと，つまり1日単位（暦日計算。0時〜24時）です。そのため，休暇を取得する前日から0時を超えて深夜労働させた場合，休暇取得日に0時〜24時の休暇を付与できていないため，労基法違反になります。

(2) 半日単位年休

　1日単位の例外として，通達[4]により，使用者が労働者の請求に対して任意に応じて半日単位の付与を行うことが認められています。これは，労

4　昭63.3.14基発150号，平7.7.25基監33号。

働者の権利としてではなく，使用者が半日単位の休暇付与を行うことを許すというものです。

労基法上「1日」とは0時〜24時の暦日を意味するため，半日についても暦日基準で考えるべきであり，本来半日とは，0時〜正午と正午〜24時を指すものといえます。もっとも，実務上は，午前半休と午後半休の就労時間のバランスを取るため，必ずしも「正午」を基準としていない例も見られ，行政も特段厳格に指導をしている状況ではありません。

(3) 時間単位年休

平成20年改正（平成22年4月1日施行）により，労使協定の定めにより時間単位での年休付与が認められるようになりました（労基法39条4項）。時間単位での付与ができるのは年5日の範囲とされています。厚労省の「平成29年就労条件総合調査」によれば，時間単位の年休を実施している企業の割合は18.7％となっています。

◆年休等の種類

種類	内容	労使協定の締結
計画年休	計画的に取得日を定めて年次有給休暇を与えることが可能です。ただし，労働者が自ら請求・取得できる年次有給休暇を最低5日残す必要があります。	必要
半日単位年休	年次有給休暇は1日単位で取得することが原則ですが，労働者が半日単位での取得を希望して時季を指定し，使用者が同意した場合であれば，1日単位取得の阻害とならない範囲で，半日単位で年次有給休暇を与えることが可能です。	―
時間単位年休	年次有給休暇は1日単位で取得することが原則ですが，労働者が時間単位での取得を請求した場合には，年に5日を限度として，時間単位で年時有給休暇を与えることが可能です。	必要
特別休暇	年次有給休暇に加え，休暇の目的や取得形態を任意で設定できる会社独自の特別な休暇制度を設けることも可能です。	―

［出典］ 厚労省「年5日の年次有給休暇の確実な取得 わかりやすい解説」

(4) 各年休と時季指定義務

　時間単位年休や特別休暇は，原則として，第2節で説明する「時季指定義務」（改正労基法39条7項）の対象とはなりません。例外として，年次有給休暇の上乗せの趣旨で付与される所定の年次有給休暇については，時季指定義務の対象になると解されています。また，3で後述するとおり，特別休暇を所定の年次有給休暇に性質変更することによって，時季指定義務に対応することは考えられます。

　他方，半日単位年休は，時季指定義務の対象としても差し支えないとされています。半日単位年休を取得した場合，半日の年次休暇の日数は0.5日として取り扱われます[5]。なお，前述のとおり，半日の基準を「正午」以外としていても，労働行政も特に指導をしていないことから，事実上その設定は会社の裁量に委ねられているといえます。「半日」の設定の仕方によっては時間単位年休と類似することもあり得ます。

　なお，第3節1で述べますが，厚労省は，使用者が時季指定をする場合に，半日単位年休とすることについて，労働者からの希望があった場合には差し支えない，としています[6]。しかし，年次有給休暇は，労働者の時季指定により決まるのが原則であるところ，使用者の時季指定義務の履行の場合には，労働者の意思を尊重する努力義務があるだけで，基本的に会社が決めることができます。この点については，1日単位であっても，半日単位であっても，違いはないはずです。半日単位年休を労働者からの指定の場合に限るような記載をしているのは厚労省のパンフレットだけであって，法令上はそのような限定はありません。したがって，同パンフレットの記載は誤りであると考えます[7]。

---

[5]　平30.12.28 基発1228第15号・第3問3
[6]　厚労省「年5日の年次有給休暇の確実な取得　わかりやすい解説」20頁 Q3
[7]　この点を東京労働局に対し確認したところ，「原則が1日単位である以上，半日単位の指定は労働者側の希望がなければ望ましくない」との回答にとどまっています。なお，厚労省はあくまでも「希望があった場合に限る」との回答でした。

第2節　労基法39条7項・8項の改正

1　使用者の時季指定義務（39条7項）

> 【改正】労基法第39条　新設
> 7　使用者は，第1項から第3項までの規定による有給休暇（これらの規定により使用者が与えなければならない有給休暇の日数が10労働日以上である労働者に係るものに限る。以下この項及び次項において同じ。）の日数のうち5日については，基準日（継続勤務した期間を6箇月経過日から1年ごとに区分した各期間（最後に1年未満の期間を生じたときは，当該期間）の初日をいう。以下この項において同じ。）から1年以内の期間に，労働者ごとにその時季を定めることにより与えなければならない。ただし，第1項から第3項までの規定による有給休暇を当該有給休暇に係る基準日より前の日から与えることとしたときは，厚生労働省令で定めるところにより，労働者ごとにその時季を定めることにより与えなければならない。

(1)　内　容

　今回新設された改正労基法39条7項は，年休の法定付与日数が10日以上の労働者を対象として，使用者に年5日の時季指定を義務づける規定です（使用者の時季指定義務）。これにより，使用者は，法定付与日数が10日以上の労働者に対しては，最低でも年5日は年休を取得させなければなりません。使用者が年次有給休暇の時季を指定するだけでは足りず，実際に取得させることまで必要とされています。

　ただし，労働者が自ら時季指定した日数分と計画的付与がされた日数分

については，使用者は時季指定の義務から解放されます（改正労基法39条8項）。

(2) 趣　旨

時季指定義務を新設した趣旨は，長時間労働防止等のための年休の取得促進，より具体的には，年休の取得率が低い層の底上げにあります。

政府は，2020年までに年休の取得率を70％にするという目標を掲げていますが，日本の取得率は平成28年で49.4％であり，5割を下回る状況が10年以上続いています。加えて，いわゆる正社員の約16％が年次有給休暇を1日も取得していない状態にあるとされています。

今回の改正は，こうした現状を改善すべく，使用者に年5日の時季指定を義務づけることで最低でも年5日は休暇を取得できるようにし，取得率の低い層の底上げをすることによって，全体の取得率向上を図るものです。立法担当者は，この制度の適用の結果を機械的に計算すると，取得率は50％台半ば以上になるとの試算を明らかにしています[8]。

(3) 対象労働者（付与日数が年10日以上）

使用者が時季指定義務を負う対象となるのは，「労基法上の年次有給休暇の付与日数が10日以上である労働者」です。

これは，年休の比例付与を意識した要件といえます。労基法上，パートタイマーなど，所定労働日数が通常の労働者よりも少ない者については，

① 所定労働日数が週4日もしくは年216日を超える者，または週4日以下でも所定労働時間が30時間以上の者

　→　通常の労働者と同じ付与日数

② 所定労働日数が週4日以下もしくは年216日以下で，かつ，所定労働時間が30時間未満の者

8　平成27年2月6日第124回労働政策審議会労働条件分科会議事録。

→ その所定労働日数に応じた比例付与（下表）

とされています。

週所定労働日数	1年間の所定労働日数	雇入れの日から起算した継続勤務期間			
		6か月	1年6か月	2年6か月	3年6か月
4日	169日～216日	7日	8日	9日	10日
3日	121日～168日	5日	6日	6日	8日
2日	73日～120日	3日	4日	4日	5日
1日	48日～72日	1日	2日	2日	2日

週所定労働日数	1年間の所定労働日数	雇入れの日から起算した継続勤務期間		
		4年6か月	5年6か月	6年6か月
4日	169日～216日	12日	13日	15日
3日	121日～168日	9日	10日	11日
2日	73日～120日	6日	6日	7日
1日	48日～72日	3日	3日	3日

　使用者が時季指定義務を負うのは，付与日数10日以上の労働者です。なお，前年度から繰り越した有給休暇の日数は含まず，当年度に付与される法定の年次有給休暇の日数が10日以上である者が義務の対象となります[9]。そのため，上記表の比例付与対象者のうち，網掛け部分に該当する労働者（付与日数10日未満）については，時季指定の義務を負わないことになります。逆に，付与日数が10日以上であれば，パートタイマーや契約社員であっても年5日の時季指定義務が法律上生じます。

　網掛け部分に該当する労働者が時季指定義務の対象から外れたのは，所定労働日数・時間が短い者は長時間労働に陥る可能性が低いことに加え，パート・アルバイトの年休取得率は高い実態にあることが理由とされてい

9　厚労省「年5日の年次有給休暇の確実な取得 わかりやすい解説」20頁Q4

ます[10]。

(4) 基準日

年5日の起算点となる基準日は,「継続勤務した期間を6か月経過日から1年ごとに区分した各期間の初日」と定められています。これは,労基法39条2項の定める年休の付与日(継続勤務6か月,1年6か月,2年6か月…)と同じです。

ただし,実務上は,労基法の定める付与日より前倒しして年休の付与が行われる場合があり,改正労基法39条7項但書はこのような場合を想定した規定です。そして,改正労基法39条7項但書を受けた改正労基則24条の5は,この場合の処理について以下のとおり示しています。

【改正】労基則第24条の5 新設
1 使用者は,法第39条第7項ただし書の規定により同条第1項から第3項までの規定による10労働日以上の有給休暇を与えることとしたときは,当該有給休暇の日数のうち5日については,基準日(同条第7項の基準日をいう。以下この条において同じ。)より前の日であって,10労働日以上の有給休暇を与えることとした日(以下この条及び第24条の7において「第1基準日」という。)から1年以内の期間に,その時季を定めることにより与えなければならない。
2 〔後掲〕
3 第1項の期間又は前項の履行期間が経過した場合においては,その経過した日から1年ごとに区分した各期間(最後に1年未満の期間を生じたときは,当該期間)の初日を基準日とみなして法第39条第7項本文の規定を適用する。
4 〔後掲〕

---

10 独立行政法人労働政策研究・研修機構「年次有給休暇の取得に関する調査」(2011)によれば,年休取得率は,正社員平均51.6%,パート・アルバイト平均70.5%です。ただし,筆者としてはパート・アルバイトの年休取得率がここまで高いという実務感覚はありません。

改正労基則24条の5第1項は，法定の基準日（雇入れの日から6か月後）より前に10日以上の年次有給休暇を付与する場合に関する規定です。この場合には，使用者は，その年次有給休暇を付与した日から1年以内に5日の年次有給休暇を取得させなければなりません。

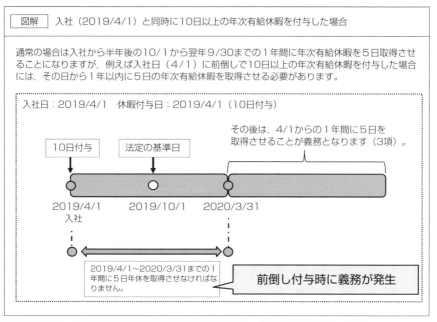

［出典］厚労省「年5日の年次有給休暇の確実な取得 わかりやすい解説」8頁

【改正】労基則第24条の5　新設
2　前項の規定にかかわらず，使用者が法第39条第1項から第3項までの規定による10労働日以上の有給休暇を基準日又は第1基準日に与えることとし，かつ，当該基準日又は第1基準日から1年以内の特定の日（以下この条及び第24条の7において「第2基準日」という。）に新たに10労働日以上の有給休暇を与えることとしたときは，履行期間（基準日又は第1基準日を始期として，第2基準日から1年を経過する日を終期とする期間をいう。以下この条において同じ。）の月数を12で除した数に5を乗じた日数について，当該履行期間中に，その時季を定めることに

より与えることができる。

　改正労基則24条の5第2項は，入社した年と翌年で年次有給休暇の付与日が異なるため，5日の指定義務がかかる1年間の期間に重複が生じる場合の規定です。全社的に起算日を合わせるために入社2年目以降の社員への付与日を統一する場合や雇用形態の切り替えにより基準日が従来よりも前倒しになる場合などが想定されています。

　期間に重複が生じた場合には，重複が生じるそれぞれの期間を通じた期間（前の期間の始期から後の期間の終期までの期間）の長さに応じた日数（比例按分した日数）を当該期間に取得させることも認められます[11]。

---

[11] この通算期間に端数（たとえば通算期間が「17か月と10日」であるときの「10日」）が生じた場合の扱いについては，章末の解釈通達（平30.12.28基発1228第15号・第3問9）を参照してください。

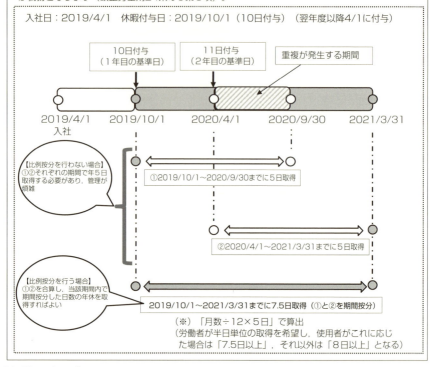

[出典] 厚労省「年5日の年次有給休暇の確実な取得 わかりやすい解説」9頁を一部修正

【改正】労基則第24条の5　新設

4　使用者が法第39条第1項から第3項までの規定による有給休暇のうち10労働日未満の日数について基準日以前の日（以下この項において「特定日」という。）に与えることとした場合において，特定日が複数あるときは，当該10労働日未満の日数が合わせて10労働日以上になる日までの間の特定日のうち最も遅い日を第1基準日とみなして前3項の規定を適用する。この場合において，第1基準日とみなされた日より前に，同

> 条第5項又は第6項の規定により与えた有給休暇の日数分については，時季を定めることにより与えることを要しない。

　改正労基則24条の5第4項は，10日のうち一部を法定の基準日より前倒しで付与した場合の規定です。この場合には，付与日数の合計が10日に達した日から1年以内に5日の年次有給休暇を取得させなければなりません。なお，付与日数の合計が10日に達した日以前に，一部前倒しで付与した年次有給休暇について労働者が自ら請求・取得していた場合には，その取得した日数分を5日から控除することになります。

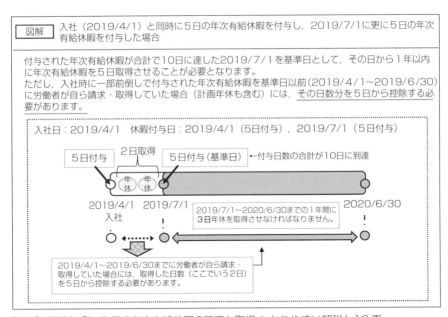

[出典] 厚労省「年5日の年次有給休暇の確実な取得　わかりやすい解説」10頁

　なお，年休の時季指定義務の施行日は平成31年4月1日ですが，次のとおり，働き方改革関連法附則4条に，基準日（前倒し付与の場合はその場合の基準日）が4月1日以外の場合について，施行後の最初の基準日の前日までは，改正法を適用しないとする経過措置が定められています。た

とえば，毎年10月1日に付与を行っている場合，その前日である2019年9月30日までは年休指定義務は生じません。

> **働き方改革関連法附則第4条　新設**
> この法律の施行の際4月1日以外の日が基準日（継続勤務した期間を労働基準法第39条第2項に規定する6箇月経過日から1年ごとに区分した各期間（最後に1年未満の期間を生じたときは，当該期間をいう。以下この条において同じ。）の初日をいい，同法39条第1項から第3項までの規定による有給休暇を当該有給休暇に係る当該各期間の初日より前の日から与えることとした場合はその日をいう。以下この条において同じ。）である労働者に係る有給休暇については，この法律の施行の日後の最初の基準日の前日までの間は，新労基法第39条第7項の規定にかかわらず，なお従前の例による。

(5) 就業規則への規定

休暇に関する事項は就業規則の絶対的記載事項とされています（労基法89条1号）。そのため，使用者が年次有給休暇の時季指定を行う場合は，時季指定の対象となる労働者の範囲および時季指定の方法等について，就業規則に規定しなければなりません[12]。規定例としては，次のようなものが考えられます。

> **〈就業規則例〉**
> 年次有給休暇が与えられた労働者に対しては，付与日から1年以内に，当該労働者の有する年次有給休暇日数のうち5日について，会社が労働者の意見を聴取した上で，あらかじめ時季を指定して取得させることがある。ただし，労働者が年次有給休暇を取得した場合においては，当該取得した日数分を5日から控除するものとする。

---

[12] 平30.12.28 基発1228 第15号・第3問14

この点，厚労省が掲げる就業規則例では，「当該労働者の有する年次有給休暇日数のうち5日について，会社が労働者の意見を聴取し，その意見を尊重した上で，あらかじめ時季を指定して取得させる」（下線は筆者）とされています。

しかし，労働者の意見を尊重することは努力義務とされており，労働者の意見のとおりに時季を指定することは法的に義務づけられていません（改正労基則24条の6第2項）。それにもかかわらず，労働者の意見を尊重する旨を就業規則に規定し労働契約の内容とすることは，労働者の意見を尊重する旨の労働契約上の義務を使用者に課すことにほかなりません。使用者による当該時季指定は労働者の意見を尊重する義務に違反しているなどとして，後日労働者から時季指定の有効性を争われるリスクを避けるためにも，このような文言は除外しておくのが無難といえます。

(6) 違反時の効果

改正労基法39条7項の時季指定義務に違反した場合および上記(5)の労基法89条の義務に違反した場合については，30万円以下の罰金が科されます（120条1号）。ただし，時季指定義務の違反については，厚労省は，原則として，その是正に向けて丁寧に指導し，改善を図る方針を掲げています[13]。

---

13 厚労省「年5日の年次有給休暇の確実な取得 わかりやすい解説」21頁Q9

2　労働者の時季指定，計画的付与は除外（39条8項）

> 【改正】労基法第39条　新設
> 8　前項の規定にかかわらず，第5項又は第6項の規定により第1項から第3項までの規定による有給休暇を与えた場合においては，当該与えた有給休暇の日数（当該日数が5日を超える場合には，5日とする。）分については，時季を定めることにより与えることを要しない。

①労働者自身が時季指定をして取得した日数分，および②計画年休制度により付与された日数分については，使用者は時季指定義務から解放されます。具体的には次のとおりです。

事　例	時季指定義務
労働者の時季指定5日	なし
計画年休で5日付与	なし
労働者の時季指定3日	2日分の時季指定義務
労働者の時季指定2日＋計画年休で3日付与	なし
労働者の時季指定2日＋計画年休で2日付与	1日分の時季指定義務

①と②が除外されるのは，今回の改正は年休取得率が低い層の底上げが目的であり，労働者自らの時季指定や計画的付与によって休暇を取得できている日数分については使用者に時季指定義務を課す必要がないからです。

3 年次有給休暇の時季指定義務への対応手法

　改正労基法39条7項の時季指定義務の新設は、大企業に比べて年休取得率が低い傾向にあり、時季指定義務に対応する人的資源に乏しい中小企業にとっては特に重い負担となります。この時季指定義務における負担を可能な限り軽減する方法として以下では2つの方法を説明します。

(1) 会社独自の特別休暇の一部を年次有給休暇に変更する方法

　第1に、会社独自の特別休暇（毎年時季が指定された夏季休暇等）がある場合、この特別休暇を年次有給休暇に性質変更した上で、時季指定する（または計画年休の対象とする）方法が考えられます。

　特別休暇は、取得可能な時季に限定が付されていたり、結婚や親族の死亡が取得要件となっているなど、法定の年次有給休暇と性質が異なっているため、時季指定の対象とするためには、法定の年次有給休暇に性質変更する手続が必要となります。ただし、労基法115条の時効が経過した後においても、取得の事由や時季を限定せず、法定の年次有給休暇日数を引き続き取得可能としている場合のように、法定の年次有給休暇日数を上乗せするものとして付与されるものについては、性質変更の手続を経ることなく、時季指定の対象とすることが可能とされています[14]。

　この点、厚労省は、「特別休暇について、今回の改正を契機に廃止し、年次有給休暇に振り替えることは法改正の趣旨に沿わないものであるとともに、労働者と合意することなく就業規則を変更することにより特別休暇を年次有給休暇に振り替えた後の要件・効果が労働者にとって不利益と認められる場合は、就業規則の不利益変更法理に照らして合理的なものである必要」があるとして、この方法に懸念を示しています[15]。

14　厚労省「年5日の年次有給休暇の確実な取得 わかりやすい解説」21頁 Q6

この厚労省の懸念に対する対応としては、特別休暇を年次有給休暇に性質変更するにあたり、法定の年次有給休暇に日数を上乗せする趣旨、つまり所定の年次有給休暇として組み込む性質変更であるとすることが考えられます。

ただし、所定年休の場合は、あくまで労働契約によってその内容が決せられるので、同契約で許可制とされていれば許可制になりますが、これでは特別休暇からの性質変更が不利益変更といわれる余地が大きくなります。

筆者としては、この組み込んだ所定年休について、就業規則にて法定年休と同性質であると規定しておくべきと考えます。これにより、法定年休と同レベルの取得容易性が担保されることになります。そうすれば、前述のように特別休暇は取得要件があり必ずしも取得できるものではないことも考えると、所定年休への組み込みの不利益性は事実上認められなくなると考えられます。

(2) 所定休日の一部を労働日にして年次有給休暇を計画的に取得させる方法

第2に、所定休日（法定外休日）の一部を労働日（労務提供義務がある日）に変更した上で、変更した労働日を年次有給休暇として時季指定する方法があります。年次有給休暇の対象となるのは、その日に労務提供義務があることが前提となります。そのため、労務提供義務を負わない所定休日については、いったん労務提供義務のある労働日に変更し、年休取得が可能である状態にする必要があります。この方法による場合、1週40時間を超える所定労働時間を設定することは労基法32条違反になることから、1週の所定労働時間を40時間におさめるため、祝日のある週の所定休日の1日を労働日に変更することになります。もちろん、変更するのは指定義

---

15 もっとも、年次有給休暇が実質的に消化されていない現状からすれば、トラブルになる可能性は低いと思われます。

務のある5日分ということになります。

　ただし，厚労省は，この方法について，「実質的に年次有給休暇の取得の促進につながっておらず，望ましくない」ものと捉えています[16]。また，所定休日を労働日に変更するため，労働条件の不利益変更に該当するという問題があります。このため，同変更が有効とされるには，本人の真意による同意または労契法10条の変更の合意性が必要になるというハードルがあります。

　しかし，大企業はともかく，中小企業では十分な有給休暇が消化されていないため，実質的な不利益は少なく，実務ではトラブルになる可能性はそれほど高くないと思われます。

　ただし，不利益性を軽減する措置として，割増賃金のための時間単価が変更後に減額しないよう割増賃金の算式を組み直すという方法が考えられます。通常，割増賃金のための時間単価は，1か月当たりの基礎賃金÷（所定労働時間×年間所定労働日数÷12か月）の算式によって計算するため（労基則19条1項），所定休日が減少し，年間所定労働日数が増加すると時間単価が減少する点でも労働者に不利益があります。したがって，割増賃金の算式を，基礎賃金÷（所定労働時間×〔年間所定労働日数－5〕÷12か月）等に変更する対応が考えられます。

---

[16] 厚生労働省「年5日の年次有給休暇の確実な取得 わかりやすい解説」21頁Q7

第3節　改正に伴う実務上の問題

1　労働者の意見聴取など

(1)　労働者の意見聴取と意思の尊重

> 【改正】労基則第24条の6　新設
> 1　使用者は，法第39条第7項の規定により労働者に有給休暇を時季を定めることにより与えるに当たっては，あらかじめ，同項の規定により当該有給休暇を与えることを当該労働者に明らかにした上で，その時季について当該労働者の意見を聴かなければならない。
> 2　使用者は，前項の規定により聴取した意見を尊重するよう努めなければならない。

　使用者は，時季指定にあたっては，労働者の意見を聴取しなければなりません（改正労基則24条の6第1項）。また，可能な限り労働者の希望に沿った取得時季になるよう，聴取した意見を尊重するよう努めなければなりません（同条2項）。労基法は，時季指定権や時季変更権について規定していますが，実務的には，年次有給休暇はこうした一方的な権利行使ではなく，互いの事情に配慮しながら話し合いで決めていくことが定着しており，改正労基則24条の6の新設は，この流れに沿ったものといえます。

　1項の意見聴取の方法については，面談や年次有給休暇計画表，メール，システムを利用した意見聴取等，任意の方法によるものとされています。意見聴取の内容としては，改正労基法39条7項の基準日から1年を経過する日までの間の適時に，労働者から年次有給休暇の取得を希望する時季

を申告させることが考えられます[17]。

2項の意見尊重の内容については、できる限り労働者の希望に沿った時季を指定するよう努めることが求められるものとされています[18]。意見聴取の際、労働者から半日単位での年次有給休暇の取得の希望があった場合には、半日（0.5日）単位で取得することとして差し支えないとされています[19]。この点については、第1節3(4)も参照してください。

使用者が時季指定した年次有給休暇について、労働者から取得日の変更の希望があった場合には、改正労基則24条の6に従い、再度意見を聴取し、できる限り労働者の希望に沿った時季とすることが望ましいとされています[20]。

なお、1項の意見聴取を怠ったとしても、このことのみをもって使用者の時季指定が無効となることはありません。意見聴取義務の違反については、労働行政による指導によって是正を促すことに留まるというのが厚労省の回答です。

(2) 年次有給休暇の事前調整

ア 長期有給休暇の事前調整（時事通信社事件）

わが国では、有給休暇は短期間で細切れに申請されることが多いのが実情です。しかしながら、1か月にわたるような長期の有給休暇が申請された場合については、短期取得とは別に考える必要があります。

この点に関する判例として、時事通信社事件（最判平 4.6.23 労判 613-6）があります。この事件は、1か月の間に24日間の有給休暇をとるという申請に対し、会社が前半12日は休暇として認めたものの、後半12日について時季変更権を行使した事案です。

---

[17] 平 30.12.28 基発 1228 第 15 号・第 3 問 10
[18] 平 30.12.28 基発 1228 第 15 号・第 3 問 10
[19] 厚労省「年5日の年次有給休暇の確実な取得 わかりやすい解説」20頁 Q3
[20] 厚労省「年5日の年次有給休暇の確実な取得 わかりやすい解説」22頁 Q16

最高裁は，有給休暇は「長期のものであればあるほど，使用者において代替勤務者を確保することの困難さが増大するなど事業の正常な運営に支障を来す蓋然性が高くなり，使用者の業務計画，他の労働者の休暇予定等との事前の調整を図る必要が生ずるのが通常である」としました。その上で，労働者が事前調整を経ることなく長期休暇を申請した場合，「使用者の時季変更権の行使については，右休暇が事業運営にどのような支障をもたらすか，右休暇の時期，期間につきどの程度の修正，変更を行うかに関し，使用者にある程度の裁量的判断の余地を認めざるを得ない」と判示しています。

この判示からいえるのは，長期にわたる年次有給休暇の取得については労使で話し合いをして事前調整をすべきである，ということです。そして，事前調整で話がつかなかったときには，事業運営にもたらす支障などを勘案して使用者が時季変更権を行使することが許されるといえます[21]。

イ　年休カレンダー方式（年次有給休暇取得計画表の作成）

昭和62年改正法から，計画年休制度，すなわち労使協定の定めに従って5日を超える分の有給休暇を付与する制度が導入されています（労基法39条6項）。

もっとも，実務的には，労使協定による計画年休制度ではなく，「年休

21　時事通信社事件の最高裁判決の直後，原告となっていた労働者は，使用者との事前調整を行うことなく再度約1か月間の年休を時季指定しました。これに対し，会社は再度時季変更権を行使しますが，当該労働者はそれを無視してその期間の勤務を行いませんでした。結果，会社は当該労働者を懲戒解雇処分にし，その効力が裁判所で争われましたが，裁判所は，当該労働者の行為は「被控訴人の労務管理及び人事政策に対しこれを否定する要素を含み重大な影響を及ぼしかねない大きな問題」として，懲戒解雇を有効と判断しました（東京高判平11.7.19労判765-19。上告棄却）。

先の事件は昭和55年に休暇申請をした事案でしたが，そこから十数年を経た時代状況のもとでは，長期の有給休暇もある程度社会に浸透しており，懲戒解雇には無理があるのではないかという見方もありました。それでも裁判所が懲戒解雇を有効としたのは，長期の有給休暇の申請にあたっては事前調整が必要であるという裁判所が設定したルールに反したからだと見ることができます。

カレンダー方式」と呼ばれる方法により年休日の調整がなされる事例が見られます。これは，使用者が1年ごと，あるいは半年（四半期別，月別）ごとに年休カレンダー（年次有給休暇取得計画表）に記入する形で有給休暇の取得希望日を労働者から聴取し，会社行事などがある場合や希望の重複により要員が不足する場合などは，使用者と該当者で事前調整を行い，各人の取得日を定めるという方式です。

今回の改正では，年休カレンダー方式（年次有給休暇計画表の作成）は，年5日の年次有給休暇の確実な取得のための方法の1つに位置づけられています[22]。

年休カレンダー（年次有給休暇取得計画表）を作成するタイミングとしては，労働者が年間を通じて計画的に年休を取得できるよう，まずは基準日に作成することが推奨されています。また，年間の予定は，時季が遅くなればなるほど当初の想定とは異なることもあるため，四半期別や月別の計画表を用意することで，予定変更や業務都合に対応した，より細やかな調整が可能となるとされています[23]。

この方式も有給休暇取得にあたっての事前調整の一形式であると理解することができます。

ウ 短期有給休暇の事前調整

判例によれば，「使用者としての通常の配慮をすれば，勤務割を変更して代替勤務者を配置することが客観的に可能な状況にあると認められるにもかかわらず，使用者がそのための配慮をしない」場合は，労基法39条5項但書に基づく時季変更権の行使は有効でないとされています[24]。このように，時季変更権の行使については，通常の配慮をすることで代替人員

---

22 厚労省「年5日の年次有給休暇の確実な取得 わかりやすい解説」12頁
23 厚労省「年5日の年次有給休暇の確実な取得 わかりやすい解説」12頁
24 弘前電報電話局事件＝最判昭 62.7.10 労判 499-19，電電公社関東電気通信局事件＝平元 .7.4 民集 43-7-767，JR東日本（高崎車掌区・年休）事件＝東京高判平 12.8.31 労判 795-28。

を配置可能かが判断基準とされています。

　ただし，上記の判例や裁判例は，いずれも公社等における交替制勤務を前提としており，非番者など十分な代替人員が存在する事案であることに留意が必要です。恒常的な人員不足にあり，十分な代替人員が存在しない多くの民間企業については，同じ基準で時季変更権行使の正当性を判断するのが困難な場合もあるといえます[25]。

　そこで，実務的には，年次有給休暇の時季変更権が行使される場合について，組織内のルールを作ることが重要になります。ルール設定の際には，会社の業務上の必要性などを説明し，従業員の意向も聴いて，業務上の必要性と従業員の私生活とのバランスを考慮します。このようにして当該組織内の事情に応じたルールを作れば，従業員側の予測可能性も高まり，実際に時季変更権を行使してもトラブルになることは少なくなると思われます。

　年次有給休暇の本質は，純粋な法的問題というより，法律上は権利として保障されているものの職場に迷惑が掛かるとして気持ちよく取得を申請できないという実情[26]を踏まえ，職場内でどう調整するかにあるといえます。

エ　まとめ

　年次有給休暇の取得について一番大事なのは，労使間の事前調整です。

　今回の改正は，使用者に年次有給休暇の時季指定を行わせるものですが，事前調整が大事であるという本質は変わらず，このことは，労働者の意見聴取などを定める改正労基則24条の6の規定からも読みとることができ

---

[25] 西日本ジェイアールバス事件（名古屋高裁金沢支判平10.3.16労判738-32）において，裁判所は，恒常的な人員不足の結果，代替要員の確保が困難であるとしても，そのことによって時季変更権の行使を正当化するものではないとしています。

[26] 厚労省「労働時間等の設定の改善の促進を通じた仕事と生活の調和に関する意識調査」（平成24年）によれば，年次有給休暇取得にためらいを感じる理由は，「みんなに迷惑がかかる」（71.6％）がトップに挙がっています（複数回答可）。

ます。

2 年次有給休暇管理簿

(1) 年次有給休暇管理簿の作成とその保存

> 【改正】労基則第24条の7　新設
> 　使用者は、法第39条第5項から第7項までの規定により有給休暇を与えたときは、時季、日数及び基準日（第1基準日及び第2基準日を含む。）を労働者ごとに明らかにした書類（第55条の2において「年次有給休暇管理簿」という。）を作成し、当該有給休暇を与えた期間中及び当該期間の満了後3年間保存しなければならない。

　改正労基則24条の7は、使用者に時季、日数および基準日を労働者ごとに明らかにした書類（年次有給休暇管理簿）の作成を義務づけるとともに、これを3年間保存させることとしています。

　現行労基法では、年次有給休暇の取得日数および時間を賃金台帳に記入することとはされていませんでした[27]。今回の改正に伴い、使用者が年5日の時季指定義務を履行するために、各労働者の年次有給休暇の取得状況を把握することが重要になることを踏まえて導入されたものです。

　なお、年次有給休暇管理簿に記載すべき「日数」については、取得の方法にかかわらず、実際に労働者が年次有給休暇を取得した日数（半日単位で取得した回数および時間単位で取得した時間数を含む）を記載する必要があります[28]。

27　このため、通達（昭23.11.2基収3815号）は、年次有給休暇取得時には労働従事日数および労働時間数欄に括弧書きで付記するものとしていました。
28　平30.12.28基発1228第15号・第3問13

(2) 年次有給休暇管理簿の体裁

　年次有給休暇管理簿は，紙媒体のほか，電子機器を用いて磁気ディスク，磁気テープ，光ディスク等によって調製することも可能とされています。ただし，電子機器を用いた磁気ディスク，磁気テープ，光ディスク等による調整については，①改正労基則24条の7が規定する必要記載事項を具備した上で，各事業場ごとにそれぞれリーダープリンターを備え付ける等の措置を講じ，②労働基準監督官の臨検時等，賃金台帳の閲覧や提出等が必要とされる場合に，直ちに必要事項が明らかにされるとともに，写しを提供しうるシステムとなっていなければなりません[29]。

　また，年次有給休暇管理簿と労働者名簿（労基法107条）・賃金台帳（労基法108条）は，それぞれの必要記載事項を具備する限り，あわせて調製することが認められています（改正労基則55条の2）。

---

[29] 昭50.10.3基収652号，平7.3.10基収94号，平30.12.28基発1228第15号・第3問13

参考資料 225

> 参考資料

労基法解釈通達（平 30.12.28 基発 1228 第 15 号）〈抜粋〉

第 3　年 5 日以上の年次有給休暇の確実な取得（法第 39 条第 7 項及び第 8 項関係）

＜使用者による時季指定＞	
問 1	法第 39 条第 7 項に規定する使用者による時季指定は，いつ行うのか。
答 1	法第 39 条第 7 項に規定する使用者による時季指定は，必ずしも基準日からの 1 年間の期首に限られず，当該期間の途中に行うことも可能である。
＜使用者による時季指定の対象となる労働者＞	
問 2	法第 39 条第 7 項に規定する「有給休暇の日数が十労働日以上である労働者」には，同条第 3 項の比例付与の対象となる労働者であって，前年度繰越分の有給休暇と当年度付与分の有給休暇とを合算して初めて 10 労働日以上となる者も含まれるのか。
答 2	法第 39 条第 7 項の「有給休暇の日数が十労働日以上である労働者」は，基準日に付与される年次有給休暇の日数が 10 労働日以上である労働者を規定したものであり，同条第 3 項の比例付与の対象となる労働者であって，今年度の基準日に付与される年次有給休暇の日数が 10 労働日未満であるものについては，仮に，前年度繰越分の年次有給休暇も合算すれば 10 労働日以上となったとしても，「有給休暇の日数が十労働日以上である労働者」には含まれない。
＜半日単位・時間単位による時季指定の可否＞	
問 3	法第 39 条第 7 項の規定による時季指定を半日単位や時間単位で行うことはできるか。
答 3	則第 24 条の 6 第 1 項の規定により労働者の意見を聴いた際に半日単位の年次有給休暇の取得の希望があった場合においては，使用者が法第 39 条第 7 項の年次有給休暇の時季指定を半日単位で行うことは差し支えない。この場合において，半日の年次有給休暇の日数は 0.5 日として取り扱うこと。 　また，法第 39 条第 7 項の規定による時季指定を時間単位年休で行うことは認められない。
＜前年度から繰り越された年次有給休暇の取扱い＞	
問 4	前年度からの繰越分の年次有給休暇を取得した場合は，その日数分を法第 39 条第 7 項の規定により使用者が時季指定すべき 5 日の年次有給休暇から控除することができるか。
答 4	前年度からの繰越分の年次有給休暇を取得した場合は，その日数分を法第 39 条第 7 項の規定により使用者が時季指定すべき 5 日の年次有給休暇から控除することとなる。 　なお，法第 39 条第 7 項及び第 8 項は，労働者が実際に取得した年次有

給休暇が，前年度からの繰越分の年次有給休暇であるか当年度の基準日に付与された年次有給休暇であるかについては問わないものである。

＜事後における時季変更の可否＞

問5	労働基準法第39条第7項の規定により指定した時季を，使用者又は労働者が事後に変更することはできるか。
答5	法第39条第7項の規定により指定した時季について，使用者が則第24条の6に基づく意見聴取の手続を再度行い，その意見を尊重することによって変更することは可能である。 　また，使用者が指定した時季について，労働者が変更することはできないが，使用者が指定した後に労働者に変更の希望があれば，使用者は再度意見を聴取し，その意見を尊重することが望ましい。

＜義務の履行が不可能な場合＞

問6	基準日から1年間の期間（以下「付与期間」という。）の途中に育児休業が終了した労働者等についても，5日の年次有給休暇を確実に取得させなければならないか。
答6	付与期間の途中に育児休業から復帰した労働者等についても，法第39条第7項の規定により5日間の年次有給休暇を取得させなければならない。 　ただし，残りの期間における労働日が，使用者が時季指定すべき年次有給休暇の残日数より少なく，5日の年次有給休暇を取得させることが不可能な場合には，その限りではない。

＜年5日を超える時季指定の可否＞

問7	使用者は，5日を超える日数について法第39条第7項による時季指定を行うことができるか。
答7	労働者の個人的事由による取得のために労働者の指定した時季に与えられるものとして一定の日数を留保する観点から，法第39条第7項の規定による時季指定として5日を超える日数を指定することはできない。 　また，使用者が時季指定を行うよりも前に，労働者自ら請求し，又は計画的付与により具体的な年次有給休暇日が特定されている場合には，当該特定されている日数について使用者が時季指定することはできない（法第39条第8項）。

＜時季指定後に労働者が自ら年次有給休暇を取得した場合＞

問8	法第39条第7項の規定によりあらかじめ使用者が時季指定した年次有給休暇日が到来するより前に，労働者が自ら年次有給休暇を取得した場合は，当初使用者が時季指定した日に労働者が年次有給休暇を取得しなくても，法第39条第7項違反とはならないか。
答8	設問の場合は労働者が自ら年次有給休暇を5日取得しており，法第39条第7項違反とはならない。なお，この場合において，当初使用者が行った時季指定は，使用者と労働者との間において特段の取決めがない限り，当然に無効とはならない。

＜端数の取扱い＞

問9	則第24条の5第2項においては，基準日又は第一基準日を始期として，

	第二基準日から1年を経過する日を終期とする期間の月数を12で除した数に5を乗じた日数について時季指定する旨が規定されているが、この「月数」に端数が生じた場合の取扱い如何。また、同規定により算定した日数に1日未満の端数が生じた場合の取扱い如何。
答9	則第24条の5第2項を適用するに当たっての端数については原則として下記のとおり取り扱うこととするが、この方法によらず、月数について1箇月未満の端数をすべて1箇月に切り上げ、かつ、使用者が時季指定すべき日数について1日未満の端数をすべて1日に切り上げることでも差し支えない。 【端数処理の方法】 ① 基準日から翌月の応答日の前日までを1箇月と考え、月数及び端数となる日数を算出する。ただし、基準日の翌月に応答日がない場合は、翌月の末日をもって1箇月とする。 ② 当該端数となる日数を、最終月の暦日数で除し、上記①で算出した月数を加える。 ③ 上記②で算出した月数を12で除した数に5を乗じた日数について時季指定する。なお、当該日数に1日未満の端数が生じている場合は、これを1日に切り上げる。 (例) 第一基準日が10月22日、第二基準日が翌年4月1日の場合 ① 10月22日から11月21日までを1箇月とすると、翌々年3月31日までの月数及び端数は17箇月と10日(翌々年3月22日から3月31日まで)と算出される。 ② 上記①の端数10日について、最終月(翌々年3月22日から4月21日まで)の暦日数31日で除し、17箇月を加えると、17.32…箇月となる。 ③ 17.32…箇月を12で除し、5を乗じると、時季指定すべき年次有給休暇の日数は、7.21…日となり、労働者に意見聴取した結果、半日単位の取得を希望した場合には7.5日、希望しない場合には8日について時季指定を行う。

< 意見聴取の具体的な内容 >

問10	則第24条の6の意見聴取やその尊重の具体的な内容如何。
答10	則第24条の6第1項の意見聴取の内容としては、法第39条第7項の基準日から1年を経過する日までの間の適時に、労働者から年次有給休暇の取得を希望する時季を申告させることが考えられる。 　また、則第24条の6第2項の尊重の内容としては、できる限り労働者の希望に沿った時季を指定するよう努めることが求められるものである。

< 労働者自ら取得した半日年休・時間単位年休の取扱い >

問11	労働者自らが半日単位又は時間単位で取得した年次有給休暇の日数分については、法第39条第8項が適用されるか。
答11	労働者が半日単位で年次有給休暇を取得した日数分については、0.5日として法第39条第8項の「日数」に含まれ、当該日数分について使用者は時季指定を要しない。なお、労働者が時間単位で年次有給休暇を取得し

	た日数分については，法第39条第8項の「日数」には含まれない。
<事業場が独自に設けている特別休暇の取扱い>	
問12	事業場が独自に設けている法定の年次有給休暇と異なる特別休暇を労働者が取得した日数分については，法第39条第8項が適用されるか。
答12	法定の年次有給休暇とは別に設けられた特別休暇（たとえば，法第115条の時効が経過した後においても，取得の事由及び時季を限定せず，法定の年次有給休暇を引き続き取得可能としている場合のように，法定の年次有給休暇日数を上乗せするものとして付与されるものを除く。以下同じ。）を取得した日数分については，法第39条第8項の「日数」には含まれない。 　なお，法定の年次有給休暇とは別に設けられた特別休暇について，今回の改正を契機に廃止し，年次有給休暇に振り替えることは法改正の趣旨に沿わないものであるとともに，労働者と合意をすることなく就業規則を変更することにより特別休暇を年次有給休暇に振り替えた後の要件・効果が労働者にとって不利益と認められる場合は，就業規則の不利益変更法理に照らして合理的なものである必要がある。
<年次有給休暇管理簿の作成>	
問13	年次有給休暇管理簿に記載すべき「日数」とは何を記載すべきか。 　また，電子機器を用いて磁気ディスク，磁気テープ，光ディスク等により年次有給休暇管理簿を調整することはできるか。
答13	年次有給休暇管理簿に記載すべき「日数」としては，労働者が自ら請求し取得したもの，使用者が時季を指定し取得したもの又は計画的付与により取得したものにかかわらず，実際に労働者が年次有給休暇を取得した日数（半日単位で取得した回数及び時間単位で取得した時間数を含む。）を記載する必要がある。 　また，労働者名簿，賃金台帳と同様の要件を満たした上で，電子機器を用いて磁気ディスク，磁気テープ，光ディスク等により調整することは差し支えない。
<就業規則への記載>	
問14	法第39条第7項の規定による時季指定について，就業規則に記載する必要はあるか。
答14	休暇に関する事項は就業規則の絶対的必要記載事項であるため，使用者が法第39条第7項による時季指定を実施する場合は，時季指定の対象となる労働者の範囲及び時季指定の方法等について，就業規則に記載する必要がある。

第7章
電子的手法による労働条件明示

<改正のポイント>
○ 労働者が希望する場合には，労働条件明示の方法としてファクシミリや電子メールを用いることが認められた。

1 従来の労働条件明示の要請

> （労働条件の明示）
> 労基法第 15 条
> 1 　使用者は，労働契約の締結に際し，労働者に対して賃金，労働時間その他の労働条件を明示しなければならない。この場合において，賃金及び労働時間に関する事項その他の厚生労働省令で定める事項については，厚生労働省令で定める方法により明示しなければならない。
> 2 　前項の規定によって明示された労働条件が事実と相違する場合においては，労働者は，即時に労働契約を解除することができる。
> 3 　前項の場合，就業のために住居を変更した労働者が，契約解除の日から 14 日以内に帰郷する場合においては，使用者は，必要な旅費を負担しなければならない。

　労基法 15 条は，労働者が自身の労働条件を理解したうえで労働契約を締結できるようにするため，労働条件明示の方法について上記のとおり定めています。

　この条文自体は今回の法改正では変更されていませんが，同条の委任を受けた厚労省令が，以下のとおり改正されました。

2 新しい労働条件明示の方法

> （労働条件）
> 【改正】労基則第 5 条
> 1 　使用者が法第 15 条第 1 項前段の規定により労働者に対して明示しなければならない労働条件は，次に掲げるものとする。ただし，第 1 号の 2 に掲げる事項については期間の定めのある労働契約であって当該労働契約の期間の満了後に当該労働契約を更新する場合があるものの締結の場

合に限り，第4号の2から第11号までに掲げる事項については，使用者がこれらに関する定めをしない場合においては，この限りでない。
　1号～11号〔略〕
2　使用者は，法第15条第1項前段の規定により労働者に対して明示しなければならない労働条件を事実と異なるものとしてはならない。
3　法第15条第1項後段の厚生労働省令で定める事項は，第1項第1号から第4号までに掲げる事項（昇給に関する事項を除く。）とする。
4　法第15条第1項後段の厚生労働省令で定める方法は，労働者に対する前項に規定する事項が明らかとなる書面の交付とする。ただし，当該労働者が同項に規定する事項が明らかとなる次のいずれかの方法によることを希望した場合には，当該方法とすることができる。
　①　ファクシミリを利用してする送信の方法
　②　電子メールその他のその受信をする者を特定して情報を伝達するために用いられる電気通信（電気通信事業法第2条第1号に規定する電気通信をいう。以下この号において「電子メール等」という。）の送信の方法（当該労働者が当該電子メール等の記録を出力することにより書面を作成することができるものに限る。）

従前から改正されたのは下線部分，すなわち
- 労働条件明示が事実と異なるものであってはならない（2項）
- 労働条件明示の方法として新たに労働者が希望するときにはファクシミリや電子メール等を認める（4項但書）

といった内容です。
　このうち，2項については労基法15条の委任を受けた規定ではなく，これに反したからといって直ちに刑罰が科されることにはなりませんが，「実際と異なる労働条件であっても明示してあれば労基法15条違反ではない」という解釈は事実上とれなくなったといえます。
　また，4項但書は時代の変化に伴う改正で，すでにパート法6条1項に基づく労働条件明示（昇給，退職手当，賞与の有無）や派遣法34条に基づく就業条件明示にて認められていたものです。

|参考資料|

労基法解釈通達（平 30.12.28 基発 1228 第 15 号）〈抜粋〉

第4　労働条件の明示の方法（則第5条第4項関係）

＜労働者が希望した場合＞

　則第5条第4項の「労働者が（中略）希望した場合」とは，労働者が使用者に対し，口頭で希望する旨を伝達した場合を含むと解されるが，法第15条の規定による労働条件の明示の趣旨は，労働条件が不明確なことによる紛争を未然に防止することであることに鑑みると，紛争の未然防止の観点からは，労使双方において，労働者が希望したか否かについて個別に，かつ，明示的に確認することが望ましい。

＜「電子メール等」の具体的内容＞

　「電子メール」とは，特定電子メールの送信の適正化等に関する法律（平成14年法律第26号）第2条第1号の電子メールと同様であり，特定の者に対し通信文その他の情報をその使用する通信端末機器（入出力装置を含む。）の影像面に表示させるようにすることにより伝達するための電気通信（有線，無線その他の電磁的方式により，符号，音響又は影像を送り，伝え，又は受けることをいう（電気通信事業法第2条第1号）。）であって，①その全部若しくは一部においてSMTP（シンプル・メール・トランスファー・プロトコル）が用いられる通信方式を用いるもの，又は②携帯して使用する通信端末機器に，電話番号を送受信のために用いて通信文その他の情報を伝達する通信方式を用いるものをいうと解される。

　①にはパソコン・携帯電話端末によるEメールのほか，Yahoo！メールやGmailといったウェブメールサービスを利用したものが含まれ，②にはRCS（リッチ・コミュニケーション・サービス。＋メッセージ（プラス・メッセージ）等，携帯電話同士で文字メッセージ等を送信できるサービスをいう。）や，SMS（ショート・メッセージ・サービス。携帯電話同士で短い文字メッセージを電話番号宛てに送信できるサービスをいう。）が含まれる。

　「その受信する者を特定して情報を伝達するために用いられる電気通信」とは，具体的には，LINEやFacebook等のSNS（ソーシャル・ネットワーク・サービス）メッセージ機能等を利用した電気通信がこれに該当する。

　なお，上記②の例えばRCSやSMSについては，PDF等の添付ファイルを送付することができないこと，送信できる文字メッセージ数に制限等があり，また，原則である書面作成が念頭に置かれていないサービスであるため，労働条件明示の手段としては例外的なものであり，原則として上記①の方法やSNSメッセージ機能等による送信の方法とすることが望ましい。労働者が開設しているブログ，ホームページ等への書き込みや，SNSの労働者のマイページにコメントを書き込む行為等，特定の個人がその入力する情報を電気通信を利用して第三者に閲覧させることに付随して，第三者が特定個人に対し情報を伝達することができる機能が提供されるものについては，「その受信する者を特定して情報を伝達するために用いられる電気通信」には含まれないことに留意する必要がある。

　上記のサービスによっては，情報の保存期間が一定期間に限られている場合があることから，労働者が内容を確認しようと考えた際に情報の閲覧ができない可能性があるため，使用者が労働者に対して，労働者自身で出力による書面の作成等によ

り情報を保存するように伝えることが望ましい。

<電子メール等の「送信」の考え方>
　電子メール等の「送信」については，労働者が受信拒否設定をしていたり，電子メール等の着信音が鳴らない設定にしたりしているなどのために，個々の電子メール等の着信の時点で，相手方である受信者がそのことを認識し得ない状態であっても，受信履歴等から電子メール等の送信が行われたことを受信者が認識しうるのであれば，「電子メール等の送信」に該当するものと解される。
　ただし，労働条件の明示を巡る紛争の未然防止の観点を踏まえると，使用者があらかじめ労働者に対し，当該労働者の端末等が上記の設定となっていないか等を確認した上で送信することが望ましい。

<記録の出力及び書面の作成>
　労働条件の明示の趣旨を鑑みると，使用者が労働者に対し確実に労働条件を明示するとともに，その明示された事項を労働者がいつでも確認することができるよう，当該労働者が保管することのできる方法により明示する必要があることから，労働者が書面の交付による明示以外の方法を望んだ場合であっても，電子メール等の記録を出力することにより書面を作成することができるものに限る。
　この場合において「出力することにより書面を作成することができる」とは，当該電子メール等の本文又は当該電子メール等に添付されたファイルについて，紙による出力が可能であることを指すが，労働条件の明示を巡る紛争の未然防止及び書類管理の徹底の観点から，労働条件通知書に記入し，電子メール等に添付し送信する等，可能な限り紛争を防止しつつ，書類の管理がしやすい方法とすることが望ましい。

<その他の留意事項>
【明示しなければならない労働条件の範囲】
　今回の改正省令については，労働条件の明示方法について改正を行うものであることから，明示しなければならない労働条件の範囲について変更を加えるものではない。

【電子メール等による送信の方法による明示の場合の署名等】
　電子メール等による送信の方法による明示を行う場合においても，書面による交付と同様，明示する際の様式は自由であるが，紛争の未然防止の観点から，明示しなければならない事項に加え，明示を行った日付や，当該電子メール等を送信した担当者の個人名だけでなく労働条件を明示した主体である事業場や法人等の名称，使用者の氏名等を記入することが望ましい。

第8章
労働安全衛生法の改正

＜改正のポイント＞
○ 安全衛生管理体制（労安衛法第3章）関連では産業医の権限が強化され，健康の保持増進のための措置（同法第7章）関連では医師による面接指導規定が整備された。これにより，事業者は，事実上，個別労働者に対して産業医意見を反映した具体的措置を講じることが強く求められるようになる。
○ 申出を要する一般労働者の面接指導要件のうち，1か月の健康時間外労働時間数が100時から80時間に短縮された（ただし罰則はない）。
○ 研究開発業務従事者のうち，その健康時間外労働時間数が100時間を超える者については，申出の有無にかかわらず面接指導すべき義務が新設された（罰則がある）。
○ 上記2つの面接指導に関連して，労働者の労働時間の状況を把握する義務が使用者に課せられた。
○ 高度プロフェッショナル制度適用者のうち，健康管理時間数が100時間を超える者については，申出の有無にかかわらず面接指導すべき義務が新設された（罰則がある）。

第1節　労安衛法改正の構図

1　労安衛法の概要

　労安衛法は昭和47年に労働基準関係法令の1つとして成立した法律であり，①労働者の安全と衛生に関する最低基準を設定すること，そして②最低基準を超えた高度・多様・広範な法規制等により快適な職場環境整備と労働条件改善を行い，もって労働者の安全と健康を確保すること，という2つを主な目的としています。
　このうち，①はもともと労基法で定めていた事項を移設したもので，「最低」基準である以上その遵守は強く求められ，同違反には刑罰が科されます。これに対して，②はあくまで政策的な啓発基準であることから，違反しても刑罰が科されません。このような，2つの異なる性質の規定が混在していることが，労安衛法の特徴です。

2　労安衛法改正の概要

　労安衛法の主な改正点としては，以下の3点が挙げられます。
　まず，労働者の安全衛生管理体制（労安衛法第3章）に関しては，産業医の権限が強化されました（改正労安衛法13条3項〜6項）。
　次に，労働者の健康の保持増進のための措置（第7章）に関しては，一般労働者の面接指導要件が緩和されたうえ，研究開発業務従事者に対する面接指導が追加されました（同法66条の8，66条の8の2）。また，これらの面接指導の前提として労働者の労働時間の状況を把握することが必要

となるため，その把握義務が課されました（同法 66 条の 8 の 3）。

　最後に，本改正で追加された高度プロフェッショナル制度の適用者に関して，面接指導義務が新設されました（同法 66 条の 8 の 4）。

　以下では，それぞれについて詳細に見ていきます。

第2節　産業医の権限強化

1　産業医選任義務のある事業場について

　改正前から，労安衛法13条は，一定規模を超える事業場については，各事業場ごとに産業医を選任して労働者の健康管理を行わせるべきことを定めていましたが（同条1項・2項），より産業医による健康管理を実効的なものとすべく，新たに以下の規定（同条3項〜6項）が新設されました。

（産業医等）
【改正】労安衛法第13条
1　事業者は，政令で定める規模の事業場[1]ごとに，厚生労働省令で定めるところにより，医師のうちから産業医を選任し，その者に労働者の健康管理その他の厚生労働省令で定める事項（以下「労働者の健康管理等」という。）を行わせなければならない。
2　産業医は，労働者の健康管理等を行うのに必要な医学に関する知識に

---

[1]　本条の委任を受けた労安衛法施行令5条によれば，「常時50人以上の労働者を使用する事業場」では，少なくとも1人の産業医を選任する義務があります。この「常時…使用する」という文言の具体的意義については，日雇労働者やパートタイマー等の臨時的労働者の数が含まれること（昭47.9.18基発602号），派遣労働者は派遣元・派遣先両方でカウントすること（派遣法45条）に留意してください。
　特に，派遣については，上記のとおり産業医選任でのカウント義務が発生するのに加え，今後は派遣先での同一労働同一賃金問題も生じます。これに対して，業務委託を用いれば，労働者ではない以上これらの問題は生じません。このため，業務委託の方が好んで利用されるようになり，いわゆる偽装請負問題が再燃する可能性があるといえます。

ついて厚生労働省令で定める要件を備えた者でなければならない。
3 <u>産業医は，労働者の健康管理等を行うのに必要な医学に関する知識に基づいて，誠実にその職務を行わなければならない。</u>
4 <u>産業医を選任した事業者は，産業医に対し，厚生労働省令で定めるところにより，労働者の労働時間に関する情報その他の産業医が労働者の健康管理等を適切に行うために必要な情報として厚生労働省令で定めるものを提供しなければならない。</u>
5 <u>産業医は，労働者の健康を確保するため必要があると認めるときは，事業者に対し，労働者の健康管理等について必要な勧告をすることができる。この場合において，事業者は，当該勧告を尊重しなければならない。</u>
6 <u>事業者は，前項の勧告を受けたときは，厚生労働省令で定めるところにより，当該勧告の内容その他の厚生労働省令で定める事項を衛生委員会又は安全衛生委員会に報告しなければならない</u>

まず，4項では，健康管理等に必要な情報を産業医に提供する義務を，新たに事業者に課しています。これにより，産業医はより実情に応じた健康管理をすることが可能になります。

労働者の労働時間に関する情報以外の必要な情報の具体的内容，およびその情報の提供方法については，改正労安衛則14条の2が以下のとおり定めています。

(産業医に対する情報の提供)
【改正】労安衛則第14条の2 新設
1 法第13条第4項の厚生労働省令で定める情報は，次に掲げる情報とする。
① 法第66条の5第1項，第66条の8第5項（法第66条の8の2第2項において読み替えて準用する場合を含む。）又は第66条の10第6項の規定[2]により既に講じた措置又は講じようとする措置の内容に関する情報（これらの措置を講じない場合にあっては，その旨及びその理

由）
② 第52条の2第1項[3]又は第52条の7の2第1項の超えた時間が1月当たり80時間を超えた労働者の氏名及び当該労働者に係る当該超えた時間に関する情報
③ 前2号に掲げるもののほか，労働者の業務に関する情報であって産業医が労働者の健康管理等を適切に行うために必要と認めるもの[4]
2 法第13条第4項の規定による情報の提供は，次の各号に掲げる情報の区分に応じ，当該各号に定めるところにより行うものとする。
① 前項第1号に掲げる情報
　法第66条の4，第66条の8第4項（法第66条の8の2第2項において準用する場合を含む。）又は第66条の10第5項の規定による医師又は歯科医師からの意見聴取を行った後，遅滞なく提供すること。
② 前項第2号に掲げる情報
　第52条の2第2項（第52条の7の2第2項において準用する場合を含む。）の規定により同号の超えた時間の算定を行った後，速やかに提供すること。
③ 前項第3号に掲げる情報
　産業医から当該情報の提供を求められた後，速やかに提供すること。

　次に，5項・6項では，労働者の健康確保の必要に応じて産業医が勧告できること，この勧告を受けた事業者が当該勧告を尊重すべきことは当然として[5]，さらにその内容等を衛生委員会または安全衛生委員会[6]に報告しなければならないこととされました。新たに委員会への報告という形で

2　66条の5第1項は健康診断実施後，66条の8第5項は面接指導実施後，66条の10第6項は心理的な負担の程度を把握するための検査（いわゆるストレスチェック）実施後に，それぞれ産業医等の意見を勘案して適切な措置を講ずる義務を定めたもので，これが後述のとおり今回の法改正のポイントとして機能します。

3　「法」という文字がないことからもわかるように，これは労安衛法の52条の2ではなく，労安衛則の52条の2を指しています。

4　解釈通達（平30.12.28基発1228第16号）によれば，具体的には「①労働者の作業環境，②労働時間，③作業態様，④作業負荷の状況，⑤深夜業等の回数・時間数などのうち，産業医が労働者の健康管理等を適切に行うために必要と認めるものが含まれる」とされています。

5　これらについては現行労安衛法13条3項・4項にすでに定めがありました。

産業医勧告が共有されることで，実効性が高まるものと思われます。

なお，委員会への報告方法およびその内容等については，改正労安衛則14条の3が以下のとおり定めています。

（産業医による勧告等）
【改正】労安衛則第14条の3　新設
1　産業医は，法第13条第5項の勧告をしようとするときは，あらかじめ，当該勧告の内容について，事業者の意見を求めるものとする。
2　事業者は，法第13条第5項の勧告を受けたときは，次に掲げる事項を記録し，これを3年間保存しなければならない。
　①　当該勧告の内容
　②　当該勧告を踏まえて講じた措置の内容（措置を講じない場合にあっては，その旨及びその理由）
3　法第13条第6項の規定による報告は，同条第5項の勧告を受けた後遅滞なく行うものとする。
4　法第13条第6項の厚生労働省令で定める事項は，次に掲げる事項とする。
　①　当該勧告の内容
　②　当該勧告を踏まえて講じた措置又は講じようとする措置の内容（措置を講じない場合にあっては，その旨及びその理由）

以上説明した部分をまとめたものが以下の図表となりますので，参考にしてください。

6　同法18条・19条により一定規模の事業場ごとに設置が義務づけられるもので，使用者に対し衛生について意見を述べる機関です（安全衛生委員会については，安全についても意見を述べます）。

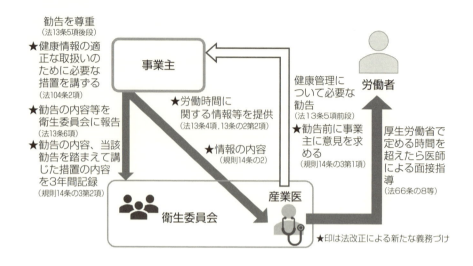

2　産業医選任義務のない事業場について

(1)　改正労安衛法第 13 条の 2

> 【改正】労安衛法第 13 条の 2
> 1　事業者は，前条第 1 項の事業場以外の事業場については，労働者の健康管理等を行うのに必要な医学に関する知識を有する医師その他厚生労働省令で定める者に労働者の健康管理等の全部又は一部を行わせるように努めなければならない。
> <u>2　前条第 4 項の規定は，前項に規定する者に労働者の健康管理等の全部又は一部を行わせる事業者について準用する。この場合において，同条第 4 項中「提供しなければ」とあるのは，「提供するように努めなければ」と読み替えるものとする。</u>

　労安衛法 13 条の 2 第 1 項は，同法 13 条 1 項により産業医選任義務のある事業場以外の事業場についても，医師等に労働者の健康管理等の全部または一部を行わせるよう努めなければならないと定める規定です。産業医

の選任義務のない事業場であっても健康管理の必要はある一方，13条をそのまま適用すると特に小規模事業場においては選任費用等から履行が困難な場合があるため，13条の2ではこれを努力義務としています。

新設された改正労安衛法13条の2第2項は，今回の改正で新たに追加された同法13条4項の情報提供義務について，これを13条の2にも準用することとした規定です。ただし，13条の2が上記のとおり努力義務を定めるに過ぎない関係から，本項も準用に際して努力義務と読み替えることとしています。

(2) 今後の方向性と問題点

◆事業所の従業者規模別民営事業所数及び従業者数

事業所の従業者規模	事業所数	合計に占める割合(%)	従業者数	合計に占める割合(%)
合計	5,541,634	100.0	57,427,704	100.0
1 ～ 4人	3,225,428	58.2	6,897,835	12.0
5 ～ 9人	1,090,283	19.7	7,137,319	12.4
10 ～ 19人	650,018	11.7	8,758,990	15.3
20 ～ 29人	230,983	4.2	5,483,081	9.5
30 ～ 49人	161,096	2.9	6,052,377	10.5
50 ～ 99人	101,321	1.8	6,913,604	12.0
100 ～ 199人	38,678	0.7	5,243,560	9.1
200 ～ 299人	10,387	0.2	2,508,010	4.4
300人以上	12,247	0.2	8,432,928	14.7
出向・派遣従業者のみ	21,193	0.4	-	-

[出典] 平成26年経済センサス-基礎調査（総務省統計局）結果の概要17頁

総務省の統計によれば，労安衛法13条が適用される常時50人以上の労働者を使用する事業場に勤める者は全体の約4割程度であって，同法13

条が適用されない事業場に勤める労働者の方が約6割と多数を占めます。

　このような労働者については，同法13条の2があるとはいえ，同条があくまで努力義務にとどまることからすれば，依然としてその健康確保問題は残るといえます。

　この問題に対処するためか，厚労省は，独立行政法人労働者健康安全機構が47都道府県に設置している産業保健総合支援センターを通じて，企業の産業保健活動を支援しています。具体的には，労働者数50人未満の事業者に対しては，各センターのもとに設置している全国350か所の地域窓口を通じて，事業者の求めに応じて労働者に対する面接指導や健康相談等を行っているほか，労働者の健康管理を行う医師の選任やストレスチェック[7]等を行った場合には，その費用の一部を助成しています。また，2018年度より，産業保健関係助成金において，新たに①産業医コース，②保健師コース，③直接健康相談環境整備コースが設置されました[8]。

　しかし，助成金については将来にわたる回数制限が設けられているものもあるため効果は一時的なものにとどまる懸念があります。にもかかわらず，労働者健康安全機構によれば，上記助成金の利用状況の統計情報については公表しておらず，今後も公表予定はないとのことです。これでは，政府による上記対策だけで中小企業に勤める労働者の健康確保が達成されたのかという検証すらできません。

---

[7] 2018年度より保健師その他の厚労省令で定める者の選任も追加されました（労安衛法66条の10第1項）。

[8] これらの助成金の内容は，労働者健康安全機構によれば，具体的には以下のとおりです。
- ストレスチェック後の面接指導を実施する医師と契約し，ストレスチェック（年1回）を行った場合には1従業員につき500円を上限としてその実費額を支給し，また同ストレスチェック後に面接指導等医師による活動を受けた場合，1事業場当たり1回の活動につき21,500円を上限としてその実費額を支給（1事業場につき年3回を限度）。
- 2018年度に追加されたコースについては，1事業場当たり100,000円を上限（6か月ごと）とし，将来にわたり2回限り助成。
- メンタルヘルス対策促進員による助言・支援を受け，心の健康づくり計画（ストレスチェック実施計画を含む）を作成して計画に基づきメンタルヘルス対策を実施した場合には，1企業または1個人事業主当たり100,000円を将来にわたり1回限り助成。

第3節　面接指導規定の整備

1　労安衛法66条の構図

　面接指導規定は改正労安衛法66条の8に定められていますが，そもそもこの規定には健康診断規定の多くが準用されていますので，まずこの点を説明します。

(1)　定期健康診断の実施
　労安衛法66条1項は，労働者の健康を管理するための基本措置として，定期的に実施する一般健康診断（労安衛法66条1項，労安衛則44条）を定めています。
　本条違反については，50万円以下の罰金とする刑罰の定めがあります（同法120条1号）。

(2)　健康診断結果の保存および通知
　事業者は，健康診断の結果を健康診断個人票として記録し，5年間保存しなければなりません（労安衛法66条の3，労安衛則51条）。また，事業者は，受診した労働者に対し，健康診断の結果を遅滞なく通知しなければなりません（労安衛法66条の6，労安衛則51条の4）。
　本条違反についても，50万円以下の罰金とする刑罰の定めがあります（同法120条1号）。

(3) 事後措置（意見聴取・就業上の措置・保健指導）

　事業者は，健康診断の結果，異常所見[9]が認められた労働者について，医師の意見を聴かなければなりません（同法66条の4）。そして，当該医師の意見を勘案し，必要と認めるときは，就業場所の変更，作業の転換，労働時間の短縮，深夜業の回数の減少等の就業上の措置を講じなければなりません（同法66条の5）。

　後述するとおり，本条は面接指導やストレスチェック等の規定でも準用されていますが，それぞれ講ずべき措置の具体例が異なるため，以下の図表を参考にしてください。

◆就業上の措置の比較

健康診断実施後の措置 （第66条の5第1項）	面接指導実施後の措置 （第66条の8第5項）	新技術等の研究開発業務の面接指導後の措置 （第66条の8の2第2項）	高プロ制度の面接指導後の措置 （第66条の8の4第2項）	ストレスチェック実施後面接指導を行った場合の措置 （第66条の10第6項）
・就業場所の変更 ・作業の転換 ・労働時間の短縮 ・深夜業の回数の減少等の措置	・就業場所の変更 ・作業の転換 ・労働時間の短縮 ・深夜業の回数の減少等の措置	・就業場所の変更 ・職務内容の変更 ・有給休暇（労基法39条の有給休暇除く）の付与 ・労働時間の短縮 ・深夜業の回数の減少等の措置	・職務内容の変更 ・有給休暇（労基法39条の有給休暇除く）の付与 ・健康管理時間が短縮されるための措置	・就業場所の変更 ・作業の転換 ・労働時間の短縮 ・深夜業の回数の減少等の措置

　なお，同法66条の5による措置については，あらかじめその内容を具体的に確定することは困難な義務であるため履行請求はできず，健康に関する配慮義務違反が問われた場合に事後的にその義務の具体的内容およびその違反の有無が問題となるに過ぎません[10]。

　また，これらの規定については刑罰の定めはありません。このことから，

9　健康診断の結果，何らかの異常の所見が認められたことをいいます。通常，医師から要経過観察，要治療，要再検査等の指示（判定）があります。
10　高島工作所事件＝大阪地判平2.11.28労経速1413-3が同旨の判決を下しています。

同法66条，66条の3および66条の6が最低基準という位置づけである一方，66条の4，66条の5は啓発基準という位置づけであることが分かります[11]。

(4) 面接指導の規定との対比

　後述のとおり，労安衛法66条の8は長時間労働者に対する面接指導義務を定めていますが，その実施後については，結果を記録すべきこと（同法66条の8第3項），医師による面接指導の結果に基づき当該労働者の健康を保持するために必要な措置について医師の意見を聴くべきこと（同法66条の8第4項），そして医師の意見を勘案して必要があると認めるときに就業上の措置（就業場所の変更，作業の転換，労働時間の短縮，深夜業の回数の減少等）をとるべきこと（同法66条の8第5項）が定められています。

　これらは，健康診断に関する前述の規定（同法66条の3～5）と内容がほぼ一致しており，準用されたものであることが分かると思います。したがって，同法66条の8第5項の措置についても，同法66条の5の措置と同様，履行請求はできないと解されます。

2　面接指導規定の改正内容

(1) 通常の面接指導（改正労安衛法66条の8）

　改正労安衛法66条の8は，長時間労働者のうち面接指導の申出をした

11　刑罰の定めがない啓発基準ということは，基本的にその遵守は助言・指導・勧告といった間接強制システムで推し進めていくしかないということです。
　　この点に関連して，健康診断，面接指導，ストレスチェック関連で事後的に助言・指導・勧告がなされた件数について厚労省に問い合わせましたが，同省によれば「どの条文に違反したとして定期監督等がなされたか」をまとめた労働基準監督年報しか統計がないとのことでした。同統計によれば，労安衛法の健康診断規定の「定期監督実施状況・法違反状況」は17,495件の違反（平成28年度）ですが，ストレスチェックや面接指導についてはデータの記載がなく，これらがどこまで間接強制システムで推進されているのかは不明瞭といえます。

者[12]について，同人に対して面接指導すべき義務を定めた条文です。これを受けた厚労省令が改正労安衛則52条の2第1項ですが，今回の改正により下線部が変更されています。

（面接指導等）
【改正】労安衛法第66条の8
1　事業者は，その労働時間の状況その他の事項が労働者の健康の保持を考慮して厚生労働省令で定める要件に該当する労働者（<u>次条第1項に規定する者及び第66条の8の4第1項に規定する者を除く。以下この条において同じ。</u>）に対し，厚生労働省令で定めるところにより，医師による面接指導（問診その他の方法により心身の状況を把握し，これに応じて面接により必要な指導を行うことをいう。以下同じ。）を行わなければならない。
2　労働者は，前項の規定により事業者が行う面接指導を受けなければならない。ただし，事業者の指定した医師が行う面接指導を受けることを希望しない場合において，他の医師の行う同項の規定による面接指導に相当する面接指導を受け，その結果を証明する書面を事業者に提出したときは，この限りでない。
3　事業者は，厚生労働省令で定めるところにより，第1項及び前項ただし書の規定による面接指導の結果を記録しておかなければならない。
4　事業者は，第1項又は第2項ただし書の規定による面接指導の結果に基づき，当該労働者の健康を保持するために必要な措置について，厚生労働省令で定めるところにより，医師の意見を聴かなければならない。
5　事業者は，前項の規定による医師の意見を勘案し，その必要があると認めるときは，当該労働者の実情を考慮して，就業場所の変更，作業の転換，労働時間の短縮，深夜業の回数の減少等の措置を講ずるほか，当該医師の意見の衛生委員会若しくは安全衛生委員会又は労働時間等設定改善委員会への報告その他の適切な措置を講じなければならない。

12　改正労安衛則52条の3第1項を参照。

(面接指導の対象となる労働者の要件等)
【改正】労安衛則第52条の2
1 法第66条の8第1項の厚生労働省令で定める要件は，休憩時間を除き1週間当たり40時間を超えて労働させた場合におけるその超えた時間が1月当たり80時間を超え，かつ，疲労の蓄積が認められる者であることとする。ただし，次項の期日前1月以内に法第66条の8第1項又は第66条の8の2第1項に規定する面接指導を受けた労働者その他これに類する労働者であって法第66条の8第1項に規定する面接指導（以下この節において「法第66条の8の面接指導」という。）を受ける必要がないと医師が認めたものを除く。
2 〔略〕
3 事業者は，第1項の超えた時間の算定を行ったときは，速やかに，同項の超えた時間が1月当たり80時間を超えた労働者に対し，当該労働者に係る当該超えた時間に関する情報を通知しなければならない。

　重要なのは，一般労働者につき面接指導が必要とされる1か月あたりの健康時間外労働時間が，従前の100時間から80時間へと短縮されたという点です。なお，健康時間外労働時間とは，労安衛法上の面接指導等に関する時間要件の際に用いられる概念であり，割増賃金の時間外労働時間とは算出方法が異なります。詳しくは3(2)にて説明します。
　刑罰に関しては，上述のとおり，労安衛法66条関連では同条および66条の3のみが最低基準であってその他は啓発基準に過ぎないという位置づけであるため，66条の8についても罰則の規定はありません。
　また，労安衛則52条の2第3項は通知対象者を産業医から労働者へと変更しています。これにより，労働者の面接指導の申出を促進する狙いと思われます。

(2) 研究開発業務従事者に対する面接指導（改正労安衛法66条の8の2）

【改正】労安衛法第66条の8の2　新設
1　事業者は，その労働時間が労働者の健康の保持を考慮して厚生労働省令で定める時間を超える労働者（労働基準法第36条第11項に規定する業務に従事する者（同法第41条各号に掲げる者及び第66条の8の4第1項に規定する者を除く。）に限る。）に対し，厚生労働省令で定めるところにより，医師による面接指導を行わなければならない。
2　前条第2項から第5項までの規定は，前項の事業者及び労働者について準用する。この場合において，同条第5項中「作業の転換」とあるのは，「職務内容の変更，有給休暇（労働基準法第39条の規定による有給休暇を除く。）の付与」と読み替えるものとする。

(法第66条の8の2第1項の厚生労働省令で定める時間等)
【改正】労安衛則第52条の7の2　新設
1　法第66条の8の2第1項の厚生労働省令で定める時間は，休憩時間を除き1週間当たり40時間を超えて労働させた場合におけるその超えた時間について，1月当たり100時間とする。
2　第52条の2第2項，第52条の3第1項及び第52条の4から前条までの規定は，法第66条の8の2第1項に規定する面接指導について準用する。この場合において，第52条の2第2項中「前項」とあるのは「第52条の7の2第1項」と，第52条の3第1項中「前条第1項の要件に該当する労働者の申出により」とあるのは「前条第2項の期日後，遅滞なく」と，第52条の4中「前条第1項の申出を行った労働者」とあるのは「労働者」と読み替えるものとする。

　改正労基法36条にて上限規制が告示から法律本体に格上げされたことに伴い，研究開発業務については上限規制の適用除外となる旨も法律本体に格上げされました（同法36条11項，第2章第2節7参照）。

このように上限規制による健康確保が研究開発業務については期待できないため、その代替として、上記のとおり健康時間外労働時間が1月当たり100時間を超える場合には、労働者の申出を要さずに面接指導を行わなければならないことが示されています[13]。

上限規制の代替であることから、通常の面接指導よりも重要な最低基準としての位置づけであり、実際、改正労安衛法120条1号は、66条の8の2第1項違反については50万円以下の罰金を科すとしています。

解釈通達（平30.12.28基発1228第16号）によれば、研究開発業務従事者も、健康時間外労働時間が1月当たり80時間を超え100時間に至らない場合には、一般労働者と同じく労安衛法66条の8が適用されるため、この場合は労働者の申出に応じて面接指導を行うこととなります。これを図表化したのが下記の図ですので、参考にしてください。

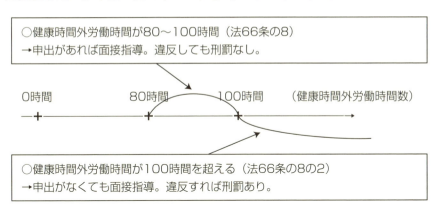

---

[13] 改正労安衛則52条の7の2第2項前段によって準用される同規則52条の3第1項は労働者の申出により面接指導をすべきことを定めていますが、同規則52条の7の2第2項は後段において「52条の3第1項中『前条第1項の要件に該当する労働者の申出により』とあるのは『前条第2項の期日後、遅滞なく』…と読み替える」とされているため、結局本条では労働者の申出がなくても面接指導はしなければならないこととなります。

実際、仮に申出を要するとすれば、その立証の問題から本条違反を理由とした刑罰適用は困難となり得、改正で刑罰規定を加えた意味が薄まります。このような点からも、本条が申出不要であることは明らかといえます。

なお、現行労基法に基づいて締結した三六協定の適用を受ける労働者については、本条の面接指導義務も生じません（働き方改革関連法附則5条）。言い換えれば、同附則3条により改正労基法36条の適用が1年遅れとなる中小事業主については、本条の面接指導義務も1年遅れになるということです。本条違反に刑罰が科されているために設けられた経過措置であると理解できます。

3 労働時間状況把握義務の新設

(1) 面接指導実施のための労働時間状況の把握

ア 改正条文

上記で見てきたとおり、一般労働者および研究開発業務従事者に対する面接指導では、健康時間外労働時間が80時間ないし100時間を上回っているか否かで実施の要否が変わります。

逆にいえば、健康時間外労働時間を適切に把握することは、面接指導による健康確保等の前提として必須といえます。

このため、改正労安衛法では、適切な方法による労働時間の状況の把握を、事業者に義務として課しています（同法66条の8の3）。なお、同条違反について罰則の定めはありません。

【改正】労安衛法第66条の8の3　新設
　事業者は、第66条の8第1項又は前条第1項の規定による面接指導を実施するため、厚生労働省令で定める方法により、労働者（次条第1項に規定する者を除く。）の労働時間の状況を把握しなければならない。

（法第66条の8の3の厚生労働省令で定める方法等）
【改正】労安衛則第52条の7の3　新設
1　法第66条の8の3の厚生労働省令で定める方法は、タイムカードによ

> る記録，パーソナルコンピュータ等の電子計算機の使用時間の記録等の客観的な方法その他の適切な方法とする。
> 2　事業者は，前項に規定する方法により把握した労働時間の状況の記録を作成し，3年間保存するための必要な措置を講じなければならない。

イ　具体的な把握方法

　改正労安衛則52条の7の3は，労働時間の状況の把握方法としてタイムカードによる記録等を基本とすべきことを定めている点等からして，「労働時間の適正な把握のために使用者が講ずべき措置に関するガイドライン[14]」（平29.1.20基発0120第3号。以下「平成29年1月20日付ガイドライン」といいます）を参考としていると思われます。同ガイドラインは，労働時間把握方法は原則として現認またはタイムカードやICカードといった客観的方法を用いることとし，やむを得ず自己申告制をとる場合には様々な措置を事業者に課しています。

　これに倣う形で，上記労安衛則の労働時間状況把握義務について，解釈通達（平30.12.28基発1228第16号）は以下のとおりとしています。

　すなわち，上記労安衛則の「その他適切な方法」としては，「やむを得ず客観的な方法により把握し難い場合において，労働者の自己申告による把握が考えられる」とした上で，自己申告制を採る場合に事業主が講じるべき措置について概ね上記ガイドラインと同じ内容を示しています。

　そして，「やむを得ず客観的な方法により把握し難い場合」の具体的意味については，「例えば，労働者が事業場外において行う業務に直行又は直帰する場合など，事業者の現認を含め，労働時間の状況を客観的に把握する手段がない場合がある」とした上で，客観的把握手段の有無を検討せずに自己申告制をとることはできないとしており，上記ガイドラインより

14　労基法でも，たとえば32条や36条のような労働時間数を基準とした規定による規制を実効化するため，使用者には労働時間把握義務が一般に認められます。上記ガイドラインは，この労基法上の労働時間把握義務に関して出されたものです。

踏み込んだ内容になっています。

(2) 時間外労働概念およびその把握義務の比較

ここまで述べてきたように、労働時間把握義務とひとくちにいっても、その内容としては、①時間外労働時間を対象とする平成29年1月20日付ガイドラインの把握義務、②健康時間外労働時間を対象とする改正労安衛法68条の8の3の把握義務に分かれます[15]。各時間概念および把握義務の相違について、下記図表に沿って説明します。

◆時間外労働時間・健康時間外労働時間等の算定方法

労基法32・35・36条からの労働時間把握義務 ➡ 把握義務不履行により法違反になると刑罰（6か月以下の懲役または30万円以下の罰金）

従来の時間外労働時間数の算出式	1週40時間、1日8時間超の労働、所定休日労働は時間外労働 ※1週1日の法定休日における労働は法定休日労働であり時間外労働ではない
時間外労働の上限規制に係る時間数の算出式	1か月100時間未満、2〜6か月の1か月平均80時間以内の規制は、従来の時間外労働時間数に法定休日労働時間数を合計した時間

労安衛法66条の8の3からの労働時間把握義務 ➡ 刑罰なし

健康時間外労働時間数の算出式

$$\text{1か月の時間外労働時間数} = \text{1か月の総労働時間（休日労働含む）} - \frac{\text{当該月の総暦日数}}{\text{7日}} \times 40時間$$

💡 健康問題を考える際の時間外労働では、休日も含めた1か月の総労働時間が、その月の法定労働時間をどの程度上回っていたかが問題となり、有給休暇を取得していた場合などは、健康問題を考えるうえでの時間外労働には算出されない時間も出てくる。

	日	月	火	水	木	金	土	従来の時間外労働	上限規制時間数	健康労働時間数
	休	8	8	8	8	8	休	0	0	0
I	8	8	8	8	8	8	8	8	16	16
II	休	10	10	有休	10	10	休	8	8	0

---

15 後述のとおり、高度プロフェッショナル制度適用者についても、その面接指導の要件となる健康管理時間数については把握義務が課せられています。
　この健康管理時間は、前述のとおり「事業内にいた時間」と事業外で労働した時間の合計であって、必ずしも労働を前提としていないことから、「労働時間」概念ではないと考えられます。したがって、健康管理時間把握義務は「労働時間把握義務」ではない、と本書では整理しています。

ア　時間数概念とその算定方法

(ア)　従来の時間外労働時間数

　平成29年1月20日付ガイドラインは，労基法上の健康確保規定における労働時間の把握義務を定めたもので，具体的には労基法32条や36条が挙げられます[16]。

　このうち，今回の改正で労基法36条の上限規制が法文化されるまでは，労基法の健康確保規定上，法定休日労働の「時間数」について定めた文言はありませんでした[17]。つまり，労基法上の従来の時間外労働時間数とは，あくまで労基法32条の1日8時間・1週40時間を超えた時間数を意味し，法定休日労働の時間数はこれに含まれなかったのです。

(イ)　上限規制の時間外労働時間数

　他方，前述のとおり，上限規制においては，従来の労基法上の時間外労働時間数に法定休日労働の時間数が加わります。したがって，従来の時間外労働時間数に加えて，今後は法定休日労働時間数についても把握義務の対象となります。

(ウ)　健康時間外労働時間数

　労安衛法上の健康時間外労働時間とは，上記図表記載のとおり，1か月の総労働時間（休日労働含む）のうち，週当たり40時間（つまり1日当たりでは40÷7時間）として計算した1か月の時間を超えた部分をいいます。たとえば，7月の総労働時間が休日労働を含んで200時間のときは，40÷7×31（7月の暦日数は31日）≒177.1時間を超えた22.9時間が健

16　割増賃金（労基法37条）も，その支払強制による労働時間増加抑制という点では健康確保につながりますが，これはあくまで付随的な効果であって，主たる目的は通常より負担が多い労働について労働者に相応の対価を支払うことにあります。
17　賃金台帳について定める労基法108条を受けた労基則54条1項6号に（法定）休日労働時間数の記載はありますが，賃金関係が健康確保規定とはいえません。

康時間外労働時間となります。

このように，健康時間外労働時間数には法定休日労働の時間数も算入されるため，当然に法定休日労働時間数も把握対象となります。

(エ) 労働時間概念自体の異同

(i) 問題の所在

各法における時間外労働の意味の違いは上記のとおりですが，「労働時間」の概念まで各法で異なるか否かは別途問題になります。

この点，労基法上，労働時間とは「休憩時間を除いた実際に労働させる時間で，労働者が使用者の指揮命令下にある時間」をいうとされていますが[18]，もともと労基法の一部であった労安衛法においても労働時間という言葉の定義は同様であると考えられます。

このことを裏づけるように，解釈通達（平30.12.28基発1228第16号）は「労働時間状況の把握は，労働基準法施行規則第54条第1項第5号に掲げる賃金台帳に記入した労働時間数をもって，それに代えることができるものである」（ただし，監督者等や，みなし労働時間制や裁量労働制の適用者を除く）としています。賃金台帳に記録するのは労基法上の労働時間数であり，これを労安衛法上把握すべき労働時間数に代えられるというのですから，両者は原則同内容であると考えるのが自然です。

(ii) 把握困難時の議論との峻別

後述のとおり，労安衛法上の労働時間の把握義務は，労基法上のそれとの大きな違いとして，監督者等やみなし労働時間制・裁量労働制の適用者まで含まれるという点があります[19]。

労基法上あえて把握義務の範疇から外している監督者等や裁量労働制適

---

18 三菱重工業長崎造船所（一次訴訟・会社側上告）事件＝最判平12.3.9民集54-3-801。
19 解釈通達・第2の問10も同旨。

用者については，労安衛法上の把握についても通常労働者とは異なるものとならざるを得ない面があります。実際，義務化する前の通達ではありますが，監督者等の把握については明らかに通常より緩やかな方法が認められています[20]。

　しかし，これは把握困難な者については緩やかな把握を認める（その上で，その緩やかな把握による時間数で面接指導義務を判断する）という話であって，把握すべき労働時間概念そのものが異なるという話ではありません。

　同様に，上記解釈通達の第2の問12では，自己申告制が認められる「やむを得ず客観的な方法により把握し難い場合」について，「例えば，労働者が事業場外において行う業務に直行又は直帰する場合など，事業者の現認を含め，労働時間の状況を客観的に把握する手段がない場合があり，この場合に該当するかは，当該労働者の働き方の実態や法の趣旨を踏まえ，適切な方法を個別に判断すること」としているのは前述のとおりです。これも，休憩を除いた実労働時間が把握困難であれば緩やかな把握を認めるという話であって，この場合は「休憩時間＋労基法上の労働時間」が労安衛法上の「労働時間」となるという話ではありません。

(iii)　厚労省の回答

　しかし，この点に関する質問に対して，厚労省は以下のように回答しました。

---

[20] 「労働安全衛生法等の一部を改正する法律（労働安全衛生法関係）等の施行について」（平18.2.24 基発0224003号）では，労基法41条2号の監督者等について，労働者自身が時間数要件を満たし面接指導を要すると申し出れば，面接指導を行うべきとされていました。

　ただし，裁量労働制の適用者については，平12.1.1 基発1号，平11.12.27 労働省告示149号そして上記平成18年通達によれば「いかなる時間帯にどの程度の時間在社し，労務を提供し得る状態にあったか等を明らかにし得る出退勤時刻又は入退室時刻の記録等」という，ある程度客観的な労働時間把握が求められていたといえます。したがって，上記ガイドラインの対象外であるからといって自己申告制が認められるという結論になるわけではないことには注意を要します。

> たとえば，労働者が会社に入館してからパソコンにログインして始業し，ログオフして終業して退館するという場合において，労基法上の実労働時間がログインからログオフまでを指すとしても，労安衛法の把握義務の場合は，入館・退館時刻を把握対象としても良い。
> 　そもそも労安衛法上の「労働させた時間」という概念が労基法と同じとは一言も書かれておらず，労安衛法上の労働時間概念は「労基法上の労働時間を前提としつつ，それを上回るように[21]大まかに把握する場合には当該把握方法によって把握した時間」を指す。

　たしかに，入退室の記録で把握しても良いといった内容は，前述の解釈通達の第2の問8にも記載があります。しかし，これは上述と同様，「把握の手間等を理由として，会社が自主的に本来より広い部分を把握するのであれば，それを労安衛法上把握すべき労働時間数として良い」という話であって，そもそも労基法と労安衛法とで労働時間概念が異なるという話ではありません。

　厚労省としては「労働者に有利になる解釈だから許容される」と考えていたと思われますが，特に改正労安衛法66条の8の2は刑事罰があり罪刑法定主義の問題となること，合同労組等による刑事告発や民事訴訟における健康に関する配慮義務違反の成否等といった厚労省がコントロールできない場面にも大きな影響を与えることからすると，上記のような曖昧な解釈を持ち込むべきではなく，非常に問題があると考えます。

(ⅳ) 今後の実務対応

　結局のところ，厚労省は，解釈通達の前述した部分等を見ると，労基法と労安衛法とで労働時間概念は同じであるという立場に立ったようです。また，仮に上記の厚労省の定義づけに則ったとしても，労基法上の把握義

---

[21] 上記事例とは逆に労基法上は入館から退館までが労働時間となる場合について労安衛法上これを大雑把にログインからログオフまでとしてよいのか，という点も厚労省に確認しましたが，これは上記定義から許されないとのことでした。

務を履行すれば，通常労働者の健康時間外労働時間数についてはその把握義務が履行されたことになります。したがって，理論的なことはともかく，実務としては労基法上の把握義務の履行を心掛け，そのうえで監督者等の例外については今後の解釈通達に従い適宜対応すべきと考えます。

イ　有給休暇の扱い
(ア)・(イ)　時間外労働時間数（従来・上限規制共通）
4日間10時間勤務をして1日は有給休暇を取得したという場合，1週40時間は超えないものの，1日8時間を超えた部分は2時間×4日＝合計8時間存在することになります。

(ウ)　健康時間外労働時間数
健康時間外労働時間数は，1日単位で算定することはなく，週当たりでの算定になります。このため，4日間10時間勤務をして1日有給休暇を取った場合には，週当たり4日×10時間＝40時間であって40時間を超えないので，健康時間外労働時間数はゼロということになります[22]。

ウ　把握対象となる労働者の範囲
(ア)・(イ)　時間外労働時間数（従来・上限規制共通）
平成29年1月20日付ガイドラインにもあるように，そもそも労基法36条等の適用がない労基法41条2号の監督者等については，労基法上の労働時間把握義務の対象ではありません。

(ウ)　健康時間外労働時間数
労安衛法の健康時間外労働時間数については，監督者等といった例外は

22　前述のとおり，健康時間外労働時間数は1か月ごとにその時間数を算定するものですが，ここでは便宜的に1週間だけ抜き出して考えています。

なく，労働者であればすべてその対象となります。

　エ　労働時間数以外の把握の要否

　改正労安衛法66条の8の3の把握義務は，条文の文言によれば，労働時間「の状況」をその対象としています。このため，「時間数」を対象とする時間外労働の把握義務とは内容が異なるのではないかが問題となります[23]。

　この点を厚労省に確認したところ，労安衛法66条の8の面接指導の実施要件として労安衛則52条の2第1項が労働時間数以外に「疲労の蓄積」を規定していることから，勤務時間帯など，疲労の蓄積をうかがわせる事情を通達で示す予定であるとのことでした。

　ただ「疲労の蓄積」については，通達（平18.2.24基発0224003号）にて「第1項の『疲労の蓄積』は，通常，他者には認知しにくい自覚症状として現れるものであることから，（労安衛則）第52条の3に基づく申出の手続をとった労働者については，『疲労の蓄積があると認められる者』として取り扱うものであること」とされており独立の要件とはいえない面があること，労安衛法66条の8の2では要件から外されていること等からすると，上記根拠のみをもって把握義務の対象に時間数以外も入ると解すべきことには必ずしもならないとも思えます。

　いずれにせよ，今後の通達内容を注視する必要があるといえます。

　オ　結　論

　以上のとおり，一方の時間把握義務に関して問題がないからといっても，その対象者や時間数以外の把握対象について把握できていなければ，他の法には違反する可能性があるということになります。この点に留意して，

23　「労働時間の状況」について，解釈通達（平30.12.28基発1228第16号）は，「労働者の健康確保措置を適切に実施する観点から，労働者がいかなる時間帯にどの程度の時間，労務を提供し得る状態にあったか」であるとしています（厚労省パンフレット「時間外労働の上限規制　わかりやすい解説」（平成30年12月28日発表）も同旨）。

把握方法の見直しを行ってください。

4　健康管理時間に基づく面接指導

(1)　高度プロフェッショナル適用者に対する面接指導（改正労安衛法66条の8の4）

> 【改正】労安衛法第66条の8の4　　新設
> 1　事業者は，労働基準法第41条の2第1項の規定により労働する労働者であって，その健康管理時間（同項第3号に規定する健康管理時間をいう。）が当該労働者の健康の保持を考慮して厚生労働省令で定める時間を超えるものに対し，厚生労働省令で定めるところにより，医師による面接指導を行わなければならない。
> 2　第66条の8第2項から第5項までの規定は，前項の事業者及び労働者について準用する。この場合において，同条第5項中「就業場所の変更，作業の転換，労働時間の短縮，深夜業の回数の減少等」とあるのは，「職務内容の変更，有給休暇（労働基準法第39条の規定による有給休暇を除く。）の付与，健康管理時間（第66条の8の4第1項に規定する健康管理時間をいう。）が短縮されるための配慮等」と読み替えるものとする。

　前述したように，労基法改正により新設された高度プロフェッショナル制度（改正労基法41条の2）の適用を受ける者については，労基法上割増賃金を支払う必要が一切ないため，割増賃金による時間外労働の抑制が期待できません。このため，研究開発業務同様，本人申出の有無を問わない面接指導によって代わりに健康確保を図っているものといえます。本条違反については改正労安衛法120条1号により50万円以下の罰金が科されますが，これも研究開発業務と同様です。

　なお，本条を受ける厚労省令である改正労安衛則には，面接指導対象者は健康管理時間（改正労基法41条の2第1項3号）の時間数が1月当たり100時間を超えた場合と定められる見込みです（平成30年12月要綱第

2の2)。健康時間外労働時間数とは異なりますので，注意が必要です。

> 平成30年12月要綱第2の2
> 　法第66条の8の4第1項の厚生労働省令で定める時間は，1週間当たりの健康管理時間が40時間を超えた場合におけるその超えた時間について，1月当たり100時間とすること。

(2) 高度プロフェッショナル制度における把握義務と方法

　前述のとおり，高度プロフェッショナル制度の適用に際しては，事業者に対して健康管理時間把握義務が課せられますが（労基法41条の2第1項3号），同号の委任を受けた改正労基則には，健康管理時間のうち事業場外にいる時間の把握方法について以下の内容が定められる見込みです。

> 平成30年12月要綱第1の6
> 1　新労基法第41条の2第1項第3号の厚生労働省令で定める労働時間以外の時間は，休憩時間その他対象労働者が労働していない時間とすること。
> 2　新労基法第41条の2第1項第3号の厚生労働省令で定める方法[24]は，タイムカードによる記録，パーソナルコンピュータ等の電子計算機の使用時間の記録等の客観的な方法とすること。ただし，事業場外において労働した場合であって，やむを得ない理由があるときは，自己申告によることができるものとすること。

　このように，事業場外においては自己申告制によることを限定的に認めるものとなっていますが，それが許容される「やむを得ない理由」について，高プロ指針案は以下のとおり定めています（高プロ指針案・第3の3(1)ロ）。

24　健康管理時間を把握する方法

客観的な方法によることができないやむを得ない理由がある場合には，対象労働者による自己申告により把握することを明らかにすることが認められる。ここでいう「やむを得ない理由」については，対象労働者による自己申告によりその事業場外において労働した時間を把握せざるを得ない理由として具体的に示されている必要があり，例えば，次に掲げるものが考えられる。

① 顧客先に直行直帰し，勤怠管理システムへのログイン・ログオフ等もできないこと。
② 事業場外において，資料の閲覧等パーソナルコンピュータを使用しない作業を行うなど，勤怠管理システムへのログイン・ログオフ等もできないこと。
③ 海外出張等勤怠管理システムへのログイン・ログオフ等が常時できない状況にあること。

　前述した平成29年1月20日付ガイドラインでは，自己申告制をとる場合の「やむを得ない理由」の内容やその示し方について特に規定していませんから，その意味で本条は自己申告制の適用がより困難であるといえます。

　また，高プロ指針案は，「（自己申告制によって）複数の日についてまとめて把握する場合であっても，日々及び1か月当たりの健康管理時間は明らかにされなければならない」としていますので，把握単位についても留意が必要です（高プロ指針案・第3の3(1)ニ）。

　なお，上記要綱からも明らかなように，事業場内の把握における自己申告制は一切認められません。

5　各面接指導のまとめ

　ここまで説明した各面接指導の要件や罰則については以下の図表のとおりとなります。

一般労働者の面接指導の要件を健康時間外労働100時間から80時間に短縮（労働者からの申出必要）→刑罰なし	法66条の8第1項 規則52条の2第3項
時間外労働の上限規制の適用除外である新たな技術，商品又は役務の研究開発業務に従事する労働者について健康時間外労働100時間要件で面接指導義務（労働者からの申出不要）→刑罰あり（法120条1号）	法66条の8の2第1項 規則52条の7の2第1項
高度プロフェッショナル制度の適用者については健康管理時間100時間要件で面接指導義務（労働者からの申出不要）→刑罰あり（法120条1号）	法66条の8の4第1項 平成30年12月要綱第2の2

（注）産業保健関係の義務と異なり50人未満の事業場でも面接指導の実施義務あり

第4節 その他の規定

1 法令等の周知

　そもそも労働者が産業医の存在を知らないことで健康管理の機会が失われるといった事態を防ぎ，産業医の権限強化を実効的なものとするため，改正労安衛法101条2項が新設されました。
　また，同条3項により，産業医の選任義務のない事業者についても，努力規定として読み替えた上で，2項の適用があります。

> （法令等の周知）
> 【改正】労安衛法第101条
> 1　事業者は，この法律及びこれに基づく命令の要旨を常時各作業場の見やすい場所に掲示し，又は備え付けることその他の厚生労働省令で定める方法により，労働者に周知させなければならない。
> 2　産業医を選任した事業者は，その事業場における産業医の業務の内容その他の産業医の業務に関する事項で厚生労働省令で定めるものを，常時各作業場の見やすい場所に掲示し，又は備え付けることその他の厚生労働省令で定める方法により，労働者に周知させなければならない。
> 3　前項の規定は，第13条の2第1項に規定する者に労働者の健康管理等の全部又は一部を行わせる事業者について準用する。この場合において，前項中「周知させなければ」とあるのは，「周知させるように努めなければ」と読み替えるものとする。
> 4　〔略〕

2　情報の取扱い

　健康診断や面接指導によって得られる労働者の情報は，病歴等といったセンシティブな情報が含まれることから慎重に取り扱うべきであり，また情報が漏れるようでは労働者も健康診断や面接指導に消極的になるという問題点もあります。このため，改正前から労安衛法105条により健康診断や面接指導によって知り得た労働者の秘密を漏らすことは禁じられていましたが，改正労安衛法104条は，新たに産業医の健康管理の際の情報提供等についても慎重な取扱いを求めています（ただし刑罰は規定されていません）。したがって，産業医に対する情報提供についても，その提供に本人の同意が必要でないかなど，適宜検討する必要があります。

（心身の状態に関する情報の取扱い）
【改正】労安衛法第104条　新設
1　事業者が，この法律又はこれに基づく命令の規定による措置の実施に関し，労働者の心身の状態に関する情報を収集し，保管し，又は使用するに当たっては，労働者の健康の確保に必要な範囲内で労働者の心身の状態に関する情報を収集し，並びに当該収集の目的の範囲内でこれを保管し，及び使用しなければならない。ただし，本人の同意がある場合その他正当な事由がある場合[25]は，この限りでない。
2　事業者は，労働者の心身の状態に関する情報を適正に管理するために必要な措置を講じなければならない。
3　厚生労働大臣は，前2項の規定により事業者が講ずべき措置の適切かつ有効な実施を図るため必要な指針[26]を公表するものとする。
4　厚生労働大臣は，前項の指針を公表した場合において必要があると認めるときは，事業者又はその団体に対し，当該指針に関し必要な指導等を行うことができる。

> (健康診断等に関する秘密の保持)
> 【改正】労安衛法第 105 条
> 　第 65 条の 2 第 1 項及び第 66 条第 1 項から第 4 項までの規定による健康診断，第 66 条の 8 第 1 項，<u>第 66 条の 8 の 2 第 1 項及び第 66 条の 8 の 4 第 1 項の規定による面接指導</u>，第 66 条の 10 第 1 項の規定による検査又は同条第 3 項の規定による面接指導の実施の事務に従事した者は，その実施に関して知り得た労働者の秘密を漏らしてはならない。

　また，労安衛法 105 条違反については，従前は刑罰の定めはありませんでしたが，今回の改正により，6 月以下の懲役または 50 万円以下の罰金が科されることとされました（改正労安衛法 119 条 1 号）。

25　解釈通達（平 30.12.28 基発 1228 第 16 号）は，「その他正当な事由がある場合」について，個人情報の保護に関する法律第 16 条第 3 項各号に該当する場合が含まれるとしています。
26　労働者の心身の状態に関する情報の適正な取扱い指針（平成 30 年 9 月 7 日公示第 1 号）を指します。同指針が作成を求めている取扱規程は，解釈通達の一部（平 30.12.28 基発 1228 第 16 号・第 1 の問 8 等）において作成が前提とされていることも考慮すると，改正労安衛法 104 条 1 項・2 項により求められる「事業主の講ずべき措置」の一要素と解釈され得るため，作成した方が良いと筆者は考えます。

第5節 改正概要（事業主の義務）の一覧とポイント

1 労安衛法の改正概要（事業主の義務）一覧

　本章において説明したもののほか，改正において新設・変更された事業主の義務をまとめたものが下記の表になります。

◆労働安全衛生法・労働安全衛生規則の改正概要（事業主の義務）

面接指導・健康相談の強化	産業保健活動の環境整備
1．面接指導の時間要件〔時間外100時間→80時間に変更〕★〔1月当たりの健康時間外労働時間が80時間超の労働者に対し，当該超えた時間に関して情報通知〕★ ※高プロと研究開発業務従事者は別途 2．客観的な方法等〔タイムカードによる記録，PC等の使用時間の記録等の客観的な方法その他の適切な方法〕による労働時間の状況把握〔記録，3年保存〕★ 　※高プロ除く 3．健康相談に必要な体制整備の努力義務☆ 4．適正な健康情報の収集・利用・管理義務，適正管理のための措置義務★ ⇒労働者の心身の状態に関する情報の適正な取扱いのために事業者が講ずべき措置に関する指針（平成30年9月7日告示） 5．産業医情報〔産業医業務具体的内容，健康相談の申出方法，情報取扱方法〕を各事業場の見やすい場所に掲示する等の方法で	7．〔産業医の職務の遂行の独立性・中立性強化・権限明確化〕 ①〔産業医の権限明確化〕 　ア〔衛生委員会等に必要な調査審議を要求〕 　イ〔事業者・総括安全衛生管理者に意見陳述〕 　ウ〔健康管理の必要情報を労働者から収集〕 　エ〔健康確保の緊急時に必要な措置を指示〕 ②〔産業医離任の理由を衛生委員会に報告〕 ③〔衛生委員会の意見及び当該意見を踏まえて講じた措置の内容を，委員会開催の都度記録・3年保存〕 8．産業医等への情報提供義務☆ ①〔6の措置内容〕 ②〔時間外80時間超の労働者・超過時間の情報〕

周知☆ 6．勧告権限の実効性強化 ① 〔意見聴取後の就業上の措置の内容（措置を講じていない場合はその理由）を〕産業医に情報提供☆ ② 〔勧告の内容と勧告を受けて講じた措置の内容（又は講じない理由）を〕衛生委員会に報告 ③ 〔②の内容を記録・3年保存〕	③ 〔その他健康管理のため必要な労働者の業務情報〕

※〔〕内は省令に定められた内容。
※★はすべての事業場で適用。
　☆は常時雇用者50名未満の事業場が医師・保健師による健康管理を行う場合にも努力義務で適用。

2　本改正の最重要点

現行の産業医等に対する情報提供の仕組み　平成29年6月施行

○長時間労働者への産業医等による面接指導

事業者が残業時間が100時間/月超の労働者の情報を産業医に提供
※いない場合もその旨を情報提供する
↓
産業医が残業時間が100時間/月超の労働者に面接指導の申出を勧奨
↓
残業時間が100時間/月超の労働者からの申出
↓
産業医等が面接指導を実施
↓
産業医等が就業上の措置に関する意見を述べる
↓
事業者が就業上の措置を講じる
⇣
産業医は，労働者の健康を確保するため必要があると認めるときは，事業者に勧告

○健康診断の結果に基づく産業医等からの意見聴取

健康診断の実施
↓
健康診断結果　　（産業医等から求められたとき）異常所見者の業務に関する情報を産業医等に提供
　異常所見者に関する健診情報　　労働時間，業務内容等の情報
↓
産業医等が就業上の措置に関する意見を述べる
↓
事業者が就業上の措置を講じる
⇣
産業医は，労働者の健康を確保するため必要があると認めるときは，事業者に勧告

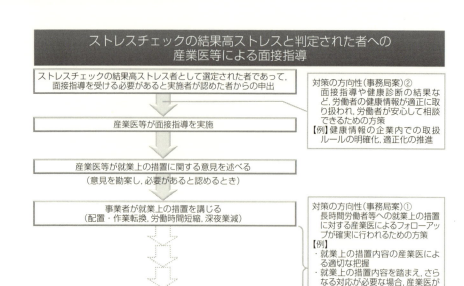

[出典] 平成29年5月30日第104回労働政策審議会安全衛生分科会　参考資料

　上記2つの図は，現行労安衛法における健康診断や産業医等による面接指導の流れを厚労省が図式化したものです。
　このうち最初にできたのは健康診断の規定（労安衛法66条から同法66条の7まで）であり，これが前述のとおり長時間労働者の面接指導（平成18年4月1日施行法で追加された同法66条の8）のベースとなり，さらにストレスチェックの結果高ストレスと判定された者への産業医等による面接指導（平成27年12月1日施行法で追加された同法66条の10）のベースにもなりました。
　しかし，現行法では，上記のうち罰則が定められていたのは健康診断の実施（同法66条1項），健康診断の結果の記録（同法66条の3），健康診断の結果の通知（同法66条の6）だけでした（現行労安衛法120条1号）。そして，「事業者が就業上の措置を講じる」という規定（労安衛法66条の5，同法66条の8第5項，同法66条の10第6項）については，健康に関する配慮義務違反が問われた場合に，事後的にその義務の具体的内容およ

びその違反の有無が問題になるに過ぎず，具体的な履行請求ができるものではありません。このため，従前の面接指導や健康診断では，専ら賠償等の事後的解決が問題となるだけで，予防的アプローチが取られることは少なかったといえます。

　もちろん，上記図のとおり，「産業医は，労働者の健康を確保するため必要があると認めるときは，事業者に勧告」することができるとの規定も存在した（現行労安衛法13条3項）のですが，そもそも今までは産業医に対し，事業者に勧告すると判断するに足る情報提供がされるとは限りませんでした。

　したがって，今までは，上記図における「事業者が就業上の措置を講じる」という部分で，事実上流れは止まってしまっていたのです。だからこそ，上記図は最後の矢印のみ点線で示されているものと思われます。

　今回の改正では，第2節1で見たとおり，使用者に対して産業医への情報提供義務が新設されました（改正労安衛法13条4項）が，その提供内容のトップに来るのは「法第66条の5第1項，第66条の8第5項…第66条の10第6項の規定により既に講じた措置又は講じようとする措置の内容に関する情報（これらの措置を講じない場合にあっては，その旨及びその理由）」です（改正労安衛則14条の2第1項1号）。

　これによって，産業医は十分な情報の下で「労働者の健康を確保するため必要があると認めるときは，事業者に対し，…必要な勧告をする」ことができるようになります。また，この勧告を受けた場合には，使用者はこれを尊重し，かつ衛生委員会等に当該勧告の内容および当該勧告を踏まえて講じた措置または講じようとする措置の内容（措置を講じない場合にあっては，その旨およびその理由）を報告しなければなりません（改正労安衛法13条5項・6項，改正労安衛則14条の3第4項各号）。

　そして，たとえば情報提供をしないとか，勧告を尊重して措置を講じないなど，改正法の流れを阻害するような行為を使用者が行えば，それ自体が健康に関する配慮義務違反ということになります。

今回の労安衛法改正によっても，措置を講じる義務が履行義務とされたわけではありません。しかし，第7章の改正で面接指導規定自体を強化しつつ，第3章で情報提供義務を新設するなどといった合わせ技により，産業医意見を反映した具体的措置を講じることが，履行義務に非常に近い形の予防的取組みとして求められるようになりました。

　その意味で，図の点線の矢印は実線に近いものになったといえますが，これも「一人一人の状況に応じた取扱いにより個人が最大限能力を発揮できるようにする」という働き方改革の1つの形といえることからすれば，この「実線化」こそ，厚労省が本改正で意図したポイントなのではないかと筆者は考えます。

　とはいうものの，前述のとおり，常時使用する労働者の数が50人に満たない事業場では，上記義務の多くは努力規定にとどまります。

　もちろん，50人に満たない事業場であっても，それが大企業に属するのであれば，人数で事業場の扱いに差異を設けるのは好ましくないという理由で，会社判断として実際は50人以上の事業場と同じ扱いにしておくと考えられます。

　しかし，これが中小企業となると，そもそも50人を超える事業場などない場合があり，その場合には前述した政府の支援策に期待するしかないということになります。ところが，実際にその支援策が実効性を持っているかを見ると，はなはだ疑問といわざるを得ません。

参考資料

労安衛法解釈通達（平 30.12.28 基発 1228 第 16 号）〈抜粋〉

第1　産業医・産業保健機能の強化（労働安全衛生法令及びじん肺法令関係）

＜産業医の権限の具体化（新安衛則第 14 条の 4 第 1 項及び第 2 項関係）＞	
問1	産業医が労働者の健康管理等を行うために必要な情報を労働者から収集する方法として，どのようなものがあるか。
答1	産業医が労働者の健康管理等を行うために必要な情報を労働者から収集する方法としては，作業場等を巡視する際などに，対面により労働者から必要な情報を収集する方法のほか，事業者から提供された労働時間に関する情報，労働者の業務に関する情報等を勘案して選定した労働者を対象に，職場や業務の状況に関するアンケート調査を実施するなど，文書により労働者から必要な情報を収集する方法等がある。
問2	産業医は，労働者の健康管理等を行うために必要な情報を労働者から収集する際に，どのようなことに配慮する必要があるか。また，事業者としても，その際に，どのようなことに配慮する必要があるか。
答2	労働者が産業医に提供した情報の内容等が当該労働者の同意なしに，事業者，人事担当者，上司等に伝達されることは，適正な情報の取扱い等が阻害されることとなる。 そのため，産業医は，労働者の健康管理等を行うために必要な情報を収集しようとする際には，当該情報の収集対象となった労働者に人事上の評価・処遇等において，事業者が不利益を生じさせないようにしなければならない。 また，事業者は，産業医が当該情報を収集する際の当該情報の具体的な取扱い（対象労働者の選定方法，情報の収集方法，情報を取り扱う者の範囲，提供された情報の取扱い等）について，あらかじめ，衛生委員会又は安全衛生委員会（以下「衛生委員会等」という。）において審議し，決定しておくことが望ましい。
問3	「労働者の健康を確保するため緊急の必要がある場合において，労働者に対して必要な措置をとるべきことを指示すること」とあるが，緊急の必要がある場合とは，どのようなものが含まれるか。
答3	「労働者の健康を確保するため緊急の必要がある場合」とは，保護具等を使用せずに，有害な化学物質を取り扱うことにより，労働災害が発生する危険のある場合のほか，熱中症等の徴候があり，健康を確保するため緊急の措置が必要と考えられる場合などが含まれる。
＜産業医の辞任又は解任時の衛生委員会等への報告（新安衛則第 13 条第 4 項関係）＞	
問4	事業者は，産業医から一身上の都合により辞任したい旨の申出があった場合には，衛生委員会等にこのとおり報告すればよいか。

答4	産業医の身分の安定性を担保し，その職務の遂行の独立性・中立性を高める観点から，事業者は，産業医が辞任したとき又は産業医を解任したときは，その旨及びその理由を衛生委員会等に報告しなければならないこととされている。 　その際には，産業医の辞任又は解任の理由が産業医自身の健康上の問題であるなど，当該産業医にとって機微な内容のものである場合には，産業医の意向を確認した上で，「一身上の都合により」，「契約期間満了により」などと報告しても差し支えない。

<産業医等に対する健康管理等に必要な情報の提供（新安衛法第13条第4項及び第13条の2第2項並びに新安衛則第14条の2第1項及び第2項並びに第15条の2第3項関係）>

問5	事業者が産業医等に提供する労働者の健康管理等を行うために必要な情報のうち，「休憩時間を除き1週間当たり40時間を超えて労働させた場合におけるその超えた時間（以下「時間外・休日労働時間」という。）が1月当たり80時間を超えた労働者の氏名，当該労働者に係る当該超えた時間に関する情報」とあるが，該当する労働者がいない場合においても，産業医に情報を提供しなければならないか。
答5	時間外・休日労働が1月当たり80時間を超えた労働者がいない場合においては，該当者がいないという情報を産業医に情報提供する必要がある。
問6	事業者が産業医等に提供する労働者の健康管理等を行うために必要な情報のうち，「労働者の業務に関する情報であって産業医が労働者の健康管理等を適切に行うために必要と認めるもの」には，どのようなものが含まれるか。
答6	「労働者の業務に関する情報であって産業医が労働者の健康管理等を適切に行うために必要と認めるもの」には，①労働者の作業環境，②労働時間，③作業態様，④作業負荷の状況，⑤深夜業等の回数・時間数などのうち，産業医が労働者の健康管理等を適切に行うために必要と認めるものが含まれる。 　なお，必要と認めるものについては，事業場ごとに，あらかじめ，事業者と産業医とで相談しておくことが望ましい。 　また，健康管理との関連性が不明なものについて，産業医等から求めがあった場合には，産業医等に説明を求め，個別に確認することが望ましい。
問7	事業者は，産業医等に労働者の健康管理等に必要な情報を書面により提供しなければならないのか。また，事業者が産業医等に提供した情報については，保存しておく必要があるか。
答7	事業者が産業医等に情報を提供する方法としては，書面による交付のほか，磁気テープ，磁気ディスクその他これらに準ずる物に記録して提供する方法や電子メールにより提供する方法等がある。 　また，産業医等に提供した情報については，記録・保存しておくことが望ましい。

<労働者からの健康相談に適切に対応するために必要な体制の整備等（新安衛法第13条の3関係）>

問8	事業者は，労働者が産業医等による健康相談を安心して受けられる体制を整備するためには，どのようなことを行えばよいか。
答8	事業者は，産業医による健康相談の申出の方法（健康相談の日時・場所等を含む。），産業医の業務の具体的な内容，事業場における労働者の心身の状態に関する情報の取扱方法を，労働者に周知させる必要がある。 　また，労働者数50人未満の事業場については，新安衛法第101条第3項に基づき，労働者の健康管理等を行うのに必要な医学に関する知識を有する医師又は保健師（以下「医師等」という。）を選任した事業者は，労働者に周知させるように努めなければならない。 　周知方法としては，各作業場の見やすい場所に掲示等するほか，書面により労働者に通知すること，イントラネット等により労働者が当該事項の内容に電子的にアクセスできるようにすることなどが適当である。 　なお，保健指導，面接指導，健康相談等は，プライバシーを確保できる場所で実施できるように，配慮するとともに，その結果については，心身の状態の情報指針に基づき事業場ごとに策定された取扱規程により，適切に取り扱う必要がある。

＜産業医等の業務の具体的な内容の周知（新安衛法第101条第2項及び第3項並びに新安衛則第98条の2第1項及び第2項関係）＞

問9	「事業場における産業医の業務の具体的な内容」とは，どのようなものか。
答9	「事業場における産業医の業務の具体的な内容」とは，産業医が事業場において遂行している業務を指す。 　なお，当該業務の内容については，新安衛則第14条第1項に規定する職務と対比できるようにしておくと分かりやすいので，そのようにしておくことが適当である。

＜労働者の心身の状態に関する情報の取扱い（新じん肺法第35条の3第1項から第4項まで及び新安衛法第104条第1項から第4項まで，新じん肺則第33条及び新安衛則第98条の3並びに心身の状態の情報指針関係）＞

問10	労働者の心身の状態に関する情報について，事前に労働者本人の同意なしに事業者が取り扱うことができる場合や新安衛法第104条第1項及び新じん肺法第35条の3第1項に規定する「その他正当な事由がある場合」とは，どのようなものが含まれるか。
答10	「その他正当な事由がある場合」とは，メンタルヘルス不調により自殺企図の徴候が見られる場合など，人の生命，身体又は財産の保護のために必要がある場合であって，本人の同意を得ることが困難であるときなど，個人情報の保護に関する法律（平成15年法律第57号）第16条第3項各号に該当する以下の場合が含まれる。 ①　法令に基づく場合 ②　人の生命，身体又は財産の保護のために必要がある場合であって，本人の同意を得ることが困難であるとき。 ③　公衆衛生の向上又は児童の健全な育成の推進のために特に必要がある場合であって，本人の同意を得ることが困難であるとき。 ④　国の機関若しくは地方公共団体又はその委託を受けた者が法令の定める事務を遂行することに対して協力する必要がある場合であって，本人

	の同意を得ることにより当該事務の遂行に支障を及ぼすおそれがあるとき。
<安全委員会，衛生委員会等の意見等の記録・保存（新安衛則第23条第4項関係）>	
問11	安全委員会，衛生委員会等の意見及び当該意見を踏まえて講じた措置の内容等の記録・保存について，議事録を保存することでもよいか。
答11	安全委員会，衛生委員会等の意見及び当該意見を踏まえて講じた措置の内容等が具体的に記載された議事録であれば，当該議事録を保存することでも構わない。
<産業医による衛生委員会等に対する調査審議の求め（新安衛則第23条第5項関係）>	
問12	産業医が衛生委員会等に対して調査審議を発議するときは，当該産業医が当該委員会等に出席する必要はあるか。
答12	産業医が衛生委員会等に対して調査審議を発議するときは，当該発議の趣旨等を当該産業医から他の委員に説明する必要があることから，当該産業医は，衛生委員会等に出席する必要がある。

第2　面接指導等（労働安全衛生法令関係）

<医師による面接指導の対象となる労働者の要件（新安衛法第66条の8第1項及び新安衛則第52条の2第1項関係）>	
問1	新安衛則第52条の2第1項の規定においては，時間外・休日労働時間が1月当たり80時間を超えた場合（かつ，当該労働者が疲労の蓄積の認められる者である場合）に面接指導の対象となるが，所定労働時間が1週間当たり40時間に満たない事業場においては，1週間当たり40時間（法定労働時間）と所定労働時間のどちらを基準として算定すればよいか。
答1	時間外・休日労働時間が1月当たり80時間を超えた時間については，1週間当たり40時間（法定労働時間）を基準として，新安衛法第66条の8の3に基づき把握した労働時間の状況により，当該超えた時間を算定すればよい。
問2	海外派遣された労働者（短期の海外出張などであって，整備法による改正後の労働基準法（昭和22年法律第49号。以下「新労基法」という。）が適用される場合に限る。）について，時間外・休日労働時間の算定後（労働者からの申出が必要な場合は申出後），遅滞なく，面接指導を実施することが困難な場合には，面接指導の実施方法・時期はどのようにすればよいか。
答2	海外派遣された労働者が面接指導の対象となった場合には，平成27年9月15日付け基発0915第5号「情報通信機器を用いた労働安全衛生法第66条の8第1項及び第66条の10第3項の規定に基づく医師による面接指導の実施について」に基づき，情報通信機器を用いた面接指導を実施することが適当である。 また，上記の対応が困難な場合には，書面や電子メール等により当該労働者の健康状態を可能な限り確認し，必要な措置を講じることが適当であ

	り，この場合には，帰国後，面接指導の実施が可能な状況となり次第，速やかに実施する必要がある。
＜労働者への労働時間に関する情報の通知（新安衛則第52条の2第3項関係）＞	
問3	労働者に通知する「当該超えた時間に関する情報」（以下「労働時間に関する情報」という。）とは，どのようなものか。
答3	「労働時間に関する情報」とは，時間外・休日労働時間数を指すものであり，通知対象は，当該超えた時間が1月当たり80時間を超えた労働者である。 　当該通知は，疲労の蓄積が認められる労働者の面接指導の申出を促すものであり，労働時間に関する情報のほか，面接指導の実施方法・時期等の案内を併せて行うことが望ましい。 　また，新労基法第36条第11項に規定する業務に従事する労働者（以下「研究開発業務従事者」という。）については，時間外・休日労働時間が1月当たり100時間を超えたものに対して，申出なしに面接指導を行わなければならないため，事業者は，対象労働者に対して，労働時間に関する情報を，面接指導の案内と併せて通知する必要がある。
問4	労働者への労働時間に関する情報の通知は，どのような方法で行えばよいか。
答4	事業者は，新安衛則第52条の2第2項の規定により，1月当たりの時間外・休日労働時間の算定を毎月1回以上，一定の期日を定めて行う必要があり，当該時間が1月当たり80時間を超えた労働者に対して，当該超えた時間を書面や電子メール等により通知する方法が適当である。 　なお，給与明細に時間外・休日労働時間数が記載されている場合には，これをもって労働時間に関する情報の通知としても差し支えない。
問5	労働者に対する労働時間に関する情報の通知は，どのような時期に行えばよいか。
答5	事業者は，新安衛則第52条の2第3項の規定により，時間外・休日労働時間が1月当たり80時間を超えた労働者に対して，当該超えた時間の算定後，速やかに（おおむね2週間以内をいう。）通知する必要がある。
問6	時間外・休日労働時間が1月当たり80時間を超えない労働者から，労働時間に関する情報について開示を求められた場合には，応じる必要はあるか。
答6	労働者が自らの労働時間に関する情報を把握し，健康管理を行う動機付けとする観点から，時間外・休日労働時間が1月当たり80時間を超えない労働者から，労働時間に関する情報について開示を求められた場合には，これに応じることが望ましい。
＜研究開発業務従事者に対する医師による面接指導（新安衛法第66条の8の2第1項及び第2項並びに新安衛則第52条の7の2第1項及び第2項関係）＞	
問7	研究開発業務従事者に対する面接指導について，時間外・休日労働時間が1月当たり100時間を超える労働者のみが対象か。
答7	研究開発業務労働者の面接指導については，新安衛法第66条の8の2

	第1項の規定により，時間外・休日労働時間が1月当たり100時間を超えた場合には，当該労働者からの面接指導の申出なしに，事業者は，面接指導を行わなければならない。 　また，時間外・休日労働時間が1月当たり100時間を超えない場合であっても，当該超えた時間が80時間を超え，かつ，疲労の蓄積が認められた場合には，新安衛法第66条の8第1項の規定により，面接指導の対象となるため，当該労働者から面接指導の申出があれば，事業者は，面接指導を行わなければならない。
<労働時間の状況の把握（新安衛法第66条の8の3並びに新安衛則第52条の7の3第1項及び第2項関係）>	
問8	「労働時間の状況」として，事業者は，どのようなことを把握すればよいか。
答8	新安衛法第66条の8の3に規定する労働時間の状況の把握とは，労働者の健康確保措置を適切に実施する観点から，労働者がいかなる時間帯にどの程度の時間，労務を提供し得る状態にあったかを把握するものである。 　事業者が労働時間の状況を把握する方法としては，原則として，タイムカード，パーソナルコンピュータ等の電子計算機の使用時間（ログインからログアウトまでの時間）の記録，事業者（事業者から労働時間の状況を管理する権限を委譲された者を含む。）の現認等の客観的な記録により，労働者の労働日ごとの出退勤時刻や入退室時刻の記録等を把握しなければならない。 　なお，労働時間の状況の把握は，労働基準法施行規則（昭和22年厚生省令第23号）第54条第1項第5号に掲げる賃金台帳に記入した労働時間数をもって，それに代えることができるものである。 　ただし，労基法第41条各号に掲げる者（以下「管理監督者等」という。）並びに労基法第38条の2に規定する事業場外労働のみなし労働時間制が適用される労働者（以下「事業場外労働のみなし労働時間制の適用者」という。）並びに労基法第38条の3第1項及び第38条の4第1項に規定する業務に従事する労働者（以下「裁量労働制の適用者」という。）については，この限りではない。
問9	面接指導の要否については，休憩時間を除き1週間当たり40時間を超えて労働させた場合におけるその超えた時間（時間外・休日労働時間）により判断することとされているが，個々の事業場の事情により，休憩時間や食事時間（以下「休憩時間等」という。）を含めた時間により，労働時間の状況を把握した場合には，当該時間をもって，面接指導の要否を判断することとしてよいか。
答9	面接指導の要否については，休憩時間を除き1週間当たり40時間を超えて労働させた場合におけるその超えた時間（時間外・休日労働時間）により，判断することとなる。 　なお，個々の事業場の事情により，休憩時間等を除くことができず，休憩時間等を含めた時間により労働時間の状況を把握した労働者については，当該時間をもって，判断することとなる。
問10	労働時間の状況を把握しなければならない労働者には，裁量労働制の適

	用者や管理監督者も含まれるか。
答10	労働時間の状況の把握は，労働者の健康確保措置を適切に実施するためのものであり，その対象となる労働者は，新労基法第41条の2第1項に規定する業務に従事する労働者（高度プロフェッショナル制度の適用者）を除き，①研究開発業務従事者，②事業場外労働のみなし労働時間制の適用者，③裁量労働制の適用者，④管理監督者等，⑤労働者派遣事業の適正な運営の確保及び派遣労働者の保護等に関する法律（昭和60年法律第88号）第2条第2号に規定する労働者（派遣労働者），⑥短時間労働者の雇用管理の改善等に関する法律（平成5年法律第76号）第2条に規定する労働者（短時間労働者），⑦労働契約法（平成19年法律第128号）第17条第1項に規定する労働契約を締結した労働者（有期契約労働者）を含めた全ての労働者である。
問11	労働時間の状況の把握方法について，新安衛則第52条の7の3第1項に規定する「その他の適切な方法」とは，どのようなものか。
答11	「その他の適切な方法」としては，やむを得ず客観的な方法により把握し難い場合において，労働者の自己申告による把握が考えられるが，その場合には，事業者は，以下のアからオまでの措置を全て講ずる必要がある。 　ア　自己申告制の対象となる労働者に対して，労働時間の状況の実態を正しく記録し，適正に自己申告を行うことなどについて十分な説明を行うこと。 　イ　実際に労働時間の状況を管理する者に対して，自己申告制の適正な運用を含め，講ずべき措置について十分な説明を行うこと。 　ウ　自己申告により把握した労働時間の状況が実際の労働時間の状況と合致しているか否かについて，必要に応じて実態調査を実施し，所要の労働時間の状況の補正をすること。 　エ　自己申告した労働時間の状況を超えて事業場内にいる時間又は事業場外において労務を提供し得る状態であった時間について，その理由等を労働者に報告させる場合には，当該報告が適正に行われているかについて確認すること。 　　その際に，休憩や自主的な研修，教育訓練，学習等であるため労働時間の状況ではないと報告されていても，実際には，事業者の指示により業務に従事しているなど，事業者の指揮命令下に置かれていたと認められる時間については，労働時間の状況として扱わなければならないこと。 　オ　自己申告制は，労働者による適正な申告を前提として成り立つものである。このため，事業者は，労働者が自己申告できる労働時間の状況に上限を設け，上限を超える申告を認めないなど，労働者による労働時間の状況の適正な申告を阻害する措置を講じてはならないこと。 　　また，時間外労働時間の削減のための社内通達や時間外労働手当の定額払等労働時間に係る事業場の措置が，労働者の労働時間の状況の適正な申告を阻害する要因となっていないかについて確認するとともに，当該阻害要因となっている場合においては，改善のための措置を講ずること。 　　さらに，新労基法の定める法定労働時間や時間外労働に関する労使協定（いわゆる36協定）により延長することができる時間数を遵守する

	ことは当然であるが，実際には延長することができる時間数を超えて労働しているにもかかわらず，記録上これを守っているようにすることが，実際に労働時間の状況を管理する者や労働者等において，慣習的に行われていないかについても確認すること。
問12	労働時間の状況の把握方法について，「やむを得ず客観的な方法により把握し難い場合」とは，どのようなものか。
答12	「やむを得ず客観的な方法により把握し難い場合」としては，例えば，労働者が事業場外において行う業務に直行又は直帰する場合など，事業者の現認を含め，労働時間の状況を客観的に把握する手段がない場合があり，この場合に該当するかは，当該労働者の働き方の実態や法の趣旨を踏まえ，適切な方法を個別に判断すること。 　ただし，労働者が事業場外において行う業務に直行又は直帰する場合などにおいても，例えば，事業場外から社内システムにアクセスすることが可能であり，客観的な方法による労働時間の状況を把握できる場合もあるため，直行又は直帰であることのみを理由として，自己申告により労働時間の状況を把握することは，認められない。 　また，タイムカードによる出退勤時刻や入退室時刻の記録やパーソナルコンピュータの使用時間の記録などのデータを有する場合や事業者の現認により当該労働者の労働時間を把握できる場合にもかかわらず，自己申告による把握のみにより労働時間の状況を把握することは，認められない。
問13	労働時間の状況を自己申告により把握する場合に，日々の把握が必要になるか。
答13	労働時間の状況を自己申告により把握する場合には，その日の労働時間の状況を翌労働日までに自己申告させる方法が適当である。 　なお，労働者が宿泊を伴う出張を行っているなど，労働時間の状況を労働日ごとに自己申告により把握することが困難な場合には，後日一括して，それぞれの日の労働時間の状況を自己申告させることとしても差し支えない。 　ただし，このような場合であっても，事業者は，新安衛則第52条の2第2項及び第3項の規定により，時間外・休日労働時間の算定を毎月1回以上，一定の期日を定めて行う必要があるので，これを遵守できるように，労働者が出張の途中であっても，当該労働時間の状況について自己申告を求めなければならない場合があることには，留意する必要がある。
問14	平成30年9月7日付け基発0907第2号の記の第2の2(4)で「また，事業者はこれらの方法により把握した労働時間の状況の記録を作成し，…」となっているが，パーソナルコンピュータ等の電子計算機の使用時間（ログインからログアウトまでの時間）の記録を紙媒体で毎月出力して記録するという趣旨か。
答14	労働時間の状況の記録・保存の方法については，紙媒体で出力することによる記録のほか，磁気テープ，磁気ディスクその他これに準ずるものに記録・保存することでも差し支えない。

第9章 労働時間等設定改善法の改正

＜改正のポイント＞
- ○ 改正により努力義務として事業者が改善を図るべき対象に勤務間インターバルの設定が加えられた。
- ○ インターバル時間を設定するに際しては，各労働者の通勤時間等を考慮したうえで，実質的に睡眠時間が確保できるようにすべき点に留意する必要がある。
- ○ 労働時間等設定改善企業委員会の決議により代えられる労使協定が追加された。
- ○ 衛生委員会のみなし規定は廃止された。

第1節　労働時間等設定改善法改正の構図

1　労働時間等設定改善法の概要

　労働時間等設定改善法は，「年間総実労働時間 1,800 時間」を目標として労働時間の短縮の推進を図った「労働時間の短縮の促進に関する臨時措置法」を受け継ぐ形で，平成 18 年 4 月 1 日に「労働時間等の設定の改善に関する特別措置法」として施行された法律です。

2　労働時間等設定改善法の改正概要

　今回の改正では，まず，同法 2 条における事業主の責務の内容において，いわゆる勤務間インターバルの設定が追加されています（内容については後述します）。これに応じて，同法 1 条の 2 第 2 項では，同法が改善の対象とする「労働時間等の設定」の定義に勤務間インターバルの設定等が追加されています。

　次に，一定の要件のもと，労基法により労使協定の締結が必要とされている事項について，労働時間等設定改善企業委員会の決議で代えることができるとされました。

　最後に，従来は労安衛法上の衛生委員会等を一定の要件のもと労働時間等設定改善委員会とみなすことができる旨の規定があったところ，これが削除されています。

　以下，順にこれらを見ていきます。

第2節　勤務間インターバル概念の追加

1　改正条文

> （定義）
> 【改正】労働時間等設定改善法第1条の2
> 1　〔略〕
> 2　この法律において「労働時間等の設定」とは，労働時間，休日数，年次有給休暇を与える時季，深夜業の回数，終業から始業までの時間その他の労働時間等に関する事項を定めることをいう。

　労働者の過労死等の発生については，長時間労働やハラスメントといった要因によって引き起こされる睡眠不足が大きな影響を与えていることが知られています。このため近年は長時間労働防止やハラスメント予防対策が進められているわけですが，終業から次の始業までの時間（これを「勤務間インターバル」といいます）に労働者は睡眠をとるため，この時間を十分な長さとしなければそもそも睡眠時間が確保できません。このような勤務間インターバルの重要性から，本改正では改善対象となる「労働時間等の設定」の内容として「深夜業の回数，終業から始業までの時間」が追加されました[1, 2]。

　これを受けて，事業主の責務を定める同法2条1項においても，勤務間

---

[1]　なお，条文上明らかなように，深夜業の回数も改善対象として追加されていますので留意してください。具体的な回数については，平成30年10月30日厚生労働省告示375号によれば，現時点でも定まっていないようです。

インターバルの設定が追加されています。

> （事業主等の責務）
> 【改正】労働時間等設定改善法第2条
> 1　事業主は、その雇用する労働者の労働時間等の設定の改善を図るため、業務の繁閑に応じた労働者の始業及び終業の時刻の設定、<u>健康及び福祉を確保するために必要な終業から始業までの時間の設定</u>、年次有給休暇を取得しやすい環境の整備その他の必要な措置を講ずるように努めなければならない。
> 2，3　〔略〕
> 4　事業主は、他の事業主との取引を行う場合において、<u>著しく短い期限の設定及び発注の内容の頻繁な変更を行わないこと</u>、当該他の事業主の講ずる労働時間等の設定の改善に関する措置の円滑な実施を阻害することとなる取引条件を付けない<u>こと</u>等取引上必要な配慮をするように努めなければならない。

　なお、同条4項は、あらかじめ望ましい労働時間等の設定となっていても、取引先による無理な発注に応じるために同設定が事実上無視される事態となれば本末転倒となることから、これを避けるべく無理な発注をしないよう取引先に努力義務を課したものです。

　勤務間インターバルの概念について以下のとおり図表化しましたので、参考にしてください。

2　このため、勤務間インターバル制度の導入に取り組む中小企業について、労務管理担当者への研修や外部専門家によるコンサルティング、労務管理用ソフトウェアの導入等のいずれか1つの取組みを行ったときは、その経費の一部を成果目標の達成状況に応じて（インターバル制度を導入していない企業が9時間以上のインターバルを事業場所属労働者の過半数を対象とする制度として導入したときは最大50万円、もともと制度を導入している企業が対象者を増加させ過半数を超えたとき、またはインターバル時間を2時間以上延長したことで9時間以上となったときは最大25万円）支給するとする、時間外労働等改善助成金が用意されています。

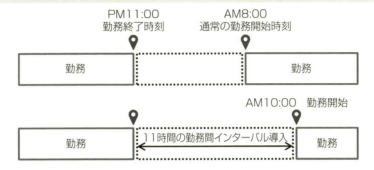

2　問題点と今後の方向性

　上述のとおり，勤務間インターバル制度は健康維持に必要な睡眠時間を確保する有効な措置ですが，導入・管理コストの点からか導入企業数は平成30年時点でも1.8%と少なく，また導入企業についても業種によってはインターバル時間数が短く睡眠時間確保に必ずしもつながらないような状態にあります。このことは，厚労省から平成30年10月23日に発表された「平成30年就労条件総合調査の概況」の調査結果により明らかとなっています。

◆勤務間インターバル制度の導入状況

勤務間インターバル制度の導入状況別企業割合及び1企業平均間隔時間

(単位：％)

企業規模・産業・年	全企業	導入している	1企業平均間隔時間 1)(時間、分)	導入を予定又は検討している	導入予定はなく、検討もしていない	不明
平成30年調査計	100.0	1.8	10：58	9.1	89.1	0.0
1,000人以上	100.0	5.1	9：42	23.7	71.1	0.1
300～999人	100.0	3.5	10：27	10.9	85.4	0.1
100～299人	100.0	2.1	9：43	11.6	86.3	－
30 ～ 99人	100.0	1.4	11：55	7.6	90.9	－
鉱業,採石業,砂利採取業	100.0	－	－	7.7	92.3	－
建設業	100.0	2.6	11：34	3.7	93.8	－
製造業	100.0	1.6	10：37	7.2	91.2	0.0
電気・ガス・熱供給・水道業	100.0	0.5	…	5.1	93.2	1.3
情報通信業	100.0	2.7	11：05	19.2	78.1	－
運輸業,郵便業	100.0	4.1	8：20	11.2	84.7	0.0
卸売業,小売業	100.0	1.8	10：34	11.0	87.3	－
金融業,保険業	100.0	1.0	9：56	3.7	95.3	－
不動産業,物品賃貸業	100.0	1.4	9：22	10.3	88.3	－
学術研究,専門・技術サービス業	100.0	0.5	8：33	7.5	92.0	－
宿泊業,飲食サービス業	100.0	0.1	…	19.3	80.5	－
生活関連サービス業,娯楽業	100.0	0.2	…	3.4	96.4	－
教育,学習支援業	100.0	2.3	12：02	3.8	92.9	1.0
医療,福祉	100.0	1.9	14：12	9.4	88.7	－
複合サービス事業	100.0	0.2	…	2.9	96.9	－
サービス業(他に分類されないもの)	100.0	1.9	10：34	5.6	92.5	－
平成29年調査計	100.0	1.4	11：15	5.1	92.9	…

注：1)「1企業平均間隔時間」は、各企業で定められている実際の終業時刻から始業時刻までの間に空けることとしている最も短い間隔の時間の平均である。

［出典］厚労省「平成30年就労条件総合調査の概況」

　このような現状にも表れているように，たしかに企業側としては，同制度を導入した場合の業務への支障について懸念されるところです。しかし，たとえば緊急の顧客対応等でやむを得ない場合には上長判断で適用除外とする余地を残す，あるいは週5日中3日だけインターバル時間を設けるなど，業務量に応じた一定の柔軟性を持たせた制度をとることはできます。企業側としては，このような工夫をすることで部分的にでもインターバル制度を導入できないか，検討するのが望ましいといえます。

　また，終業してから始業までの時間のうちどれだけを睡眠に充てられるかについては，特に個人の通勤時間によって大きな差異が生じます。この点を調査せずに全労働者一律のインターバル時間を設定するのはナンセン

スであり，通勤時間等といった個別事情に応じて設定は変えるべきといえます。たとえば，従業員の通勤時間が平均１時間の事業所では，原則的なインターバル時間は通勤１時間と考えて設定し，ただし通勤に２時間かかる従業員がいれば，その者については通常より１時間長くインターバル時間を設定する，という工夫が考えられます。

　実際，働き方改革関連法案に対する参議院の附帯決議では，以下のとおり通勤時間について言及がされており，今後の正しい議論の方向性を示しているといえます。

> 13　本法において努力義務化された勤務間インターバル制度について，労働者の健康の保持や仕事と生活の調和を図るために有効な制度であることに鑑み，好事例の普及や労務管理に係るコンサルティングの実施等，その導入促進に向けた具体的な支援策の展開を早急に実施するとともに，次回の見直しにおいて義務化を実現することも目指して，そのための具体的な実態調査及び研究等を行うこと。なお，１日当たりの休息時間を設定するに際しては，我が国における通勤時間の実態等を十分に考慮し，真に生活と仕事との両立が可能な実効性ある休息時間が確保されるよう，労使の取組を支援すること。

　勤務間インターバル制度を導入するのであれば，上記のように個別事情に応じ，より労働者の健康確保につながる制度とするのが望ましいといえます。

第3節　労働時間等設定改善企業委員会の活用

1　労働時間等設定改善企業委員会の決議に係る特例

> （労働時間等設定改善企業委員会の決議に係る労働基準法の適用の特例）
> 【改正】労働時間等設定改善法第7条の2　新設
> 　事業主は，事業場ごとに，当該事業場における労働時間等の設定の改善に関する事項について，労働者の過半数で組織する労働組合がある場合においてはその労働組合，労働者の過半数で組織する労働組合がない場合においては労働者の過半数を代表する者との書面による協定により，第6条に規定する委員会のうち全部の事業場を通じて一の委員会であって次に掲げる要件に適合するもの（以下この条において「労働時間等設定改善企業委員会」という。）に調査審議させ，事業主に対して意見を述べさせることを定めた場合であって，労働時間等設定改善企業委員会でその委員の5分の4以上の多数による議決により労働基準法第37条第3項並びに第39条第4項及び第6項に規定する事項について決議が行われたときは，当該協定に係る事業場の使用者については，同法第37条第3項中「協定」とあるのは，「協定（労働時間等の設定の改善に関する特別措置法第7条の2に規定する労働時間等設定改善企業委員会の決議を含む。第39条第4項及び第6項並びに第106条第1項において同じ。）」として，同項並びに同法第39条第4項及び第6項並びに第106条第1項の規定を適用する。
> ①　当該全部の事業場を通じて一の委員会の委員の半数については，当該事業主の雇用する労働者の過半数で組織する労働組合がある場合においてはその労働組合，当該労働者の過半数で組織する労働組合がない場合においては当該労働者の過半数を代表する者の推薦に基づき指

> ② 当該全部の事業場を通じて一の委員会の議事について，厚生労働省令で定めるところにより，議事録が作成され，かつ，保存されていること。
> ③ 前2号に掲げるもののほか，厚生労働省令で定める要件

　労働時間等設定改善企業委員会とは，労働時間等設定改善法6条に基づき設置される委員会のうち，全部の事業場を通じて企業単位で設置されるものをいいます。従前から現行労働時間等設定改善法7条1項（改正後は7条）により事業場単位で設置される労働時間等設定改善委員会は存在しましたが，今回の改正では新たに労働時間等設定改善「企業」委員会という企業単位レベルのものが創設されたということになります。

　今回新設される改正労働時間等設定改善法7条の2は，
① 各事業場において，過半数労働組合（それがない場合は労働者の過半数を代表する者）との労使協定で「労働時間等設定改善企業委員会に委ねること」を定め，
② 同委員会において，委員の5分の4以上の多数決議を行った場合，
③ 代替休暇（労基法37条3項），時間単位年休（同法39条4項），年休の計画的付与（同条6項）の3点について，上記②の決議をもって，これらの条項に係る労使協定に代えることができる（同法106条1項の周知の対象もこの決議に代わる）

という内容です。

　すなわち，③に記載した3点に関しては，事業場単位の労使協定に「委員会に委ねる」とだけ定めておき，企業単位の委員会で5分の4以上の多数決議をすれば，個々の事項に関して労使協定で定めなくてもよい，という特例を新たに設けるものです。

　なお，この委員会については，以下のとおりの施行規則が定められています。

(準用規定)
【改正】労働時間等設定改善法施行規則第4条
　<u>第2条及び前条</u>の規定は，<u>法第7条の2に規定する労働時間等設定改善企業委員会</u>について準用する。

　上記にいう「第2条及び前条の規定」とは，労働時間等設定改善委員会の議事録の作成および3年間の保存義務（同規則2条），労働時間等設定改善委員会の委員の任期および当該委員会の招集，定足数，議事その他当該委員会の運営について必要な事項に関する規程が定められていること（同規則3条）を指し，これが労働時間等設定改善企業委員会にも準用されるということです。

2　衛生委員会のみなし規定の廃止

　従前は，現行労働時間等設定改善法7条2項により，一定の要件を満たした衛生委員会等（労安衛法18条等）を労働時間等設定改善委員会とみなすことができました。しかし，これによって三六協定等の締結に関して集団的な合意が骨抜きにされてしまっているという指摘（第116回労働政策審議会労働条件分科会（平成26年9月30日）の労働者委員発言など）や，今回の改正により追加された上記特例措置を付与することはふさわしくないという意見等により，衛生委員会のみなし規定は今回の法改正をもって廃止・削除されました。

　なお，この点については働き方改革関連法附則10条に経過措置が定められており，改正前から存在する衛生委員会の決議は，2022年3月31日（2019年3月31日を含む期間を定め，その期間が2022年3月31日を超えないものはその期間の末日）まではなおその効力を有するとされています。

3 今後の方向性

近時，長時間労働やハラスメント等については，これを断じて許さないことを企業トップが宣言すべきとされています。これは，「健康ひいては命に係わる問題については，労基署指導等といった事業場単位の対応では十分な効果は上げられないため，会社の強い経営意思として企業単位で対応させるべきである」との考え方が強まっているためです。平成28年12月26日に厚労省から発表された「『過労死等ゼロ』緊急対策」も，違法な長時間労働等に対する是正指導については企業本社に対して行うとしていますが，これも事業場単位対応から企業単位対応へのシフトを示す動きの1つといえます。

本節で説明した企業単位での代替決議機能についても，上記企業単位での対応の促進という観点から創設されたものだと思われます。そして，前述のとおり年次有給休暇の時季指定義務が新設されたことからもわかるように，労働者の健康確保措置として現在最も機能するのは代替休暇や年次有給休暇といった休暇規定です。このため，下記の図表のとおり，まずは休暇部分にのみ代替決議機能が認められたものと思われます。

◆労働時間設定改善法労使協定等の代替決議機能

	労働基準法上の条文番号※※	労働時間設定改善法		労基法	届出の要否	
		設定改善委員会	設定改善企業委員会	38条の4の労使委員会	労使協定の届出要否	代替決議の届出要否
各種変形労働時間制の導入要件	32の2－Ⅰ 32の4－Ⅰ・Ⅱ 32の5－Ⅰ	○	×	○	要	否
フレックスタイム制の導入要件	32の3－Ⅰ	○	×	○	否※	否
休憩時間の一斉付与の適用除外の導入要件	34－Ⅱ但書	○	×	○	否	否
時間外及び休日の労働の要件	36－Ⅰ,Ⅱ,Ⅴ	○	×	○	要	要
時間外の割増賃金の代替休暇の付与要件	37－Ⅲ	○	○	○	否	否
事業場外労働制のみなし時間制の定め	38の2－Ⅱ	○	×	○	要	否
専門業務型裁量労働制の導入要件	38の3－Ⅰ	○	×	○	要	否
企画業務型裁量労働制の導入要件	38の4	×	×	(導入要件)	要	－
年次有給休暇の時間単位付与要件	39－Ⅳ	○	○	○	否	否
年次有給休暇の計画的付与要件	39－Ⅵ	○	○	○	否	否
年次有給休暇中の賃金の定め	39－Ⅸ但書	×	×	○	否	否
高度プロフェッショナル制度の導入要件	41の2－Ⅰ	×	×	(導入要件)	要	－

※清算期間1か月超のフレックスタイム制は，届出「要」・代替決議の届出「不要」。
※※条文番号は今回の労基法改正後の条文による。
「○」は委員会決議で労使協定等を代替できること，「×」は代替できないことを表す。

今後，対応レベルが事業場単位から企業単位へとさらに移行するにつれて，代替決議機能が認められる対象も増加する可能性があるといえます。

巻末資料

1(1) 様式第9号（時間外労働・休日労働に関する協定届）
 (2) 様式第9号の記載例
 (3) 様式第9号の2（時間外労働・休日労働に関する協定届）
 (4) 様式第9号の2の記載例
2 労働基準法第36条第1項の協定で定める労働時間の延長及び休日の労働について留意すべき事項等に関する指針（平30.9.7厚生労働省告示第323号）
3(1) 様式第3号の3（清算期間が1箇月を超えるフレックスタイム制に関する協定届）
 (2) 様式第3号の3の記載例
4 補足解説（本書123頁）
5(1) 改正労働基準法と改正労働基準法施行規則の対照表
 (2) 改正労働安全衛生法と改正労働安全衛生規則の対照表
 (3) 働き方改革関連法と働き方改革関連法により新たに委任された省令の対照表（別表）
6 働き方改革関連法附則3条4項の「配慮」の意味について

巻末資料 1 (1)

時間外労働 に関
休 日 労 働

様式第9号（第16条第1項関係）

事業の種類	事業の名称

		時間外労働をさせる必要のある具体的事由	業務の種類	労働者数 (満18歳 以上の者
時間外労働	① 下記②に該当しない労働者			
	② 1年単位の変形労働時間制により労働する労働者			
休日労働	休日労働をさせる必要のある具体的事由		業務の種類	労働者数 (満18歳 以上の者

上記で定める時間数にかかわらず、時間外労働及び休日労働を合算した時間数は、1箇月について100

協定の成立年月日　　　　　年　　　月　　　日

協定の当事者である労働組合（事業場の労働者の過半数で組織する労働組合）の名称又は労働者の過半数を代

協定の当事者（労働者の過半数を代表する者の場合）の選出方法（

　　　　　　　　　　　　　年　　　月　　　日

　　　　　　　　　　労働基準監督署長殿

巻末資料 295

労働保険番号	都道府県	所掌	管轄	基幹番号	枝番号	被一括事業場番号
法人番号						

る協定届

事業の所在地（電話番号）	協定の有効期間
（〒　　－　　） （電話番号：　　－　　－　　）	

所定労働時間 （1日） （任意）	延長することができる時間数					
	1日		1箇月（①については45時間まで、②については42時間まで）		1年（①については360時間まで、②については320時間まで）	
					起算日 （年月日）	
	法定労働時間を超える時間数	所定労働時間を超える時間数 （任意）	法定労働時間を超える時間数	所定労働時間を超える時間数 （任意）	法定労働時間を超える時間数	所定労働時間を超える時間数 （任意）

所定休日 （任意）	労働させることができる 法定休日の日数	労働させることができる法定 休日における始業及び終業の時刻

時間未満でなければならず、かつ２箇月から６箇月までを平均して80時間を超過しないこと。☐
（チェックボックスに要チェック）

する者の　職名
　　　　　氏名
　　　）

使用者　職名
　　　　氏名　　　　　　　㊞

様式第9号（第16条第1項関係）（裏面）
（記載心得）
1 「業務の種類」の欄には、時間外労働又は休日労働をさせる必要のある業務を具体的に記入し、労働基準法第36条第6項第1号の健康上特に有害な業務について協定をした場合には、当該業務を他の業務と区別して記入すること。なお、業務の種類を記入するに当たつては、業務の区分を細分化することにより当該業務の範囲を明確にしなければならないことに留意すること。
2 「労働者数（満18歳以上の者）」の欄には、時間外労働又は休日労働をさせることができる労働者の数を記入すること。
3 「延長することができる時間数」の欄の記入に当たつては、次のとおりとすること。時間数は労働基準法第32条から第32条の5まで又は第40条の規定により労働させることができる最長の労働時間（以下「法定労働時間」という。）を超える時間数を記入すること。なお、本欄に記入する時間数にかかわらず、時間外労働及び休日労働を合算した時間数が1箇月について100時間以上となつた場合、及び2箇月から6箇月までを平均して80時間を超えた場合には労働基準法違反（同法第119条の規定により6箇月以下の懲役又は30万円以下の罰金）となることに留意すること。
　　（1）「1日」の欄には、法定労働時間を超えて延長することができる時間数であつて、1日についての延長することができる限度となる時間数を記入すること。なお、所定労働時間を超える時間数についても協定する場合においては、所定労働時間を超える時間数を併せて記入することができる。
　　（2）「1箇月」の欄には、法定労働時間を超えて延長することができる時間数であつて、「1年」の欄に記入する「起算日」において定める日から1箇月ごとについての延長することができる限度となる時間数を45時間（対象期間が3箇月を超える1年単位の変形労働時間制により労働する者については、42時間）の範囲内で記入すること。なお、所定労働時間を超える時間数についても協定する場合においては、所定労働時間を超える時間数を併せて記入することができる。
　　（3）「1年」の欄には、法定労働時間を超えて延長することができる時間数であつて、「起算日」において定める日から1年についての延長することができる限度となる時間数を360時間（対象期間が3箇月を超える1年単位の変形労働時間制により労働する者については、320時間）の範囲内で記入すること。なお、所定労働時間を超える時間数についても協定する場合においては、所定労働時間を超える時間数を併せて記入することができる。
4 ②の欄は、労働基準法第32条の4の規定による労働時間により労働する労働者（対象期間が3箇月を超える1年単位の変形労働時間制により労働する者に限る。）について記入すること。なお、延長することができる時間の上限は①の欄の労働者よりも短い（1箇月42時間、1年320時間）ことに留意すること。
5 「労働させることができる法定休日の日数」の欄には、労働基準法第35条の規定による休日（1週1休又は4週4休であることに留意すること。）に労働させることができる日数を記入すること。
6 「労働させることができる法定休日における始業及び終業の時刻」の欄には、労働基準法第35条の規定による休日であつて労働させることができる日の始業及び終業の時刻を記入すること。
7 チェックボックスは労働基準法第36条第6項第2号及び第3号の要件を遵守する趣旨のものであり、「2箇月から6箇月まで」とは、起算日をまたぐケースも含め、連続した2箇月から6箇月までの期間を指すことに留意すること。また、チェックボックスにチェックがない場合には有効な協定とはならないことに留意すること。
8 協定については、労働者の過半数で組織する労働組合がある場合はその労働組合と、労働者の過半数で組織する労働組合がない場合は労働者の過半数を代表する者と協定すること。なお、労働者の過半数を代表する者は、労働基準法施行規則第6条の2第1項の規定により、労働基準法第41条第2号に規定する監督又は管理の地位にある者でなく、かつ同法に規定する協定等をする者を選出することを明らかにして実施される投票、挙手等の方法による手続により選出された者であつて、使用者の意向に基づき選出されたものでないこと。これらの要件を満たさない場合には、有効な協定とはならないことに留意すること。
9 本様式で記入部分が足りない場合は同一様式を使用すること。この場合、必要のある事項のみ記入することで差し支えない。

（備考）
　労働基準法施行規則第24条の2第4項の規定により、労働基準法第38条の2第2項の協定（事業場外で従事する業務の遂行に通常必要とされる時間を協定する場合の当該協定）の内容を本様式に付記して届け出る場合においては、事業場外労働の対象業務については他の業務とは区別し、事業場外労働の対象業務である旨を括弧書きした上で、「所定労働時間」の欄には当該業務の遂行に通常必要とされる時間を括弧書きすること。また、「協定の有効期間」の欄には事業場外労働に関する協定の有効期間を括弧書きすること。

2　労働基準法第38条の4第5項の規定により、労使委員会が設置されている事業場において、本様式を労使委員会の決議として届け出る場合においては、委員の5分の4以上の多数による議決により行われたものである旨、委員会の委員数、委員の氏名を記入した用紙を別途提出することとし、本様式中「協定」とあるのは「労使委員会の決議」と、「協定の当事者である労働組合」とあるのは「委員会の委員の半数について任期を定めて指名した労働組合」と、「協定の当事者（労働者の過半数を代表する者の場合）の選出方法」とあるのは「委員会の委員の半数について任期を定めて指名した者（労働者の過半数を代表する者の場合）の選出方法」と読み替えるものとする。なお、委員の氏名を記入するに当たっては、任期を定めて指名された委員とその他の委員とで区別することとし、任期を定めて指名された委員の氏名を記入するに当たっては、同条第2項第1号の規定により、労働者の過半数で組織する労働組合がある場合においてはその労働組合、労働者の過半数で組織する労働組合がない場合においては労働者の過半数を代表する者に任期を定めて指名された委員の氏名を記入することに留意すること。

3　労働時間等の設定の改善に関する特別措置法第7条の規定により、労働時間等設定改善委員会が設置されている事業場において、本様式を労働時間等設定改善委員会の決議として届け出る場合においては、委員の5分の4以上の多数による議決により行われたものである旨、委員会の委員数、委員の氏名を記入した用紙を別途提出することとし、本様式中「協定」とあるのは「労働時間等設定改善委員会の決議」と、「協定の当事者である労働組合」とあるのは「委員会の委員の半数の推薦者である労働組合」と、「協定の当事者（労働者の過半数を代表する者の場合）の選出方法」とあるのは「委員会の委員の半数の推薦者（労働者の過半数を代表する者の場合）の選出方法」と読み替えるものとする。なお、委員の氏名を記入するに当たっては、推薦に基づき指名された委員とその他の委員とで区別することとし、推薦に基づき指名された委員の氏名を記入するに当たっては、同条第1号の規定により、労働者の過半数で組織する労働組合がある場合においてはその労働組合、労働者の過半数で組織する労働組合がない場合においては労働者の過半数を代表する者の推薦に基づき指名された委員の氏名を記入することに留意すること。

巻末資料1(2)

３６協定届

（様式第９号（第1...

◆ ３６協定で締結した内容を協定届（本様式）に転記して届け出てください。

− ３６協定届（本様式）を用いて３...場合には、労働者代表の署名又は記...
− 必要事項の記載があれば、協定届...

表面

時間外労働
休 日 労 働 に関...

様式第９号（第16条第１項関係）

事業場（工場、支店、営業所等）ごとに協定してください。

事業の種類	事業の名称
金属製品製造業	○○金属工業株式会社 ○○工場

対象期間が３か月を超える１年単位の変形労働時間制が適用される労働者については、②の欄に記載してください。

		時間外労働をさせる必要のある具体的事由	業務の種類	労働者数（満18歳以上の者）
時間外労働	① 下記②に該当しない労働者	受注の集中	設計	10人
		臨時の受注、納期変更	機械組立	20人
		製品不具合への対応	検査	10人
	② １年単位の変形労働時間制により労働する労働者	月末の決算事務	経理	5人
		棚卸	購買	5人

事由は具体的に定めてください。
業務の範囲を細分化し、明確に定めてください。

	休日労働をさせる必要のある具体的事由	業務の種類	労働者数（満18歳以上の者）
休日労働	受注の集中	設計	10人
	臨時の受注、納期変更	機械組立	20人

上記で定める時間数にかかわらず、時間外労働及び休日労働を合算した時間数は、１箇月について100...

労働者の過半数で組織する労働組合が無い場合には、３６協定の締結をする者を選ぶことを明確にした上で、投票・挙手等の方法で労働者の過半数代表者を選出し、選出方法を記載してください。
使用者による指名や、使用者の意向に基づく選出は認められません。

協定の成立年月日　○○○○年　3月　12日

協定の当事者である労働組合の名称（事業場の労働者の過半数で組織する労働組合）又は労働者の過半数を代表...

協定の当事者（労働者の過半数を代表する者の場合）の選出方法（　投票による選挙　）

○○○○年　3月　15日

○○ ＿＿＿＿＿＿ 労働基準監督署長殿

の記載例
（条第1項関係））

労働時間の延長及び休日の労働は必要最小限にとどめられるべきであり、労使当事者はこのことに十分留意した上で協定するようにしてください。
なお、使用者は協定した時間数の範囲内で労働させた場合であっても、労働契約法第5条に基づく安全配慮義務を負います。

定を締結することもできます。その
・押印が必要です。
以外の形式でも届出できます。

◆ 36協定の届出は電子申請でも行うことができます。
◆ （任意）の欄は、記載しなくても構いません。

労働保険番号	□□ □□ □□ □□□□□□ □□□□□ □□□
	都道府県 所掌 管轄 基幹番号 枝番号 被一括事業場番号
法人番号	□□□□□□□□□□□□□

→ 労働保険番号・法人番号を記載してください。

事業の所在地（電話番号）	協定の有効期間
（〒○○○－○○○○） ○○市○○町1－2－3　（電話番号：○○○－○○○○－○○○○）	○○○○年4月1日から1年間

→ この協定が有効となる期間を定めてください。1年間とすることが望ましいです。

所定労働時間 （1日） （任意）	延長することができる時間数					
	1日		1箇月（①については45時間まで、②については42時間まで）		1年（①については360時間まで、②については320時間まで） 起算日（年月日）　○○○○年4月1日	
	法定労働時間を超える時間数	所定労働時間を超える時間数（任意）	法定労働時間を超える時間数	所定労働時間を超える時間数（任意）	法定労働時間を超える時間数	所定労働時間を超える時間数（任意）
7.5時間	3時間	3.5時間	30時間	40時間	250時間	370時間
7.5時間	2時間	2.5時間	15時間	25時間	150時間	270時間
7.5時間	2時間	2.5時間	15時間	25時間	150時間	270時間
7.5時間	3時間	3.5時間	20時間	30時間	200時間	320時間
7.5時間	3時間	3.5時間	20時間	30時間	200時間	320時間

→ 1年間の上限時間を計算する際の起算日を記載してください。その1年間においては協定の有効期間にかかわらず、起算日は同一の日である必要があります。

→ 1日の法定労働時間を超える時間数を定めてください。

→ 1か月の法定労働時間を超える時間数を定めてください。①は45時間以内、②は42時間以内です。

→ 1年の法定労働時間を超える時間数を定めてください。①は360時間以内、②は320時間以内です。

所定休日（任意）	労働させることができる法定休日の日数	労働させることができる法定休日における始業及び終業の時刻
土日祝日	1か月に1日	8:30～17:30
土日祝日	1か月に1日	8:30～17:30

間未満でなければならず、かつ2箇月から6箇月までを平均して80時間を超過しないこと。☑
（チェックボックスに要チェック）

→ 時間外労働と法定休日労働を合計した時間数は、月100時間未満、2～6か月平均80時間以内でなければいけません。これを労使で確認の上、必ずチェックを入れてください。チェックボックスにチェックがない場合には、有効な協定届とはなりません。

する者の	職名	検査課主任
	氏名	山田花子

→ 管理監督者は労働者代表にはなれません。
→ 協定書を兼ねる場合には、労働者代表の署名又は記名・押印が必要です。

使用者	職名	工場長
	氏名	田中太郎	㊞

→ 押印も必要です。

巻末資料　299

巻末資料1(3)

※様式第9号の2は，限度時間内の時間外労働についての届出書（以下，「1枚目」という）と限度時間を超える時間外労働についての届出書（以下，「2枚目」という）を届け出る必要があるが，1枚目については，294〜295頁と重複するため，割愛。記載心得についても，296〜297頁（備考2，3除く）を参照。

時間外労働
休 日 労 働 に関する

様式第9号の2（第16条第1項関係）

臨時的に限度時間を超えて労働させることができる場合	業務の種類	労働者数 (満18歳 以上の者)	1日 (任意)	
			延長することができ	
			法定労働時間を 超える時間数	所定 超え
限度時間を超えて労働させる場合における手続				
限度時間を超えて労働させる労働者に対する健康及び福祉を確保するための措置	(該当する番号)	(具体的内容)		

上記で定める時間数にかかわらず、時間外労働及び休日労働を合算した時間数は、1箇月について1

協定の成立年月日　　　　年　　　月　　　日

協定の当事者である労働組合（事業場の労働者の過半数で組織する労働組合）の名称又は労働者の過半数を代表

協定の当事者（労働者の過半数を代表する者の場合）の選出方法（
　　　　　　　　　　　　　年　　　月　　　日

労働基準監督署長殿

協定届（特別条項）

	1箇月 （時間外労働及び休日労働を合算した時間数。100時間未満に限る。）				1年 （時間外労働のみの時間数。 720時間以内に限る。）		
					起算日 （年月日）		
る時間数 労働時間を る時間数 （任意）	限度時間を超え て労働させるこ とができる回数 （6回以内に限る。）	延長することができる時間数 及び休日労働の時間数		限度時間を超えた労働に係る割増賃金率	延長することができる時間数		限度時間を超えた労働に係る割増賃金率
		法定労働時間を超 える時間数と休日 労働の時間数を合 算した時間数	所定労働時間を超 える時間数と休日 労働の時間数を合 算した時間数 （任意）		法定労働時間を 超える時間数	所定労働時間を 超える時間数 （任意）	

00時間未満でなければならず、かつ2箇月から6箇月までを平均して80時間を超過しないこと。☐
（チェックボックスに要チェック）

する者の　職名
　　　　　氏名
　　　　　）

使用者　　職名
　　　　　氏名　　　　　　　　　㊞

様式第9号の2（第16条第1項関係）（裏面）
（記載心得）
1 労働基準法第36条第1項の協定において同条第5項に規定する事項に関する定めを締結した場合における本様式の記入に当たつては、次のとおりとすること。
（1）「臨時的に限度時間を超えて労働させることができる場合」の欄には、当該事業場における通常予見することのできない業務量の大幅な増加等に伴い臨時的に限度時間を超えて労働させる必要がある場合をできる限り具体的に記入すること。なお、業務の都合上必要な場合、業務上やむを得ない場合等恒常的な長時間労働を招くおそれがあるものを記入することは認められないことに留意すること。
（2）「業務の種類」の欄には、時間外労働又は休日労働をさせる必要のある業務を具体的に記入し、労働基準法第36条第6項第1号の健康上特に有害な業務について協定をした場合には、当該業務を他の業務と区別して記入すること。なお、業務の種類を記入するに当たつては、業務の区分を細分化することにより当該業務の範囲を明確にしなければならないことに留意すること。
（3）「労働者数（満18歳以上の者）」の欄には、時間外労働又は休日労働をさせることができる労働者の数を記入すること。
（4）「起算日」の欄には、本様式における「時間外労働・休日労働に関する協定届」の起算日と同じ年月日を記入すること。
（5）「延長することができる時間数及び休日労働の時間数」の欄には、労働基準法第32条から第32条の5まで又は第40条の規定により労働させることができる最長の労働時間（以下「法定労働時間」という。）を超える時間数と休日労働の時間数を合算した時間数であつて、「起算日」において定める日から1箇月ごとについての延長することができる限度となる時間数を100時間未満の範囲内で記入すること。なお、所定労働時間を超える時間数についても協定する場合においては、所定労働時間を超える時間数と休日労働の時間数を合算した時間数を併せて記入することができる。
「延長することができる時間数」の欄には、法定労働時間を超えて延長することができる時間数を記入すること。「1年」にあつては、「起算日」において定める日から1年についての延長することができる限度となる時間数を720時間の範囲内で記入すること。なお、所定労働時間を超える時間数についても協定する場合においては、所定労働時間を超える時間数を併せて記入することができる。
なお、これらの欄に記入する時間数にかかわらず、時間外労働及び休日労働を合算した時間数が1箇月について100時間以上となつた場合、及び2箇月から6箇月までを平均して80時間を超えた場合には労働基準法違反（同法第119条の規定により6箇月以下の懲役又は30万円以下の罰金）となることに留意すること。
（6）「限度時間を超えて労働させることができる回数」の欄には、限度時間（1箇月45時間（対象期間が3箇月を超える1年単位の変形労働時間制により労働する者については、42時間））を超えて労働させることができる回数を6回の範囲内で記入すること。
（7）「限度時間を超えた労働に係る割増賃金率」の欄には、限度時間を超える時間外労働に係る割増賃金の率を記入すること。なお、当該割増賃金の率は、法定割増賃金率を超える率とするよう努めること。
（8）「限度時間を超えて労働させる場合における手続」の欄には、協定の締結当事者間の手続として、「協議」、「通告」等具体的な内容を記入すること。
（9）「限度時間を超えて労働させる労働者に対する健康及び福祉を確保するための措置」の欄には、以下の番号を「（該当する番号）」に選択して記入した上で、その具体的内容を「（具体的内容）」に記入すること。
　① 労働時間が一定時間を超えた労働者に医師による面接指導を実施すること。
　② 労働基準法第37条第4項に規定する時刻の間において労働させる回数を1箇月について一定回数以内とすること。
　③ 終業から始業までに一定時間以上の継続した休息時間を確保すること。
　④ 労働者の勤務状況及びその健康状態に応じて、代償休日又は特別な休暇を付与すること。
　⑤ 労働者の勤務状況及びその健康状態に応じて、健康診断を実施すること。

⑥ 年次有給休暇についてまとまった日数連続して取得することを含めてその取得を促進すること。
⑦ 心とからだの健康問題についての相談窓口を設置すること。
⑧ 労働者の勤務状況及びその健康状態に配慮し、必要な場合には適切な部署に配置転換をすること。
⑨ 必要に応じて、産業医等による助言・指導を受け、又は労働者に産業医等による保健指導を受けさせること。
⑩ その他
2 チェックボックスは労働基準法第36条第6項第2号及び第3号の要件を遵守する趣旨のものであり、「2箇月から6箇月まで」とは、起算日をまたぐケースも含め、連続した2箇月から6箇月までの期間を指すことに留意すること。また、チェックボックスにチェックがない場合には有効な協定とはならないことに留意すること。
3 協定については、労働者の過半数で組織する労働組合がある場合はその労働組合と、労働者の過半数で組織する労働組合がない場合は労働者の過半数を代表する者と協定すること。なお、労働者の過半数を代表する者は、労働基準法施行規則第6条の2第1項の規定により、労働基準法第41条第2号に規定する監督又は管理の地位にある者でなく、かつ同法に規定する協定等をする者を選出することを明らかにして実施される投票、挙手等の方法による手続により選出された者であつて、使用者の意向に基づき選出されたものでないこと。これらの要件を満たさない場合には、有効な協定とはならないことに留意すること。
4 本様式で記入部分が足りない場合は同一様式を使用すること。この場合、必要のある事項のみ記入することで差し支えない。

(備考)
1 労働基準法第38条の4第5項の規定により、労使委員会が設置されている事業場において、本様式を労使委員会の決議として届け出る場合においては、委員の5分の4以上の多数による議決により行われたものである旨、委員会の委員数、委員の氏名を記入した用紙を別途提出することとし、本様式中「協定」とあるのは「労使委員会の決議」と、「協定の当事者である労働組合」とあるのは「委員会の委員の半数について任期を定めて指名した労働組合」と、「協定の当事者(労働者の過半数を代表する者の場合)の選出方法」とあるのは「委員会の委員の半数について任期を定めて指名した者(労働者の過半数を代表する者の場合)の選出方法」と読み替えるものとする。なお、委員の氏名を記入するに当たっては、任期を定めて指名された委員とその他の委員とで区別することとし、任期を定めて指名された委員の氏名を記入するに当たっては、同条第2項第1号の規定により、労働者の過半数で組織する労働組合がある場合においてはその労働組合、労働者の過半数で組織する労働組合がない場合においては労働者の過半数を代表する者に任期を定めて指名された委員の氏名を記入することに留意すること。
2 労働時間等の設定の改善に関する特別措置法第7条の規定により、労働時間等設定改善委員会が設置されている事業場において、本様式を労働時間等設定改善委員会の決議として届け出る場合においては、委員の5分の4以上の多数による議決により行われたものである旨、委員会の委員数、委員の氏名を記入した用紙を別途提出することとし、本様式中「協定」とあるのは「労働時間等設定改善委員会の決議」と、「協定の当事者である労働組合」とあるのは「委員会の委員の半数の推薦者である労働組合」と、「協定の当事者(労働者の過半数を代表する者の場合)の選出方法」とあるのは「委員会の委員の半数の推薦者(労働者の過半数を代表する者の場合)の選出方法」と読み替えるものとする。なお、委員の氏名を記入するに当たっては、推薦に基づき指名された委員とその他の委員とで区別することとし、推薦に基づき指名された委員の氏名を記入するに当たっては、同条第1号の規定により、労働者の過半数で組織する労働組合がある場合においてはその労働組合、労働者の過半数で組織する労働組合がない場合においては労働者の過半数を代表する者の推薦に基づき指名された委員の氏名を記入することに留意すること。

巻末資料1(4)

※1枚目については，298～299頁の記載例を参照。

2枚目（表面）

様式第9号の2（第16条第1項関係）　時間外労働／休日労働に関する

臨時的に限度時間を超えて労働させることができる場合	業務の種類	労働者数（満18歳以上の者）	1日（任意）延長することができる時間数	
			法定労働時間を超える時間数	所定超え
突発的な仕様変更、新システムの導入	設計	10人	6時間	6.
製品トラブル・大規模なクレームへの対応	検査	20人	6時間	6.
機械トラブルへの対応	機械組立	10人	6時間	6.

〔吹き出し〕事由は一時的又は突発的に時間外労働を行わせる必要のあるものに限り、できる限り具体的に定めなければなりません。「業務の都合上必要なとき」「業務上やむを得ないとき」など恒常的な長時間労働を招くおそれがあるものは認められません。

〔吹き出し〕業務の範囲を細分化し、明確に定めてください。

〔吹き出し〕月の限度時間（45時間）労働を定い。に限

〔吹き出し〕限度時間を超えて労働させる場合にとる手続について定めてください。

限度時間を超えて労働させる場合における手続	労働者代表者に対する事前申し入れ	
限度時間を超えて労働させる労働者に対する健康及び福祉を確保するための措置	（該当する番号）①、③、⑩	（具体的内容）対象労働者へ職場での時短

〔吹き出し〕限度時間を超えた労働者に対し、裏面の記載心得1(9)①～⑩の健康確保措置のいずれかの措置を講ずることを定めてください。

上記で定める時間数にかかわらず、時間外労働及び休日労働を合算した時間数は、1箇月について1

協定の成立年月日　〇〇〇〇年　3月　12日

協定の当事者である労働組合の名称（事業場の労働者の過半数で組織する労働組合）又は労働者の過半数を代

協定の当事者（労働者の過半数を代表する者の場合）の選出方法（　**投票による選挙**
　　　〇〇〇〇年　3月　15日

〇　〇　　労働基準監督署長殿

〔吹き出し〕労働者の過半数で組織する労働組合が無い場合には、36協定の締結をする者を選ぶことを明確にした上で、投票・挙手等の方法で労働者の過半数代表者を選出し、選出方法を記載してください。
使用者による指名や、使用者の意向に基づく選出は認められません。

巻末資料　305

臨時的な特別の事情がなければ、限度時間（月45時間又は42時間・年360時間又は320時間）を超えることはできません。限度時間を超えて労働させる必要がある場合でも、時間外労働は限度時間にできる限り近づけるように努めてください。

協定届（特別条項）

		1箇月 （時間外労働及び休日労働を合算した時間数。100時間未満に限る。）			1年 （時間外労働のみの時間数。 720時間以内に限る。）		
					起算日 （年月日）	○○○○年4月1日	
る時間数 労働時間を る時間数 （任意）	限度時間を超えて労働させることができる回数 （6回以内に限る。）	延長することができる時間数 及び休日労働の時間数		限度時間を超えた時間数に係る割増賃金率	延長することができる時間数		限度時間を超えた労働に係る割増賃金率
		法定労働時間を超える時間数と休日労働の時間数を合算した時間数	所定労働時間を超える時間数と休日労働の時間数を合算した時間数 （任意）		法定労働時間を超える時間数	所定労働時間を超える時間数 （任意）	
5時間	6回	90時間	100時間	35%	700時間	820時間	35%
5時間	6回	90時間	100時間	35%	600時間	720時間	35%
5時間	4回	80時間	90時間	35%	500時間	620時間	35%

（1年間の上限時間を計算する際の起算日を記載してください。その1年間においては協定の有効期間にかかわらず、起算日は同一の日である必要があります。）

（時間外労働度時間（月45時間又は42を超えてさせる回数めてください年6回以内ります。）

（限度時間（月45時間又は42時間）を超えて労働させる場合の、1か月の**時間外労働と休日労働の合計の時間数**を定めてください。**月100時間未満**に限ります。なお、この時間数を満たしていても、**2～6か月平均で月80時間**を超えてはいけません。）

（限度時間を超えて時間外労働をさせる場合の割増賃金率を定めてください。この場合、法定の割増率（25%）を超える割増率となるよう努めてください。）

（限度時間（年360時間又は320時間）を超えて労働させる1年の**時間外労働（休日労働は含みません）の時間数**を定めてください。**年720時間以内**に限ります。）

（限度時間を超えて時間外労働をさせる場合の割増賃金率を定めてください。この場合、法定の割増率（25%）を超える割増率となるよう努めてください。）

の医師による面接指導の実施、対象労働者に11時間の勤務間インターバルを設定、対策会議の開催

00時間未満でなければならず、かつ2箇月から6箇月までを平均して80時間を超過しないこと。☑
（チェックボックスに要チェック）

表する者の　職名　検査課主任
　　　　　　氏名　山田花子

（管理監督者は労働者代表にはなれません。）
（協定書を兼ねる場合には、労働者代表の署名又は記名・押印が必要です。）

使用者　職名　工場長
　　　　氏名　田中太郎　㊞

（押印も必要です。）

（時間外労働と法定休日労働を合計した時間数は、月100時間未満、2～6か月平均80時間以内でなければいけません。これを労使で確認の上、必ずチェックを入れてください。チェックボックスにチェックがない場合には、有効な協定届とはなりません。）

巻末資料2

労働基準法第36条第1項の協定で定める労働時間の延長及び休日の労働について留意すべき事項等に関する指針（平30.9.7厚生労働省告示第323号）

（目的）
第1条　この指針は，労働基準法（以下「法」という。）第36条第1項の協定（以下「時間外・休日労働協定」という。）で定める労働時間の延長及び休日の労働について留意すべき事項，当該労働時間の延長に係る割増賃金の率その他の必要な事項を定めることにより，労働時間の延長及び休日の労働を適正なものとすることを目的とする。

（労使当事者の責務）
第2条　法第36条第1項の規定により，使用者は，時間外・休日労働協定をし，これを行政官庁に届け出ることを要件として，労働時間を延長し，又は休日に労働させることができることとされているが，労働時間の延長及び休日の労働は必要最小限にとどめられるべきであり，また，労働時間の延長は原則として同条第3項の限度時間（第5条，第8条及び第9条において「限度時間」という。）を超えないものとされていることから，時間外・休日労働協定をする使用者及び当該事業場の労働者の過半数で組織する労働組合がある場合においてはその労働組合，労働者の過半数で組織する労働組合がない場合においては労働者の過半数を代表する者（以下「労使当事者」という。）は，これらに十分留意した上で時間外・休日労働協定をするように努めなければならない。

（使用者の責務）
第3条　使用者は，時間外・休日労働協定において定めた労働時間を延長して労働させ，及び休日において労働させることができる時間の範囲内で労働させた場合であっても，労働契約法（平成19年法律第128号）第5条の規定に基づく安全配慮義務を負うことに留意しなければならない。
2　使用者は，「脳血管疾患及び虚血性心疾患等（負傷に起因するものを除く。）の認定基準について」（平成13年12月12日付け基発第1063号厚生労働省労働基準局長通達）において，1週間当たり40時間を超えて労働した時間が1箇月においておおむね45時間を超えて長くなるほど，業務と脳血管疾患及び虚血性心疾患（負傷に起因するものを除く。以下この項において「脳・心臓疾患」という。）の発症との関連性が徐々に強まると評価できるとされていること並びに発症前1箇月間におおむね100時間又は発症前2箇月間から6箇月間までにおいて1箇月当たりおおむね80時間を超える場合には業務と脳・心臓疾患の発症との関連性が強いと評価できるとされていることに留意しなければならない。

（業務区分の細分化）

第4条　労使当事者は，時間外・休日労働協定において労働時間を延長し，又は休日に労働させることができる業務の種類について定めるに当たっては，業務の区分を細分化することにより当該業務の範囲を明確にしなければならない。

（限度時間を超えて延長時間を定めるに当たっての留意事項）
第5条　労使当事者は，時間外・休日労働協定において限度時間を超えて労働させることができる場合を定めるに当たっては，当該事業場における通常予見することのできない業務量の大幅な増加等に伴い臨時的に限度時間を超えて労働させる必要がある場合をできる限り具体的に定めなければならず，「業務の都合上必要な場合」，「業務上やむを得ない場合」など恒常的な長時間労働を招くおそれがあるものを定めることは認められないことに留意しなければならない。
2　労使当事者は，時間外・休日労働協定において次に掲げる時間を定めるに当たっては，労働時間の延長は原則として限度時間を超えないものとされていることに十分留意し，当該時間を限度時間にできる限り近づけるように努めなければならない。
　① 法第36条第5項に規定する1箇月について労働時間を延長して労働させ，及び休日において労働させることができる時間
　② 法第36条第5項に規定する1年について労働時間を延長して労働させることができる時間
3　労使当事者は，時間外・休日労働協定において限度時間を超えて労働時間を延長して労働させることができる時間に係る割増賃金の率を定めるに当たっては，当該割増賃金の率を，法第36条第1項の規定により延長した労働時間の労働について法第37条第1項の政令で定める率を超える率とするように努めなければならない。

（1箇月に満たない期間において労働する労働者についての延長時間の目安）
第6条　労使当事者は，期間の定めのある労働契約で労働する労働者その他の1箇月に満たない期間において労働する労働者について，時間外・休日労働協定において労働時間を延長して労働させることができる時間を定めるに当たっては，別表の上欄に掲げる期間の区分に応じ，それぞれ同表の下欄に掲げる目安時間を超えないものとするように努めなければならない。

（休日の労働を定めるに当たっての留意事項）
第7条　労使当事者は，時間外・休日労働協定において休日の労働を定めるに当たっては労働させることができる休日の日数をできる限り少なくし，及び休日に労働させる時間をできる限り短くするように努めなければならない。

（健康福祉確保措置）
第8条　労使当事者は，限度時間を超えて労働させる労働者に対する健康及び福祉を確保するための措置について，次に掲げるもののうちから協定することが望ましいことに留

意しなければならない。
① 労働時間が一定時間を超えた労働者に医師による面接指導を実施すること。
② 法第37条第4項に規定する時刻の間において労働させる回数を1箇月について一定回数以内とすること。
③ 終業から始業までに一定時間以上の継続した休息時間を確保すること。
④ 労働者の勤務状況及びその健康状態に応じて，代償休日又は特別な休暇を付与すること。
⑤ 労働者の勤務状況及びその健康状態に応じて，健康診断を実施すること。
⑥ 年次有給休暇についてまとまった日数連続して取得することを含めてその取得を促進すること。
⑦ 心とからだの健康問題についての相談窓口を設置すること。
⑧ 労働者の勤務状況及びその健康状態に配慮し，必要な場合には適切な部署に配置転換をすること。
⑨ 必要に応じて，産業医等による助言・指導を受け，又は労働者に産業医等による保健指導を受けさせること。

（適用除外等）
第9条　法第36条第11項に規定する業務に係る時間外・休日労働協定については，第5条，第6条及び前条の規定は適用しない。
2　前項の時間外・休日労働協定をする労使当事者は，労働時間を延長して労働させることができる時間を定めるに当たっては，限度時間を勘案することが望ましいことに留意しなければならない。
3　第1項の時間外・休日労働協定をする労使当事者は，1箇月について45時間又は1年について360時間（法第32条の4第1項第2号の対象期間として3箇月を超える期間を定めて同条の規定により労働させる場合にあっては，1箇月について42時間又は1年について320時間）を超えて労働時間を延長して労働させることができることとする場合においては，当該時間外・休日労働協定において当該時間を超えて労働させる労働者に対する健康及び福祉を確保するための措置を定めるように努めなければならず，当該措置については，前条各号に掲げるもののうちから定めることが望ましいことに留意しなければならない。

　　　　　　　　　　　　　附則
1　この告示は，平成31年4月1日から適用する。
2　労働基準法第36条第1項の協定で定める労働時間の延長の限度等に関する基準（平成10年労働省告示第154号）は，廃止する。
3　法第139条第2項，第140条第2項，第141条第4項又は第142条の規定の適用を受ける時間外・休日労働協定に対する第9条の規定の適用については，平成36年3月31日までの間，同条第1項中「法第36条第11項に規定する業務に係る時間外・休日労働

協定」とあるのは,「法第139条第2項,第140条第2項,第141条第4項及び第142条の規定の適用を受ける時間外・休日労働協定」とし,同条第3項の規定は適用しない。

別表 (第6条関係)

期間	目安時間
1週間	15時間
2週間	27時間
4週間	43時間

備考
　期間が次のいずれかに該当する場合は,目安時間は,当該期間の区分に応じ,それぞれに定める時間(その時間に1時間未満の端数があるときは,これを1時間に切り上げる。)とする。
① 1日を超え1週間未満の日数を単位とする期間
　　15時間に当該日数を7で除して得た数を乗じて得た時間
② 1週間を超え2週間未満の日数を単位とする期間
　　27時間に当該日数を14で除して得た数を乗じて得た時間
③ 2週間を超え4週間未満の日数を単位とする期間
　　43時間に当該日数を28で除して得た数を乗じて得た時間(その時間が27時間を下回るときは,27時間)

巻末資料3(1)

様式第3号の3（第12条の3第2項関係）　　　　　清算期間が1箇月を超える

事業の種類	事業の名称	事業の
		（〒　―

業務の種類	該当労働者数	

標準となる1日の労働時間	

協定の成立年月日　　　　　年　　　月　　　日

協定の当事者である労働組合（事業場の労働者の過半数で組織する労働組合）の名称又は労働者の過半数を代表する者の

協定の当事者（労働者の過半数を代表する者の場合）の選出方法（　　　　　　　　　　　　　　　　　　　　　　　）

　　　　　　　　　年　　　月　　　日

―――――――――――――――　労働基準監督署長殿

記載心得
1　「清算期間（起算日）」の欄には，当該労働時間制における時間通算の期間の単位を記入し，その起算日を（　　）内に
2　「清算期間における総労働時間」の欄には，当該労働時間制の清算期間において，労働契約上労働者が労働すべき時間
3　「標準となる1日の労働時間」の欄には，当該労働時間制において，年次有給休暇を取得した際に支払われる賃金の算
4　「コアタイム」の欄には，労働基準法施行規則第12条の3第1項第2号の労働者が労働しなければならない時間帯を定
5　「フレキシブルタイム」の欄には，労働基準法施行規則第12条の3第1項第3号の労働者がその選択により労働するこ

フレックスタイム制に関する協定届

所在地（電話番号）	常時雇用する労働者数	協定の有効期間
） （電話番号：　－　　－　　）		

清算期間（起算日）	清算期間における総労働時間
（　　　　　　　）	

コアタイム	フレキシブルタイム
～	～

　　　　　　職名
　　　　　　氏名

使用者　職名
　　　　氏名　　　　　　　㊞

記入すること。
を記入すること。
定基礎となる労働時間の長さを記入すること。
める場合には，その時間帯の開始及び終了の時刻を記入すること。
とができる時間帯に制限を設ける場合には，その時間帯の開始及び終了の時刻を記入すること。

巻末資料3(2)

労使協定届の記載例
（様式第3号の3（第12条の3第2項関係））

◆フレックスタイム制に関する協定で締結した内容を協定届（本様式）に転記して届け出てください。

様式第3号の3（第12条の3第2項関係）

> 事業場（工場、支店、営業所等）ごとに協定してください。

清算期間が1箇月を超えるフレ

事業の種類	事業の名称	事業の所在地
ソフトウェア業	○○ソフト株式会社 △△支店	（〒○○○－○○○○） ○○市○○町1－2

> 対象労働者の範囲について、具体的に定めてください。
> 「○○部全員」としても、個別の人単位で「従業員A、B、…」としても構いません。

業務の種類	該当労働者数	清算期間
営業	10人	3
開発	30人	4月1日、7月1日、

標準となる1日の労働時間

> 年次有給休暇を取得した際の賃金算定の基準となりますので、必ず定める必要があります。

7時間

> コアタイムを設定するかどうかは任意です。
> 設定する場合には、開始・終了時刻を明確に定めなければなりません。

コアタイム

午前10時 ～

協定の成立年月日　○○○○年 3 月 12 日

協定の当事者である労働組合（事業場の労働者の過半数で組織する労働組合）の名称又は労働者の過半数を代表する者

協定の当事者（労働者の過半数を代表する者の場合）の選出方法（　投票による選挙　）

○○○○年 3 月 15 日

使用者

○○○○　　労働基準監督署長殿

> 労働者の過半数で組織する労働組合がない場合には、フレックスタイム制に関する協定の締結をする者を選ぶことを明確にした上で、投票・挙手等の方法で労働者の過半数代表者を選出し、選出方法を記載してください。
> 使用者による指名や、使用者の意向に基づく選出は認められません。

記載心得
1　「清算期間（起算日）」の欄には、当該労働時間制に…
2　「清算期間における総労働時間」の欄には、当該労働時間制の清算期間において、労働契約上労働者が労働すべき
3　「標準となる1日の労働時間」の欄には、当該労働時間制において、年次有給休暇を取得した際に支払われる賃金
4　「コアタイム」の欄には、労働基準法施行規則第12条の3第1項第2号の労働者が労働しなければならない時間
5　「フレキシブルタイム」の欄には、労働基準法施行規則第12条の3第1項第3号の労働者がその選択により労働

[出典] 厚労省パンフレット「フレックスタイム制のわかりやすい解説＆導入の手引き」（平成31年2月1日発表）12頁

◆届出の際は，労使協定届（本様式）に，労使協定の写しを添付してください。
◆清算期間が1か月以内の場合には，届出不要です。

ックスタイム制に関する協定届

（電話番号）	常時雇用する労働者数	協定の有効期間
－3 （電話番号：○○○－○○○○－○○○○）	100人	○○○○年4月1日 から1年間
（起算日）	清算期間における総労働時間	
箇月 10月1日，1月1日	7時間×所定労働日数	

フレキシブルタイム

| 午後3時 | 午前6時
午後3時 | ～ | 午前10時
午後7時 |

職名　営業部　係長
氏名　○○　○○

職名　代表取締役社長
氏名　○○　○○　　㊞

- この協定が有効となる期間を定めてください。
- 「月○○時間」としても，「○時間×所定労働日数」としても構いません。清算期間における法定労働時間の総枠の範囲内とする必要があります。
- フレキシブルタイムを設定するかどうかは任意です。設定する場合には，開始・終了時刻を明確に定めなければなりません。
- 管理監督者は労働者代表にはなれません。
- 協定書を兼ねる場合には，労働者代表の署名又は記名・押印が必要です。
- 押印も必要です。

内に記入すること。
時間を記入すること。
の算定基礎となる労働時間の長さを記入すること。
帯を定める場合には，その時間帯の開始及び終了の時刻を記入すること。
することができる時間帯に制限を設ける場合には，その時間帯の開始及び終了の時刻を記入すること。

巻末資料4

補足解説（本書123頁）

法違反（時間外労働の上限規制の違反）となるケースの例

ここでは、清算期間を4～6月、7～9月、10～12月、1～3月の各3か月とするフレックスタイム制を導入し、36協定の対象期間を4月～翌3月としたケースについて、法違反となるケースを確認します。以下のような場合に法違反となるので注意が必要です。

（ⅰ）時間外労働が月45時間を超えた回数が、年間で7回以上となった場合

月45時間を超えることができるのは6回以内であり、以下の例は法違反となります。

	4月	5月	6月	7月	8月	9月	10月	11月	12月	1月	2月	3月
実労働時間	260.0	220.0	135.0	270.0	220.0	130.0	220.0	270.0	140.0	220.0	200.0	140.0
週平均50時間となる時間	214.2	221.4	214.2	221.4	221.4	214.2	221.4	214.2	221.4	221.4	200.0	221.4
週平均50時間を超える時間	45.8				48.6			55.8				
法定労働時間の総枠	520.0			525.7			525.7			514.2		
法定労働時間の総枠を超える時間			49.2			45.7			48.5			45.8
時間外労働	45.8		49.2	48.6		45.7		55.8	48.5			45.8

45時間を7回超えてしまい、法違反

（ⅱ）単月で時間外労働＋休日労働の合計が100時間以上となった場合

以下の例のように、一度でも超えれば法違反となります。

	4月	5月	6月
実労働時間（休日労働除く）	210.0	220.0	185.0
法定労働時間の総枠	520.0		
時間外労働			95.0
休日労働			10.0
時間外労働＋休日労働の合計			105.0

100時間以上となり、法違反

※このケースでは、通常の労働時間制度や、清算期間が1か月であれば、各月の法定労働時間が、
　4月＝171.4時間、5月＝177.1時間、6月＝171.1時間
であるため、時間外労働はそれぞれ、
　4月＝38.6時間　、5月＝42.9時間、6月＝13.9時間
となり、上限規制の範囲内となります。

（ⅲ）時間外労働＋休日労働の合計の2～6か月平均のいずれかが80時間を超えた場合

以下の例のように、3か月平均で超える場合などは法違反となります。

	4月	5月	6月	7月	8月	9月
実労働時間（休日労働除く）	210.0	220.0	179.0	271.0	295.0	150.0
週平均50時間となる時間	214.2	221.4	214.2	221.4	221.4	214.2
週平均50時間を超える時間				49.6	73.6	
法定労働時間の総枠	520.0			525.7		
法定労働時間の総枠を超える時間			89.0			67.1
時間外労働			89.0	49.6	73.6	67.1
休日労働			10.0	10.0	10.0	
時間外労働＋休日労働の合計			99.0	59.6	83.6	67.1

3か月平均が80時間を超えており、法違反

● その他、36協定で定めた時間を超えた場合にも法違反となります。

> ！　清算期間の最終月においては、一般の労働時間制度であれば時間外労働の上限規制の枠内に収まるものの、清算期間が1か月を超えるフレックスタイム制を導入していることによって、上限規制違反となる場合もあるため注意が必要です。（上記（ⅱ）のケース）
>
> 法定労働時間の総枠の範囲内において、日々の始業・終業時刻を労働者の決定に委ねるという制度本来の趣旨に沿って、各月の繁閑差をあらかじめ見込んだ上で、清算期間や対象者を協定するようにしてください。

［出典］厚労省パンフレット「フレックスタイム制のわかりやすい解説＆導入の手引き」（平成31年2月1日発表）18頁

第4章第2節6で述べたとおり，清算期間が1か月を超えるフレックスの最終月では，当該月の週50時間超えに加えて，清算期間全体の週40時間超えがすべて最終月の時間外労働と扱われる関係で，非常に最終月の時間外労働時間数が多くなります。

　このため，厚労省のパンフレットでも例示されているように（左図事例(ii)），通常のフレックスタイム制であれば出口規制違反にならない働き方でも，清算期間全体の週40時間超えの労働時間が最終月に集中することで，出口規制違反になるというケースが発生します。

　一方では同章第1節4で述べたとおり清算期間における最終月以外では出口規制が通常よりも緩くなりながら，他方で清算期間における最終月では上記のとおり非常に厳しくなっているわけですが，このような歪な事態になったのは，やはり両法案作成時期の違いに原因があると思えます。

　特に，割増賃金の問題も併せると，実際問題として清算期間が1か月を超えるフレックスタイム制を導入する企業はないのではないかと思えます。

巻末資料5(1) 改正労働基準法と改正労働基準法施行規則の対照表

改正労働基準法	改正省令	下線の内容
（労働条件の明示） 第15条 　使用者は，労働契約の締結に際し，労働者に対して賃金，労働時間その他の労働条件を明示しなければならない。この場合において，賃金及び労働時間に関する事項その他の厚生労働省令で定める事項については，厚生労働省令で定める方法により明示しなければならない。	第5条 （略） 2　使用者は，<u>法第15条第1項前段の規定により労働者に対して明示しなければならない労働条件を事実と異なるものとしてはならない。</u> 3　法第15条第1項後段の厚生労働省令で定める事項は，<u>第1項第1号から第4号までに掲げる事項</u>（昇給に関する事項を除く。）とする。 4　法第15条第1項後段の厚生労働省令で定める方法は，労働者に対する前項に規定する事項が明らかとなる書面の交付とする。<u>ただし，当該労働者が同項に規定する事項が明らかとなる次のいずれかの方法によることを希望した場合には，当該方法とすることができる。</u> ①　ファクシミリを利用してする送信の方法 ②　電子メールその他のその受信をする者を特定して情報を伝達するために用いられる電気通信（電気通信事業法第2条第1号に規定する電気通信をいう。以下この号において「電子メール等」という。）の送信の方法（当該労働者が当該電子メール等の記録を出力することにより書面を作成することができるものに限る。）	（新設） （条項整理） （新設）
	第6条の2 　法第18条第2項，法第24条第1項ただし書，法第32条の2第1項，<u>法第32条の3第1項</u>，法第32条の4第1項及び第2項，法第32条の5第1項，法第34条第2項ただし書，法第36条第1項，<u>第8項及び第9項</u>，法第37条第3項，法第38条の2第2項，法第38条の3第1項，法第38条の4第2項第1号，法第39条第4項，第6項及び<u>第9項</u>ただし書並びに法第90条第1項に規定する労働者の過半数を代表する者（以下この条において「過半数代表者」という。）は，次の各号のいずれにも該当する者とする。 ①　（略） ②　<u>法に規定する協定等をする者を選出することを明らかにして実施される投票，挙手等の方法による</u>	（条項整理） （条項整理） （条項整理） （新設）

	手続により選出された者であって，使用者の意向に基づき選出されたものでないこと。 2 前項第1号に該当する者がいない事業場にあっては，法第18条第2項，法第24条第1項ただし書，法第39条第4項，第6項及び第9項ただし書並びに法第90条第1項に規定する労働者の過半数を代表する者は，前項第2号に該当する者とする。 3 （略） 4 使用者は，過半数代表者が法に規定する協定等に関する事務を円滑に遂行することができるよう必要な配慮を行わなければならない。	（条項整理） （新設）
	第12条 　常時10人に満たない労働者を使用する使用者は，法第32条の2第1項又は法第35条第2項による定めをした場合（法第32条の2第1項の協定（法第38条の4第5項に規定する同条第1項の委員会（以下「労使委員会」という。）の決議（以下「労使委員会の決議」という。）及び労働時間等の設定の改善に関する特別措置法（平成4年法律第90号。以下「労働時間等設定改善法」という。）第7条に規定する労働時間等設定改善委員会の決議（以下「労働時間等設定改善委員会の決議」という。）を含む。）による定めをした場合を除く。）には，これを労働者に周知させるものとする。	（条項整理） ※労働時間等設定改善法第7条第2項が削除されたことによるもの
（フレックスタイム制） 第32条の3 ② 清算期間（その期間を平均し1週間当たりの労働時間が第32条第1項の労働時間を超えない範囲内において労働させる期間をいい，3箇月以内の期間に限るものとする。以下この条及び次条において同じ。） ③ （略） ④ その他厚生労働省で定める事項	第12条の3 法第32条の3第1項（同条第2項及び第3項の規定により読み替えて適用する場合を含む。以下この条において同じ。）第4号の厚生労働省令で定める事項は，次に掲げるものとする。 ①〜③ （略） ④ 法第32条の3第1項第2号の清算期間が1箇月を超えるものである場合にあっては，同項の協定（労働協約による場合を除き，労使委員会の決議及び労働時間等設定改善委員会の決議を含む。）の有効期間の定め 2 法第32条の3第4項において準用する法第32条の2第2項の規定による届出は，様式第3号の3により，所轄労働基準監督署長にしなければならない。	（条項整理） （新設） （新設）

働き方改革関連法により新たに委任された省令。別表参照。	第16条，第17条，第18条 略	（改正）
第37条 ③　使用者が，当該事業場に，労働者の過半数で組織する労働組合があるときはその労働組合，労働者の過半数で組織する労働組合がないときは労働者の過半数を代表する者との書面による協定により，第1項ただし書の規定により割増賃金を支払うべき労働者に対して，当該割増賃金の支払に代えて，通常の労働時間の賃金が支払われる休暇（第39条の規定による有給休暇を除く。）を<u>厚生労働省令</u>で定めるところにより与えることを定めた場合において，当該労働者が当該休暇を取得したときは，当該労働者の同項ただし書に規定する時間を超えた時間の労働のうち当該取得した休暇に対応するものとして厚生労働省令で定める時間の労働については，同項ただし書の規定による割増賃金を支払うことを要しない。	第19条の2 　使用者は，法第37条第3項の協定（<u>労使委員会の決議，労働時間等設定改善委員会の決議及び労働時間等設定改善法第7条の2に規定する労働時間等設定改善企業委員会の決議を含む。</u>）をする場合には，<u>次に</u>掲げる事項について，協定しなければならない。 　　①〜③（略） 　2・3（略）	（改正） ※労働時間等設定改善法第7条の2の新設により，設定改善企業委員会でも決議可能に。今回の改正で，労使協定のほかに労使委員会決議，改善委員会の決議を加え，労使協定以外でも代替休暇を定めることができる旨を条文上明確化。

働き方改革関連法により新たに委任された省令。別表参照。	第24条の5，第24条の6，第24条の7 略	新設
第39条 ⑨　使用者は，第1項から第3項までの規定による有給休暇の期間又は第4項の規定による有給休暇の時間については，就業規則その他これに準ずるもので定めるところにより，それぞれ，平均賃金若しくは所定労働時間労働した場合に支払われる通常の賃金又はこれらの額を基準として厚生労働省令で定めるところにより算定した額の賃金を支払わなければならない。ただし，当該事業場に，労働者の過半数で組織する労働組合がある場合においてはその労働組合，労働者の過半数で組織する労働組合がない場合においては労働者の過半数を代表する者との書面による協定により，その期間又はその時間について，それぞれ，健康保険法第40条第1項に規定する標準報酬月額の30分の1に相当する	第25条 　法第39条第9項の規定による所定労働時間労働した場合に支払われる通常の賃金は，次に定める方法によって算定した金額とする。 　①～⑦（略）	（条項整理）
	2　法第39条第9項本文の厚生労働省令で定めるところにより算定した額の賃金は，平均賃金又は前項の規定により算定した金額をその日の所定労働時間数で除して得た額の賃金とする。	（条項整理）
	3　法第39条第9項ただし書の厚生労働省令で定めるところにより算定した金額は，健康保険法第40条第1項に規定する標準報酬月額の30分の1に相当する金額（その金額に，5円未満の端数があるときは，これを切り捨て，5円以上10円未満の端数があるときは，これを10円に切り上げるものとする。）をその日の所定労働時間数で除して得た金額とする。	（条項整理）

金額（その金額に，5円未満の端数があるときは，これを切り捨て，5円以上10円未満の端数があるときは，これを10円に切り上げるものとする。）又は当該金額を基準として厚生労働省令で定めるところにより算定した金額を支払う旨を定めたときは，これによらなければならない。			
	第25条の2 （略） 2　使用者は，当該事業場に，労働者の過半数で組織する労働組合がある場合においてはその労働組合，労働者の過半数で組織する労働組合がない場合においては労働者の過半数を代表する者との書面による協定（労使委員会における委員の5分の4以上の多数による決議及び労働時間等設定改善法第7条の労働時間等設定改善委員会における委員の5分の4以上の多数による決議を含む。以下この条において同じ。）により，又は就業規則その他これに準ずるものにより，1箇月以内の期間を平均し1週間当たりの労働時間が44時間を超えない定めをした場合においては，前項に規定する事業については同項の規定にかかわらず，その定めにより，特定された週において44時間又は特定された日において8時間を超えて，労働させることができる。 3　（略） 4　第1項に規定する事業については，法第32条の3第1項（同項第2号の清算期間が1箇月を超えるものである場合に限る。），第32条の4又は第32条の5の規定により労働者に労働させる場合には，前3項の規定は適用しない。		（条項整理） ※労働時間等設定改善法第7条第2項が削除されたことによるもの （改正） ※1箇月を超えるフレックス制を追加

	第25条の3 　第6条の2第1項の規定は前条第2項及び第3項に規定する労働者の過半数を代表する者について，<u>第6条の2第3項及び第4項の規定は前条第2項及び第3項の使用者について</u>，第12条及び第12条の2第1項の規定は前条第2項及び第3項による定めについて，第12条の2の2第1項の規定は前条第2項の協定について，第12条の6の規定は前条第2項の使用者について準用する。 2　（略）	（改正） ※省令第6条第4項が追加されたことにより，準用追加
	第55条の2 　使用者は，<u>年次有給休暇管理簿</u>，第53条による労働者名簿<u>又</u>は第55条による賃金台帳をあわせて調製することができる。	（改正） ※年次有給休暇管理簿が追加
	第66条 　一般乗用旅客自動車運送事業（道路運送法第3条第1号ハの一般乗用旅客自動車運送事業をいう。以下この条及び第69条2項において同じ。）における四輪以上の自動車（一般乗用旅客自動車運送事業の用に供せられる自動車であって，当該自動車による運送の引受けが営業所のみにおいて行われるものを除く。）の運転の業務に従事する労働者であって，次の各号のいずれにも該当する業務に従事するものについての法第32条の4第3項の厚生労働省令で定める1日の労働時間の限度は，第12条の4第4項の規定にかかわらず，当分の間，16時間とする。	（改正） ※新設された省令第69条第2項の事項を追加
第138条 　中小事業主（その資本金の額又は出資の総額が3億円（小売業又はサービス業を主たる事業とする事業主については5000万円，卸売業を主たる事業とする事業主については1億円）以下である事業主及びその常時使用する労働者の数が300人	第68条 　削除 （参考）旧68条　法第138条に規定する中小事業主の事業に係る第20条第1項の規定の適用については，同項中「5割以上（その時間の労働のうち，1箇月について60時間を超える労働時間の延長に係るものについては，7割5分以上）」とあるのは，「5割以上」とする。	（削除）

（小売業を主たる事業とする事業主については50人，卸売業又はサービス業を主たる事業とする事業主については100人）以下である事業主をいう。）の事業については，当分の間，第37条第1項ただし書の規定は，適用しない。		
働き方改革関連法により新たに委任された省令。別表参照。	第69条 略	（新設）
	第70条 　第16条第1項の規定にかかわらず，法第139条第2項，第140条第2項，第141条第4項又は第142条の規定により読み替えて適用する法第36条第1項（以下この条及び次条において「読替後の法第36条第1項」という。）の規定による届出は，平成36年3月31日までの間，様式第9号の4（第24条の2第4項の規定により法第38条の2第2項の協定の内容を読替後の法第36条第1項の規定による届出に付記して届け出る場合にあっては様式第9号の5，労使委員会の決議を届け出る場合にあっては様式第9号の6，労働時間等設定改善委員会の決議を届け出る場合にあっては様式第9号の7）により，所轄労働基準監督署長にしなければならない。 ②　第59条の2の規定は，前項の届出について準用する。	（新設）
	第71条 　読替後の法第36条第1項の協定については，平成36年3月31日までの間，第17条第1項第3号から第7号までの規定は適用しない。	（新設）

巻末資料5⑵　改正労働安全衛生法と改正労働安全衛生規則の対照表

改正労働安全衛生法	改正省令	下線の内容
	（産業医の選任等） 第13条（略） 2・3（略） 4　事業者は，産業医が辞任したとき又は産業医を解任したときは，遅滞なく，その旨及びその理由を衛生委員会又は安全衛生委員会に報告しなければならない。	「等」が追加 （新設）
（産業医等） 第13条 　事業者は，政令で定める規模の事業場ごとに，厚生労働省令で定めるところにより，医師のうちから産業医を選任し，その者に労働者の健康管理その他の厚生労働省令で定める事項（以下「労働者の健康管理等」という。）を行わせなければならない。	（産業医及び産業歯科医の職務等） 第14条 　法第13条第1項の厚生労働省令で定める事項は，次に掲げる事項で医学に関する専門的知識を必要とするものとする。 ①（略） ②　法第66条の8第1項及び第66条の8の2第1項に規定する面接指導並びに法第66条の9に規定する必要な措置の実施並びにこれらの結果に基づく労働者の健康を保持するための措置に関すること。 ③〜⑨（略） 2〜6（略） 7　産業医は，労働者の健康管理等を行うために必要な医学に関する知識及び能力の維持向上に努めなければならない。 （参考）要綱第2の1 「改正法第4条の規定による改正後の労働安全衛生法（以下「新安衛法」という。）第66条の8の4第1項に規定する面接指導に係る事項について，産業医の職務及び産業医に対し情報提供する事項として追加すること。」	（用語の変更） ※旧法「次の事項」（改正） ※研究開発業務従事者追加 （新設）
働き方改革関連法により新たに委任された省令。別表参照。	（産業医に対する情報の提供） 第14条の2 　略	（新設）

（産業医等） 第13条 　5　産業医は，労働者の健康を確保するため必要があると認めるときは，事業者に対し，労働者の健康管理等について必要な勧告をすることができる。この場合において，事業者は当該勧告を尊重しなければならない。	（産業医による勧告等） 第14条の3 　産業医は，法第13条第5項の勧告をしようとするときは，あらかじめ，当該勧告の内容について，事業者の意見を求めるものとする。 　2　事業者は，法第13条第5項の勧告を受けたときは，次に掲げる事項を記録し，これを3年間保存しなければならない。 　①　当該勧告の内容 　②　当該勧告を踏まえて講じた措置の内容（措置を講じない場合にあっては，その旨及びその理由）	（新設）
働き方改革関連法により新たに委任された省令。別表参照。	（産業医による勧告等） 第14条の3 　3・4　略	（新設）
	（産業医に対する権限の付与等） 第14条の4 　事業者は，産業医に対し，第14条第1項各号に掲げる事項をなし得る権限を与えなければならない。 　2　前項の権限には，第14条第1項各号に掲げる事項に係る次に掲げる事項に関する権限が含まれるものとする。 　①　事業者又は総括安全衛生管理者に対して意見を述べること。 　②　第14条第1項各号に掲げる事項を実施するために必要な情報を労働者から収集すること。 　③　労働者の健康を確保するため緊急の必要がある場合において，労働者に対して必要な措置をとるべきことを指示すること。	（新設）
	（産業医の定期巡視） 第15条　（略） 　2　削除 （参考）旧15条第2項　事業者は，前条第1項に規定する事項をなし得る権限を与えなければならない。	（第14条の4第1項へ移設）

第13条の2 　事業者は，前条第1項の事業場以外の事業場については，労働者の健康管理等を行うのに必要な医学に関する知識を有する医師その他<u>厚生労働省令</u>で定める者に労働者の健康管理等の全部又は一部を行わせるように努めなければならない。	（産業医を選任すべき事業場以外の事業場の労働者の健康管理等） 第15条の2 　法第13条の2第1項の厚生労働省令で定める者は，労働者の健康管理等を行うのに必要な知識を有する保健師とする。 2　事業者は，法第13条の2第1項の事業場以外の事業場について，法第13条の2第1項に規定する者に労働者の健康管理等の全部又は一部を行わせるに当たっては，労働者の健康管理等を行う同項に規定する医師の選任，国が法第19条の3に規定する援助として行う労働者の健康管理等に係る業務についての相談その他の必要な援助の事業の利用等に努めるものとする。 3　第14条の2第1項の規定は法第13条の2第2項において準用する法第13条第4項の厚生労働省令で定める情報について，第14条の2第2項の規定は法第13条の2第2項において準用する法第13条第4項の規定による情報の提供について，それぞれ準用する。	（条項整理） （条項整理） （新設）
	（委員会の会議） 第23条（略） 2・3（略） 4　事業者は，委員会の開催の都度，次に掲げる事項を記録し，これを3年間保存しなければならない。 　①　委員会の意見及び当該意見を踏まえて講じた措置の内容 　②　前号に掲げるもののほか，委員会における議事で重要なもの 5　産業医は，衛生委員会又は安全衛生委員会に対して労働者の健康を確保する観点から必要な調査審議を求めることができる。	（改正） （新設） （新設） （新設）

（面接指導等） 第66条の8 　事業者は，その労働時間の状況その他の事項が労働者の健康の保持を考慮して<u>厚生労働省令</u>で定める要件に該当する労働者<u>（次条第1項に規定する者及び第66条の8の4第1項に規定する者を除く。以下この条において同じ。）</u>に対し，厚生労働省令で定めるところにより，医師による面接指導（問診その他の方法により心身の状況を把握し，これに応じて面接により必要な指導を行うことをいう。以下同じ。）を行わなければならない。	（面接指導の対象となる労働者の要件等） 第52条の2 　法第66条の8第1項の厚生労働省令で定める要件は，休憩時間を除き1週間当たり40時間を超えて労働させた場合におけるその超えた時間が1月当たり<u>80時間</u>を超え，かつ，疲労の蓄積が認められる者であることとする。ただし，次項の期日前1月以内に法第66条の8第1項又は第66条の8の2第1項に規定する面接指導を受けた労働者その他これに類する労働者であって法第66条の8第1項に規定する面接指導（以下この節において「<u>法第66条の8の面接指導</u>」という。）を受ける必要がないと医師が認めたものを除く。 2　（略） 3　事業者は，第1項の超えた時間の算定を行ったときは，速やかに，同項の超えた時間が1月当たり<u>80時間</u>を超えた労働者に対し，当該労働者に係る<u>当該超えた時間に関する情報を通知</u>しなければならない。	（改正） （改正） ※研究開発業務従事者追加 （改正）
	（面接指導の実施方法等） 第52条の3 　<u>法第66条の8の面接指導</u>は，前条第1項の要件に該当する労働者の申出により行うものとする。 2　（略） 3　事業者は，労働者から第1項の申出があったときは，遅滞なく，<u>法第66条の8の面接指導</u>を行わなければならない。 4　（略）	（用語の整理） ※面接指導に研究開発業務従事者，高プロ適用者が加わったため，これらと区別するため

	(面接指導における確認事項) 第 52 条の 4 　医師は，法第 66 条の 8 の面接指導を行うに当たっては，前条第 1 項の申出を行った労働者に対し，次に掲げる事項について確認を行うものとする 　　①〜③（略）	（用語の整理）同上
	(労働者の希望する医師による面接指導の証明) 第 52 条の 5 　法第 66 条の 8 第 2 項ただし書の書面は，当該労働者の受けた法第 66 条の 8 の面接指導について，次に掲げる事項を記載したものでなければならない。 　　①・②（略） 　　③　法第 66 条の 8 の面接指導を行った医師の氏名 　　④・⑤（略）	（用語の整理）同上
	(面接指導結果の記録の作成) 第 52 条の 6 　事業者は，法第 66 条の 8 の面接指導（法第 66 条の 8 第 2 項ただし書の場合において当該労働者が受けたものを含む。次条において同じ。）の結果に基づき，当該法第 66 条の 8 の面接指導の結果の記録を作成して，これを 5 年間保存しなければならない。 2（略）	（用語の整理）同上
	(面接指導の結果についての医師からの意見聴取) 第 52 条の 7 　法第 66 条の 8 の面接指導の結果に基づく法第 66 条の 8 第 4 項の規定による医師からの意見聴取は，当該法第 66 条の 8 の面接指導が行われた後（同条第 2 項ただし書の場合にあっては，当該労働者が当該法第 66 条の 8 の面接指導の結果を証明する書面を事業者に提出した後），遅滞なく行わなければならない。	（用語の整理）同上
働き方改革関連法により新たに委任された省令。別表参照。	(法 66 条の 8 の 2 の第 1 項の厚生労働省令で定める時間等) 第 52 条の 7 の 2 　略	（新設）
働き方改革関連法により新たに委任された省令。別表参照。	(法 66 条の 8 の 3 の厚生労働省令で定める方法等) 第 52 条の 7 の 3 　略	（新設）

第66条の9 　事業者は，第66条の8第1項，第66条の8の2第1項又は前条第1項の規定により面接指導を行う労働者以外の労働者であって健康への配慮が必要なものについては，厚生労働省令で定めるところにより，必要な措置を講ずるように努めなければならない。	（法第66条の9の必要な措置の実施） 第52条の8 　法第66条の9の必要な措置は，法第66条の8の面接指導の実施又は法第66条の8の面接指導に準ずる措置とする。 2　労働基準法第41条の2第1項の規定により労働する労働者以外の労働者に対して行う法第66条の9の必要な措置は，事業場において定められた当該必要な措置の実施に関する基準に該当する者に対して行うものとする。 3　削除 （参考）旧第3項　前項第1号に掲げる労働者に対して行う法第66条の9の必要な措置は，当該労働者の申出により行うものとする。	（用語の整理） （新設） （削除）
（健康管理手帳） 第67条 　都道府県労働局長は，がんその他の重度の健康障害を生ずるおそれのある業務で，政令で定めるものに従事していた者のうち，厚生労働省令で定める要件に該当する者に対し，離職の際に又は離職の後に，当該業務に係る健康管理手帳を交付するものとする。ただし，現に当該業務に係る健康管理手帳を所持している者については，この限りでない。	（健康管理手帳の交付） 第53条 　法第67条第1項の厚生労働省令で定める要件に該当する者は，労働基準法の施行の日以降において，次の表の上欄に掲げる業務に従事し，その従事した業務に応じて，離職の際に又は離職の後に，それぞれ，同表の下欄に掲げる要件に該当する者その他厚生労働大臣が定める要件に該当する者とする。 （表略） 2・3　（略）	（用語の整理） ※「労働基準法」のあとの「（昭和22年法律第49号）」が削除されたのみ。
（特別安全衛生改善計画） 第78条 　厚生労働大臣は，重大な労働災害として厚生労働省令で定めるもの（以下この条におい	（特別安全衛生改善計画の作成の指示等） 第84条　（略） 2　法第78条第1項の厚生労働省令で定める場合は，次の各号のいずれにも該当する場合とする。 ①　（略） ②　前号の事業者が発生させた重大な労働災害及び当該重大な労働災害と再発を防止するための措置	

て「重大な労働災害」という。）が発生した場合において，重大な労働災害の再発を防止するため必要がある場合として厚生労働省令で定める場合に該当すると認めるときは，厚生労働省令で定めるところにより，事業者に対し，その事業場の安全又は衛生に関する改善計画（以下「特別安全衛生改善計画」という。）を作成し，これを厚生労働大臣に提出すべきことを指示することができる。	が同様である重大な労働災害が，いずれも当該事業者が法，じん肺法若しくは作業環境測定法若しくはこれらに基づく命令の規定又は労働基準法第36条第6項第1号，第62条第1項若しくは第2項，第63条，第64条の2若しくは第64条の3第1項若しくは第2項若しくはこれらの規定に基づく命令の規定に違反して発生させたものである場合 3～5（略）	（条項整理）
働き方改革関連法で成立した法の中で委任された省令。別表参照。	（法令等の周知の方法等） 第98条の2 略	（新設）
（心身の状態に関する情報の取扱い） 第104条 3　厚生労働大臣は，前2項の規定により事業者が講ずべき措置の適切かつ有効な実施を図るため必要な指針を公表するものとする。	（指針の公表） 第98条の3 　第24条の規定は，法第104条第3項の規定による指針の公表について準用する。 （参考）第24条　法19条の2第2項の規定による指針の公表は，当該指針の名称及び趣旨を官報に掲載するとともに，当該指針を厚生労働省労働基準局及び都道府県労働局において閲覧に供することにより行うものとする。	（新設）
	第98条の4 （略）	（移設） 第98条の3から同条の4へ移設。

| 巻末資料5(3) | 働き方改革関連法と働き方改革関連法により新たに委任された省令の対照表（別表） |

労働基準法関係	
改正法　条文	改正省令　条文
（時間外及び休日の労働） 第36条第1項 　使用者は，当該事業場に，労働者の過半数で組織する労働組合がある場合においてはその労働組合，労働者の過半数で組織する労働組合がない場合においては労働者の過半数を代表する者との書面による協定をし，厚生労働省令で定めるところによりこれを行政官庁に届け出た場合においては，第32条から第32条の5まで若しくは第40条の労働時間（以下この条において「労働時間」という。）又は前条の休日（以下この条において「休日」という。）に関する規定にかかわらず，その協定で定めるところによって労働時間を延長し，又は休日に労働させることができる。	第16条 　法第36条第1項の規定による届出は，様式第9号（同条第5項に規定する事項に関する定めをする場合にあっては，様式第9号の2）により，所轄労働基準監督署長にしなければならない。 2　前項の規定にかかわらず，法第36条第11項に規定する業務についての同条第1項の規定による届出は，様式第9号の3により，所轄労働基準監督署長にしなければならない。 3　法第36条第1項の協定（労使委員会の決議及び労働時間等設定改善委員会の決議を含む。以下この項において同じ。）を更新しようとするときは，使用者は，その旨の協定を所轄労働基準監督署長に届け出ることによって，前2項の届出に代えることができる。
（時間外及び休日の労働） 第36条第2項 2　（略） ①～④（略） ⑤　労働時間の延長及び休日の労働を適正なものとするために必要な事項として厚生労働省令で定める事項	第17条 　法第36条第2項第5号の厚生労働省令で定める事項は，次に掲げるものとする。ただし，第4号から第7号までの事項については，同条第1項の協定に同条第5項に規定する事項に関する定めをしない場合においては，この限りでない。 ①　法第36条第1項の協定（労働協約による場合を除く。）の有効期間の定め ②　法第36条第2項第4号の1年の起算日 ③　法第36条第6項第2号及び第3号に定める要件を満たすこと。 ④　法第36条第3項の限度時間（以下この項において「限度時間」という。）を超えて労働させることができる場合

	⑤ 限度時間を超えて労働させる労働者に対する健康及び福祉を確保するための措置 ⑥ 限度時間を超えた労働に係る割増賃金の率 ⑦ 限度時間を超えて労働させる場合における手続 2　使用者は，前項第5号に掲げる措置の実施状況に関する記録を同項第1号の有効期間中及び当該有効期間の満了後3年間保存しなければならない。 3　前項の規定は，労使委員会の決議及び労働時間等設定改善委員会の決議について準用する。
（時間外及び休日の労働） 第36条6項 6　使用者は，第1項の協定で定めるところによって労働時間を延長して労働させ，又は休日において労働させる場合であっても，次の各号に掲げる時間について，当該各号に定める要件を満たすものとしなければならない。 ① 坑内労働その他厚生労働省令で定める健康上特に有害な業務について，1日について労働時間を延長して労働させた時間　2時間を超えないこと。	第18条 法第36条第6項第1号の厚生労働省令で定める健康上特に有害な業務は，次に掲げるものとする。 ① 多量の高熱物体を取り扱う業務及び著しく暑熱な場所における業務 ② 多量の低温物体を取り扱う業務及び著しく寒冷な場所における業務 ③ ラジウム放射線，エックス線その他の有害放射線にさらされる業務 ④ 土石，獣毛等のじんあい又は粉末を著しく飛散する場所における業務 ⑤ 異常気圧下における業務 ⑥ 削岩機，鋲打機等の使用によって身体に著しい振動を与える業務 ⑦ 重量物の取扱い等重激なる業務 ⑧ ボイラー製造等強烈な騒音を発する場所における業務 ⑨ 鉛，水銀，クロム，砒素，黄りん，弗素，塩素，塩酸，硝酸，亜硫酸，硫酸，一酸化炭素，二硫化炭素，青酸，ベンゼン，アニリン，その他これに準ずる有害物の粉じん，蒸気又はガスを発散する場所における業務 ⑩ 前各号のほか，厚生労働大臣の指定する業務

（年次有給休暇） 第39条第7項 7　使用者は，第1項から第3項までの規定による有給休暇（これらの規定により使用者が与えなければならない有給休暇の日数が10労働日以上である労働者に係るものに限る。以下この項及び次項において同じ。）の日数のうち5日については，基準日（継続勤務した期間を6箇月経過日から1年ごとに区分した各期間（最後に1年未満の期間を生じたときは，当該期間）の初日をいう。以下この項において同じ。）から1年以内の期間に，労働者ごとにその時季を定めることにより与えなければならない。ただし，第1項から第3項までの規定による有給休暇を当該有給休暇に係る基準日より前の日から与えることとしたときは，厚生労働省令で定めるところにより，労働者ごとにその時季を定めることにより与えなければならない。	第24条の5 　使用者は，法第39条第7項ただし書の規定により同条第1項から第3項までの規定による10労働日以上の有給休暇を与えることとしたときは，当該有給休暇の日数のうち5日については，基準日（同条第7項の基準日をいう。以下この条において同じ。）より前の日であって，10労働日以上の有給休暇を与えることとした日（以下この条及び第24条の7において「第1基準日」という。）から1年以内の期間に，その時季を定めることにより与えなければならない。 2　前項の規定にかかわらず，使用者が法第39条第1項から第3項までの規定による10労働日以上の有給休暇を基準日又は第1基準日に与えることとし，かつ，当該基準日又は第1基準日から1年以内の特定の日（以下この条及び第24条の7において「第2基準日」という。）に新たに10労働日以上の有給休暇を与えることとしたときは，履行期間（基準日又は第1基準日を始期として，第2基準日から1年を経過する日を終期とする期間をいう。以下この条において同じ。）の月数を12で除した数に5を乗じた日数について，当該履行期間中に，その時季を定めることにより与えることができる。 3　第1項の期間又は前項の履行期間が経過した場合においては，その経過した日から1年ごとに区分した各期間（最後に1年未満の期間を生じたときは，当該期間）の初日を基準日とみなして法第39条第7項本文の規定を適用する。 4　使用者が法第39条第1項から第3項までの規定による有給休暇のうち10労働日未満の日数について基準日以前の日（以下この項において「特定日」という。）に与えることとした場合において，特定日が複数あるときは，当該10労働日未満の日数が合わせて10労働日以上になる日までの

	間の特定日のうち最も遅い日を第1基準日とみなして前3項の規定を適用する。この場合において，第1基準日とみなされた日より前に，同条第5項又は第6項の規定により与えた有給休暇の日数分については，時季を定めることにより与えることを要しない。 (参考) 第24条の6 　使用者は，法第39条第7項の規定により労働者に有給休暇を時季を定めることにより与えるに当たっては，あらかじめ，同項の規定により当該有給休暇を与えることを当該労働者に明らかにした上で，その時季について当該労働者の意見を聴かなければならない。 2　使用者は，前項の規定により聴取した意見を尊重するよう努めなければならない。 (参考) 第24条の7 　使用者は，法第39条第5項から第7項までの規定により有給休暇を与えたときは，時季，日数及び基準日（第1基準日及び第2基準日を含む。）を労働者ごとに明らかにした書類（第55条の2において「年次有給休暇管理簿」という。）を作成し，当該有給休暇を与えた期間中及び当該期間の満了後3年間保存しなければならない。
第41条の2第1項本文 　賃金，労働時間その他の当該事業場における労働条件に関する事項を調査審議し，事業主に対し当該事項について意見を述べることを目的とする委員会（使用者及び当該事業場の労働者を代表する者を構成員とするものに限る。）が設置された事業場において，当該委員会がその委員の5分の4以上の多数による議決により次に掲げる事項に関する決議をし，かつ，使用者が，厚生労働省令※1で定めるところにより当該決議を行政官庁に届け出た場合において，第2号に掲げる労働者の範囲に属する労働者（以下この項において「対象労働者」という。）であって書面その他の厚生労働省令※2で定める方法によりその同意を得た	※1（要綱）第1の1　決議の届出 　働き方改革を推進するための関係法律の整備に関する法律（以下「改正法」という。）第1条の規定による改正後の労働基準法（以下「新労基法」という。）第41条の2第1項の規定による届出は，様式第14号の2により，所轄労働基準監督署長にしなければならないものとすること。 ※2（要綱）第1の2　同意の取得の方法 　新労基法第41条の2第1項各号列記以外の部分に規定する厚生労働省令で定める方法は，次に掲げる事項を明らかにした書面に労働者の署名を受け，当該書面の交付を受ける方法（当該労働者が希望した場合にあっては，当該書面に記載すべき事項を記録した電磁的

ものを当該事業場における第1号に掲げる業務に就かせたときは，この章で定める労働時間，休憩，休日及び深夜の割増賃金に関する規定は，対象労働者については適用しない。ただし，第3号から第5号までに規定する措置のいずれかを使用者が講じていない場合は，この限りでない。	記録の提供を受ける方法）とすること。 (1) 労働者が新労基法第41条の2第1項の同意をした場合には，同項の規定が適用されることとなる旨 (2) 新労基法第41条の2第1項の同意の対象となる期間 (3) (2)の期間中に支払われると見込まれる賃金の額
第41条の2第1項第1号 ① 高度の専門的知識等を必要とし，その性質上従事した時間と従事して得た成果との関連性が通常高くないと認められるものとして厚生労働省令で定める業務のうち，労働者に就かせることとする業務（以下この項において「対象業務」という。）	（要綱）第1の3　対象業務 　新労基法第41条の2第1項第1号の厚生労働省令で定める業務は，次に掲げる業務（当該業務に従事する時間に関し使用者から具体的な指示（業務量に比して著しく短い期限の設定その他の実質的に当該業務に従事する時間に関する指示と認められるものを含む。）を受けて行うものを除く。）とすること。 (1) 金融工学等の知識を用いて行う金融商品の開発の業務 (2) 資産運用（指図を含む。以下同じ。）の業務又は有価証券の売買その他の取引の業務のうち，投資判断に基づく資産運用の業務，投資判断に基づく資産運用として行う有価証券の売買その他の取引の業務又は投資判断に基づき自己の計算において行う有価証券の売買その他の取引の業務 (3) 有価証券市場における相場等の動向又は有価証券の価値等の分析，評価又はこれに基づく投資に関する助言の業務 (4) 顧客の事業の運営に関する重要な事項についての調査又は分析及びこれに基づく当該事項に関する考案又は助言の業務 (5) 新たな技術，商品又は役務の研究開発の業務
第41条の2第1項第2号イ ② この項の規定により労働する期間において次のいずれにも該当する労働者であって，対象業務に就かせようとするものの範囲	（要綱）第1の4　職務の合意の方法 　新労基法第41条の2第1項第2号イの厚生労働省令で定める方法は，使用者が，次に掲げる事項を明らかにした書面に労働者の署名を受け，当該書面の交付を受ける方法（当該労働者が希望した場合にあっては，当該書

イ　使用者との間の書面その他の厚生労働省令で定める方法による合意に基づき職務が明確に定められていること。	面に記載すべき事項を記録した電磁的記録の提供を受ける方法）とすること。 (1)　業務の内容 (2)　責任の程度 (3)　職務において求められる成果その他の職務を遂行するに当たって求められる水準
第41条の２第１項第２号ロ ロ　労働契約により使用者から支払われると見込まれる賃金の額を１年間当たりの賃金の額に換算した額が基準年間平均給与額（厚生労働省において作成する毎月勤労統計における毎月きまって支給する給与の額を基礎として厚生労働省令※１で定めるところにより算定した労働者１人当たりの給与の平均額をいう。）の３倍の額を相当程度上回る水準として厚生労働省令※２で定める額以上であること	※１（要綱）第１の５　年収要件 １　新労基法第41条の２第１項第２号ロの基準年間平均給与額は，厚生労働省において作成する毎月勤労統計における毎月きまって支給する給与の額の１月分から12月分までの各月分の合計額とすること。 ※２（要綱）第１の５　年収要件 ２　新労基法第41条の２第１項第２号ロの厚生労働省令で定める額は，1075万円とすること。
第41条の２第１項第３号 ③　対象業務に従事する対象労働者の健康管理を行うために当該対象労働者が事業場内にいた時間（この項の委員会が厚生労働省令※１で定める労働時間以外の時間を除くことを決議したときは，当該決議に係る時間を除いた時間）と事業場外において労働した時間との合計の時間（第５号ロ及びニ並びに第６号において「健康管理時間」という。）を把握する措置（厚生労働省令※２で定める方法に限る。）を当該決議で定めるところにより使用者が講ずること。	※１（要綱）第１の６　健康管理時間 １　新労基法第41条の２第１項第３号の厚生労働省令で定める労働時間以外の時間は，休憩時間その他対象労働者が労働していない時間とすること。 ※２（要綱）第１の６　健康管理時間 ２　新労基法第41条の２第１項第３号の厚生労働省令で定める方法は，タイムカードによる記録，パーソナルコンピュータ等の電子計算機の使用時間の記録等の客観的な方法とすること。ただし，事業場外において労働した場合であって，やむを得ない理由があるときは，自己申告によることができるものとすること。
第41条の２第１項第５号イ ⑤　対象業務に従事する対象労働者に対し，次のいずれかに該当する措置を当該決議及び就業規則その他これに準ずるもので定めるところにより使用者が講ずること。 イ　労働者ごとに始業から24時間を経	※１（要綱）第１の７　選択的措置 １　新労基法第41条の２第１項第５号イの厚生労働省令で定める時間は，11時間とすること。 ※２（要綱）第１の７　選択的措置

過するまでに厚生労働省令※1で定める時間以上の継続した休息時間を確保し，かつ，第37条第4項に規定する時刻の間において労働させる回数を1箇月について厚生労働省令※2で定める回数以内とすること。	2　新労基法第41条の2第1項第5号イの厚生労働省令で定める回数は，4回とすること。
第41条の2第1項第5号ロ 　ロ　健康管理時間を1箇月又は3箇月についてそれぞれ厚生労働省令で定める時間を超えない範囲内とすること。	（要綱）第1の7　選択的措置 3　新労基法第41条の2第1項第5号ロの厚生労働省令で定める時間は，1週間当たりの健康管理時間が40時間を超えた場合におけるその超えた時間について，次の各号に掲げる区分に応じ，当該各号に定める時間とすること。 (1)　1箇月　100時間 (2)　3箇月　240時間
第41条の2第1項第5号ニ 　ニ　健康管理時間の状況その他の事項が労働者の健康の保持を考慮して厚生労働省令※1で定める要件に該当する労働者に健康診断（厚生労働省令※2で定める項目を含むものに限る。）を実施すること。	※1（要綱）第1の7　選択的措置 4　新労基法第41条の2第1項第5号ニの厚生労働省令で定める要件は，1週間当たりの健康管理時間が40時間を超えた場合におけるその超えた時間が1箇月当たり80時間を超えたこと又は対象労働者からの申出があったこととすること。
	※2（要綱）第1の7　選択的措置 5　新労基法第41条の2第1項第5号ニの厚生労働省令で定める項目は，労働安全衛生法に基づく定期健康診断の項目であって脳・心臓疾患との関連が認められるもの及び当該対象労働者の勤務の状況，疲労の蓄積の状況その他心身の状況の確認とすること。
第41条の2第1項第6号 ⑥　対象業務に従事する対象労働者の健康管理時間の状況に応じた当該対象労働者の健康及び福祉を確保するための措置であって，当該対象労働者に対する有給休暇（第39条の規定による有給休暇を除く。）の付与，健康診断の実施その他の厚生労働省令で定める措置のうち当該決議で定めるものを使用者が講ずること。	（要綱）第1の8　健康管理時間の状況に応じた健康及び福祉を確保するための措置 新労基法第41条の2第1項第6号の厚生労働省令で定める措置は，次に掲げる措置とすること。 (1)　新労基法第41条の2第1項第5号イからニまでに掲げるいずれかの措置（以下「選択的措置」という。）であって，同号の規定により使用者が講ずるものとして同項の決議をした措置以外のもの

	(2) 健康管理時間が一定時間を超える対象労働者に対し，医師による面接指導を行うこと。 (3) 対象労働者の勤務状況及びその健康状態に応じて，代償休日又は特別な休暇を付与すること。 (4) 対象労働者の心とからだの健康問題についての相談窓口を設置すること。 (5) 対象労働者の勤務状況及びその健康状態に配慮し，必要な場合には適切な部署に配置転換をすること。 (6) 産業医等による助言若しくは指導を受け，又は対象労働者に産業医等による保健指導を受けさせること。
第41条の2第1項第10号 ⑩ 前各号に掲げるもののほか，厚生労働省令で定める事項	（要綱）第1の9　その他の決議事項 　新労基法第41条の2第1項第10号の厚生労働省令で定める事項は，次に掲げるものとすること。 (1) 新労基法第41条の2第1項の決議の有効期間の定め及び当該決議は再度同項の決議をしない限り更新されない旨 (2) 新労基法第41条の2第1項に規定する委員会の開催頻度及び開催時期 (3) 常時50人未満の労働者を使用する事業場である場合には，労働者の健康管理等を行うのに必要な知識を有する医師を選任すること。 (4) 使用者は，イからチまでに掲げる事項に関する労働者ごとの記録及びリに掲げる事項に関する記録を（1）の有効期間中及び当該有効期間の満了後3年間保存すること。 　　イ　新労基法第41条の2第1項の規定による同意及びその撤回 　　ロ　新労基法第41条の2第1項第2号イの合意に基づき定められた職務の内容 　　ハ　新労基法第41条の2第1項第2号ロの支払われると見込まれる賃金の額 　　ニ　新労基法第41条の2第1項第3号の健康管理時間の状況

	ホ　新労基法第41条の2第1項第4号に規定する措置（以下「休日確保措置」という。）の実施状況 ヘ　選択的措置のうち，新労基法第41条の2第1項の決議により使用者が講じた措置 ト　新労基法第41条の2第1項第6号に規定する対象労働者の健康及び福祉を確保するための措置（以下「健康・福祉確保措置」という。）のうち，同項の決議により使用者が講じた措置 チ　新労基法第41条の2第1項8号に規定する対象労働者からの苦情の処理に関する措置として使用者が講じた措置 リ　(3)による医師の選任の記録
第41条の2第2項 2　前項の規定による届出をした使用者は，厚生労働省令で定めるところにより，同項第4号から第6号までに規定する措置の実施状況を行政官庁に報告しなければならない。	（要綱）第1の10　報告 1　新労基法第41条の2第2項の規定による報告は，同条第1項の決議が行われた日から起算して6箇月以内ごとに，様式第14号の3により，所轄労働基準監督署長にしなければならないものとすること。 2　新労基法第41条の2第2項の規定による報告は，健康管理時間の状況，休日確保措置の実施状況，選択的措置として講じた措置の実施状況及び健康・福祉確保措置として講じた措置の実施状況について行うものとすること。
第41条の2第3項 　第38条の4第2項，第3項及び第5項の規定は，第1項の委員会について準用する。 <参考>第38条の4第2項 2　前項の委員会は，次の各号に適合するものでなければならない。 ①　当該委員会の委員の半数については，当該事業場に，労働者の過半数で組織する労働組合がある場合においてはその労働組合，労働者の過半数で組織する労働	要綱第1の11　労使委員会 　新労基法第41条の2第1項の委員会の要件等について，労働基準法第38条の4第1項の委員会の要件等に準じて定めること。

組合がない場合においては労働者の過半数を代表する者に厚生労働省令で定めるところにより任期を定めて指名されていること。 ② 当該委員会の議事について，厚生労働省令で定めるところにより，議事録が作成され，かつ，保存されるとともに，当該事業場の労働者に対する周知が図られていること。 ③ 前2号に掲げるもののほか，厚生労働省令で定める要件。	
第139条 　工作物の建設の事業（災害時における復旧及び復興の事業に限る。）その他これに関連する事業として厚生労働省令で定める事業に関する第36条の規定の適用については，当分の間，同条第5項中「時間（第2項第4号に関して協定した時間を含め100時間未満の範囲内に限る。）」とあるのは「時間」と，「同号」とあるのは「第2項第4号」とし，同条第6項（第2号及び第3号に係る部分に限る。）の規定は適用しない。 2　前項の規定にかかわらず，工作物の建設の事業その他これに関連する事業として厚生労働省令で定める事業については，平成36年3月31日（同日及びその翌日を含む期間を定めている第36条第1項の協定に関しては，当該協定に定める期間の初日から起算して1年を経過する日）までの間，同条第2項第4号中「1箇月及び」とあるのは，「1日を超え3箇月以内の範囲で前項の協定をする使用者及び労働組合若しくは労働者の過半数を代表する者が定める期間並びに」とし，同条第3項から第5項まで及び第6項（第2号及び第3号に係る部分に限る。）の規定は適用しない。	第69条 　法第139条第1項及び第2項の厚生労働省令で定める事業は，次に掲げるものとする。 ① 法別表第1第3号に掲げる事業 ② 事業場の所属する企業の主たる事業が法別表第1第3号に掲げる事業である事業場における事業 ③ 工作物の建設の事業に関連する警備の事業（当該事業において労働者に交通誘導警備の業務を行わせる場合に限る。）
第140条 　一般乗用旅客自動車運送事業（道路運送法第3条第1号ハに規定する一般乗用旅客自動車運送事業をいう。）の業務，貨物自動車	第69条 2　法第140条第1項の厚生労働省令で定める業務は，一般乗用旅客自動車運送事業の業務，貨物自動車運送事業（貨物自動車運

運送事業（貨物自動車運送事業法第2条第1項に規定する貨物自動車運送事業をいう。）の業務その他の自動車の運転の業務として**厚生労働省令**で定める業務に関する第36条の規定の適用については，当分の間，同条第5項中「時間（第2項第4号に関して協定した時間を含め100時間未満の範囲内に限る。）並びに1年について労働時間を延長して労働させることができる時間（同号に関して協定した時間を含め720時間を超えない範囲内に限る。）を定めることができる。この場合において，第1項の協定に，併せて第2項第2号の対象期間において労働時間を延長して労働させる時間が1箇月について45時間（第32条の4第1項第2号の対象期間として3箇月を超える期間を定めて同条の規定により労働させる場合にあっては，1箇月について42時間）を超えることができる月数（1年について6箇月以内に限る。を定めなければならない」とあるのは，「時間並びに1年について労働時間を延長して労働させることができる時間（第2項第4号に関して協定した時間を含め960時間を超えない範囲内に限る。）を定めることができる」とし，同条第6項（第2号及び第3号に係る部分に限る。）の規定は適用しない

送事業法第2条第1項に規定する貨物自動車運送事業をいう。）の業務，一般乗合旅客自動車運送事業（道路運送法第3条第1号イに規定する一般乗合旅客自動車運送事業をいう。）の業務，一般貸切旅客自動車運送事業（同号ロに規定する一般貸切旅客自動車運送事業をいう。）の業務その他四輪以上の自動車の運転の業務とする。

第141条第1項
　医業に従事する医師（医療提供体制の確保に必要な者として**厚生労働省令で定める者**に限る。）に関する第36条の規定の適用については，当分の間，同条第2項第4号中「における1日，1箇月及び1年のそれぞれの期間について」とあるのは「における」とし，同条第3項中「限度時間」とあるのは「限度時間並びに労働者の健康及び福祉を勘案して**厚生労働省令で定める時間**」とし，同条第5項及び第6項（第2号及び第3号に係る部分に限る。）の規定は適用しない。

第141条第2項 2　前項の場合において，第36条第1項の協定に，同条第2項各号に掲げるもののほか，当該事業場における通常予見することのできない業務量の大幅な増加等に伴い臨時的に前項の規定により読み替えて適用する同条第3項の厚生労働省令で定める時間を超えて労働させる必要がある場合において，同条第2項第4号に関して協定した時間を超えて労働させることができる時間（同号に関して協定した時間を含め，同条第5項に定める時間及び月数並びに労働者の健康及び福祉を勘案して厚生労働省令で定める時間を超えない範囲内に限る。）その他厚生労働省令で定める事項を定めることができる。	【働き方改革実行計画（平成29年3月28日働き方改革実現会議決定）】 医師については，時間外労働規制の対象とするが，医師法に基づく応召義務等の特殊性を踏まえた対応が必要である。具体的には，改正法の施行期日5年後を目途に規制を適用することとし，医療界の参加の下で検討の場を設け，質の高い新たな医療と医療現場の新たな働き方の実現を目指し，2年後を目途に規制の具体的な在り方，労働時間の短縮策等について検討し，結論を得る。
第141条第3項 3　使用者は，第1項の場合において，第36条第1項の協定で定めるところによって労働時間を延長して労働させ，又は休日において労働させる場合であっても，同条第6項に定める要件並びに労働者の健康及び福祉を勘案して厚生労働省令で定める時間を超えて労働させてはならない。	

労働安全衛生法関係	
改正法　条文	改正省令　条文
（産業医等） 第13条第4項 4　産業医を選任した事業者は，産業医に対し，厚生労働省令※2で定めるところにより，労働者の労働時間に関する情報その他の産業医が労働者の健康管理等を適切に行うために必要な情報として厚生労働省令※1で定めるものを提供しなければならない。	※1（産業医に対する情報の提供） 第14条の2第1項 　法第13条第4項の厚生労働省令で定める情報は，次に掲げる情報とする。 ①　法第66条の5第1項，第66条の8第5項（法第66条の8の2第2項において読み替えて準用する場合を含む。）又は第66条の10第6項の規定により既に講じた措置又は講じようとする措置の内容に関する情報（これらの措置を講じない場合にあっては，その旨及びその理由）

	② 第52条の2第1項又は第52条の7の2第1項の超えた時間が1月当たり80時間を超えた労働者の氏名及び当該労働者に係る当該超えた時間に関する情報 ③ 前2号に掲げるもののほか，労働者の業務に関する情報であって産業医が労働者の健康管理等を適切に行うために必要と認めるもの （参考）要綱第2の1 「改正法第4条の規定による改正後の労働安全衛生法（以下「新安衛法」という。）第66条の8の4第1項に規定する面接指導に係る事項について，産業医の職務及び産業医に対し情報提供する事項として追加すること」
	※2　第14条の2第2項 2　法第13条第4項の規定による情報の提供は，次の各号に掲げる情報の区分に応じ，当該各号に定めるところにより行うものとする。 　①　前項第1号に掲げる情報　法第66条の4，第66条の8第4項（法第66条の8の2第2項において準用する場合を含む。）又は第66条の10第5項の規定による医師又は歯科医師からの意見聴取を行つた後，遅滞なく提供すること。 　②　前項第2号に掲げる情報　第52条の2第2項（第52条の7の2第2項において準用する場合を含む。）の規定により同号の超えた時間の算定を行った後，速やかに提供すること。 　③　前項第3号に掲げる情報　産業医から当該情報の提供を求められた後，速やかに提供すること。
（産業医等） 第13条第6項 6　事業者は，前項の勧告を受けたときは，厚生労働省令※1で定めるところにより，当該勧告の内容その他の厚生労働省令※2で定める事項を衛生委員会又は安全衛生委	※1（産業医による勧告等） 第14条の3第3項 3　法第13条第6項の規定による報告は，同条第5項の勧告を受けた後遅滞なく行うものとする。

員会に報告しなければならない。	※2（産業医による勧告等） 第14条の3第4項 　4　法第13条第6項の厚生労働省令で定める事項は，次に掲げる事項とする。 　　① 当該勧告の内容 　　② 当該勧告を踏まえて講じた措置又は講じようとする措置の内容（措置を講じない場合にあっては，その旨及びその理由）
第66条の8の2第1項 　事業者は，その労働時間が労働者の健康の保持を考慮して厚生労働省令※1で定める時間を超える労働者（労働基準法第36条第11項に規定する業務に従事する者（同法第41条各号に掲げる者及び第66条の8の4第1項に規定する者を除く。）に限る。）に対し，厚生労働省令※2で定めるところにより，医師による面接指導を行わなければならない。	※1（法第66条の8の2第1項の厚生労働省令で定める時間等） 第52条の7の2第1項 　法第66条の8の2第1項の厚生労働省令で定める時間は，休憩時間を除き1週間当たり40時間を超えて労働させた場合におけるその超えた時間について，1月当たり100時間とする。
	※2 第52条の7の2第2項 　2　第52条の2第2項，第52条の3第1項及び第52条の4から前条までの規定は，法第66条の8の2第1項に規定する面接指導について準用する。この場合において，第52条の2第2項中「前項」とあるのは「第52条の7の2第1項」と，第52条の3第1項中「前条第1項の要件に該当する労働者の申出により」とあるのは「前条第2項の期日後，遅滞なく」と，第52条の4中「前条第1項の申出を行った労働者」とあるのは「労働者」と読み替えるものとする。

第66条の8の3 　事業者は，第66条の8第1項又は前条第1項の規定による面接指導を実施するため，厚生労働省令で定める方法により，労働者(次条第1項に規定する者を除く。)の労働時間の状況を把握しなければならない。	(法第66条の8の3の厚生労働省令で定める方法等) 第52条の7の3 　法第66条の8の3の厚生労働省令で定める方法は，タイムカードによる記録，パーソナルコンピュータ等の電子計算機の使用時間の記録等の客観的な方法その他の適切な方法とする。 2　事業者は，前項に規定する方法により把握した労働時間の状況の記録を作成し，3年間保存するための必要な措置を講じなければならない
第66条の8の4第1項 　事業者は，労働基準法第41条の2第1項の規定により労働する労働者であって，その健康管理時間(同項第3号に規定する健康管理時間をいう。)が当該労働者の健康の保持を考慮して厚生労働省令※1で定める時間を超えるものに対し，厚生労働省令※2で定めるところにより，医師による面接指導を行わなければならない。	※1　(要綱)第2の2 　新安衛法第66条の8の4第1項の厚生労働省令で定める時間は，1週間当たりの健康管理時間が40時間を超えた場合におけるその超えた時間について，1月当たり100時間とすること。 ※2　(要綱)第2の3 　新安衛法第66条の8の4第1項に規定する面接指導の実施方法等について，新安衛法第66条の8の2第1項に規定する面接指導の実施方法に準じて定めること。 (参考) (要綱)第2の4 　新労基法41条の2第1項の規定により労働する労働者について，新安衛法第66条の8の4第1項の面接指導の義務の対象となる労働者以外の労働者から申出があった場合には，当該面接指導を行うよう努めなければならないものとすること。

第101条第2項 2　産業医を選任した事業者は，その事業場における産業医の業務の内容その他の産業医の業務に関する事項で**厚生労働省令**※2で定めるものを，常時各作業場の見やすい場所に掲示し，又は備え付けることその他の**厚生労働省令**※1で定める方法により，労働者に周知させなければならない。	※1（法令の周知の方法等） 第98条の2第1項 　　法第101条第1項及び第2項（同条第3項において準用する場合を含む。次項において同じ。）の厚生労働省令で定める方法は，第23条第3項各号＊に掲げる方法とする。 ＊(参考) 労安衛法規則23条第3項各号 3　事業者は，委員会の開催の都度，遅滞なく，委員会における議事の概要を次に掲げるいずれかの方法によって労働者に周知させなければならない。 　①　常時各作業場の見やすい場所に掲示し，又は備え付けること。 　②　書面を労働者に交付すること。 　③　磁気テープ，磁気ディスクその他これらに準ずる物に記録し，かつ，各作業場に労働者が当該記録の内容を常時確認できる機器を設置すること。
	※2（法令の周知の方法等） 第98条の2第2項 2　法第101条第2項の厚生労働省令で定める事項は，次のとおりとする。 　①　事業場における産業医（法第101条第3項において準用する場合にあっては，法第13条の2第1項に規定する者。以下この項において同じ。）の業務の具体的な内容 　②　産業医に対する健康相談の申出の方法 　③　産業医による労働者の心身の状態に関する情報の取扱いの方法
（厚生労働省令への委任） 第115条の2 　この法律に定めるもののほか，この法律の規定の実施に関し必要な事項は，**厚生労働省令**で定める。	省令未定

労働時間等設定改善法	
改正法　条文	改正省令　条文
(労働時間等設定改善企業委員会の決議に係る労働基準法の適用の特例) 第7条の2 　事業主は，事業場ごとに，当該事業場における労働時間等の設定の改善に関する事項について，労働者の過半数で組織する労働組合がある場合においてはその労働組合，労働者の過半数で組織する労働組合がない場合においては労働者の過半数を代表する者との書面による協定により，第6条に規定する委員会のうち全部の事業場を通じて一の委員会であって次に掲げる要件に適合するもの(以下この条において「労働時間等設定改善企業委員会」という。)に調査審議させ，事業主に対して意見を述べさせることを定めた場合であって，労働時間等設定改善企業委員会でその委員の5分の4以上の多数による議決により労働基準法第37条第3項並びに第39条第4項及び第6項に規定する事項について決議が行われたときは，当該協定に係る事業場の使用者については，同法第37条第3項中「協定」とあるのは，「協定(労働時間等の設定の改善に関する特別措置法第7条の2に規定する労働時間等設定改善企業委員会の決議を含む。第39条第4項及び第6項並びに第106条第1項において同じ。)」として，同項並びに同法第39条第4項及び第6項並びに第106条第1項の規定を適用する。 ① 当該全部の事業場を通じて一の委員会の委員の半数については，当該事業主の雇用する労働者の過半数で組織する労働組合がある場合においてはその労働組合，当該労働者の過半数で組織する労働組合がない場合においては当該労働者の過半数を代表する者の推薦に基づき指名されていること。 ② 当該全部の事業場を通じて一の委員	(準用規定) 第4条 　第2条及び前条の規定は，法第7条の2に規定する労働時間等設定改善企業委員会について準用*する。 *(参考) (労働時間等設定改善委員会の議事録の作成及び保存) 第2条　法第7条第2号の規定による議事録の作成及び保存については，事業主は，同条に規定する労働時間等設定改善委員会の開催の都度その議事録を作成して，これをその開催の日(当該委員会の決議が行われた会議の議事録にあっては，当該決議に係る書面の完結の日(労働基準法施行規則第56条第5号に定める完結の日をいう。))から起算して3年間保存しなければならない。 (法第7条第3号の厚生労働省令で定める要件等) 第3条　法第7条第3号の厚生労働省令で定める要件は，同条に規定する労働時間等設定改善委員会の委員の任期及び当該委員会の招集，定足数，議事その他当該委員会の運営について必要な事項に関する規程が定められていることとする。

会の議事について，厚生労働省令で定めるところにより，議事録が作成され，かつ，保存されていること。 三　前2号に掲げるもののほか，厚生労働省令で定める要件	

巻末資料6

働き方改革関連法附則3条4項の「配慮」の意味について

> **働き方改革関連法附則3条4項**
> 　行政官庁は，当分の間，中小事業主に対し新労基法第36条第9項の助言及び指導を行うに当たっては，中小企業における労働時間の動向，人材の確保の状況，取引の実態その他の事情を踏まえて行うよう配慮するものとする。

　以下のとおり，当初，国会では，中小企業についても，上限規制違反については，附則3条4項により罰則の適用を甘くする趣旨ではないとの答弁がなされていました。

　しかし，平成30年12月28日閣議決定された「労働施策基本方針」では，労基法違反がある場合においても，自主的な改善を促すとの方針が定められており，中小企業の上限規制違反に対する対応の変化が見られます。

> **平成30年6月5日 厚生労働委員会　厚生労働基準局長　答弁**
> 　法案において新たに設けることとしております労働基準法の36条の9項でございますけれども，これは，可能な限り時間外労働を短くするといった内容を盛り込んだ指針について行政官庁，これは労働基準監督署でございますけれども，助言や指導を行う旨を規定しているものでございます。
> 　今御指摘がございました改正法案の附則第3条第4項は，この指針について助言，指導をするに当たりましての規定でございまして，中小企業の場合，労務管理体制が弱い，人材確保に困難がある，取引関係において弱い立場になりやすい，そういった事情を抱える中小企業に対する助言，指導につきましては，これは大企業と当然に異なりますので，そういった中小企業に対して，そうした背景にある事情を踏まえて，この指針について助言，指導をするときに丁寧な対応をする必要がある，そういったことを規定しているものでございます。

> もとより，この労基法の36条9項に基づく助言，指導は，法違反に係る監督指導ではなくて，先ほど申しましたように，指針，可能な限り時間外労働を短くすると，そういった内容を盛り込む指針に関するものでございます。その際には具体的な改善方法を提示して丁寧に助言していくということを示したものでございまして，今御指摘がございましたような上限規制に違反した場合は，その罰則の規定をこの今申しました附則の規定をもって甘くするということではないものでございます。

労働施策基本方針（平成30年12月28日閣議決定）
(3) 中小企業等に対する支援・監督指導
〔略〕監督指導に当たっては，中小企業等における労働時間の動向，人材の確保の状況，取引の実態その他の事情に配慮し中小企業等の立場に立った対応を行い，労働基準法，労働安全衛生法等の労働基準関係法令に係る違反が認められた場合においても，当該中小企業等の事情を踏まえ，使用者に対し自主的な改善を促していく。

《編著者紹介》

石嵜　信憲（いしざき　のぶのり）

明治大学法学部卒業。1975年司法試験合格，1978年弁護士登録。
以後，労働事件を経営者側代理人として手がける。
2002〜2004年司法制度改革推進本部労働検討会委員。
2002〜2010年日弁連労働法制委員会副委員長。
現在，経営法曹会議常任幹事。

〈主な著書〉
『過重労働防止の基本と実務』（中央経済社）
『労働契約解消の法律実務〈第3版〉』（中央経済社）
『割増賃金の基本と実務』（中央経済社）
『就業規則の法律実務〈第4版〉』（中央経済社）
『労働者派遣法の基本と実務』（中央経済社）
『労働条件変更の基本と実務』（中央経済社）
『配転・出向・降格の法律実務〈第2版〉』（中央経済社）
『非正規社員の法律実務〈第3版〉』（中央経済社）
『労働行政対応の法律実務』（中央経済社）
『懲戒権行使の法律実務〈第2版〉』（中央経済社）
『健康管理の法律実務〈第3版〉』（中央経済社）
『賃金規制・決定の法律実務』（中央経済社）
『個別労働紛争解決の法律実務』（中央経済社）
『労働時間規制の法律実務』（中央経済社）
『管理職活用の法律実務』（中央経済社）
『実務の現場からみた労働行政』（中央経済社）
『メーカーのための業務委託活用の法務ガイド〈第2版〉』（中央経済社）
『(新訂版)人事労務の法律と実務』（厚有出版）
『労働法制からみた日本の雇用社会』（日本総研ビジコン）他

連絡先　石嵜・山中総合法律事務所
　　　　〒104-0028　東京都中央区八重洲2丁目8番7号　福岡ビル6階
　　　　電話　03(3272)2821(代)　FAX　03(3272)2991

《著者紹介》

橘　大樹（たちばな　ひろき）

2005年慶應義塾大学法学部法律学科卒業。2007年一橋大学法科大学院修了，司法試験合格。2008年司法修習終了（61期），弁護士登録（第一東京弁護士会所属），石嵜信憲法律事務所（現，石嵜・山中総合法律事務所）入所。

渡辺　絢（わたなべ　あや）

2010年東京大学法学部卒業。2012年東京大学法科大学院修了。2013年司法試験合格。2014年司法修習終了（67期），弁護士登録（第一東京弁護士会所属），石嵜・山中総合法律事務所入所。2018年同事務所退所。

佐々木　晴彦（ささき　はるひこ）

2011年上智大学法学部国際関係法学科卒業。2013年中央大学法科大学院修了，司法試験合格。2014年司法修習終了（67期），弁護士登録（第一東京弁護士会所属）。2016年石嵜・山中総合法律事務所入所。

豊岡　啓人（とよおか　ひろと）

2014年東京大学法学部卒業。2016年東京大学法科大学院修了，司法試験合格。2017年司法修習終了（70期），弁護士登録（第一東京弁護士会所属）。2018年石嵜・山中総合法律事務所入所。

髙安　美保（たかやす　みほ）

2000年東北大学文学部卒業。2001年～2006年石嵜信憲法律事務所にて勤務。2007年司法書士試験合格。司法書士事務所勤務を経て，2008年より石嵜信憲法律事務所（現，石嵜・山中総合法律事務所）勤務。2009年司法書士登録（東京司法書士会所属）。

改正労働基準法の基本と実務

2019年3月30日　第1版第1刷発行
2019年5月30日　第1版第2刷発行

編著者　石　嵜　信　憲
発行者　山　本　　　継
発行所　㈱中央経済社
発売元　㈱中央経済グループ
　　　　パブリッシング

〒101-0051　東京都千代田区神田神保町1-31-2
電話　03 (3293) 3371 (編集代表)
　　　03 (3293) 3381 (営業代表)
http://www.chuokeizai.co.jp/
印刷／文唱堂印刷㈱
製本／誠製本㈱

Ⓒ 2019
Printed in Japan

＊頁の「欠落」や「順序違い」などがありましたらお取り替えいたしますので発売元までご送付ください。(送料小社負担)
ISBN978-4-502-16361-6 C3032

JCOPY〈出版者著作権管理機構委託出版物〉本書を無断で複写複製（コピー）することは，著作権法上の例外を除き，禁じられています。本書をコピーされる場合は事前に出版者著作権管理機構（JCOPY）の許諾を受けてください。
JCOPY〈http://www.jcopy.or.jp　eメール：info@jcopy.or.jp　電話：03-3513-6969〉